Lead with the Power of Truth,
Justice and Purpose

To Be Honest

誠実な組織

信頼と推進力で満ちた場のつくり方

ロン・カルッチ
Ron A. Carucci

弘瀬友稀 訳

Discover

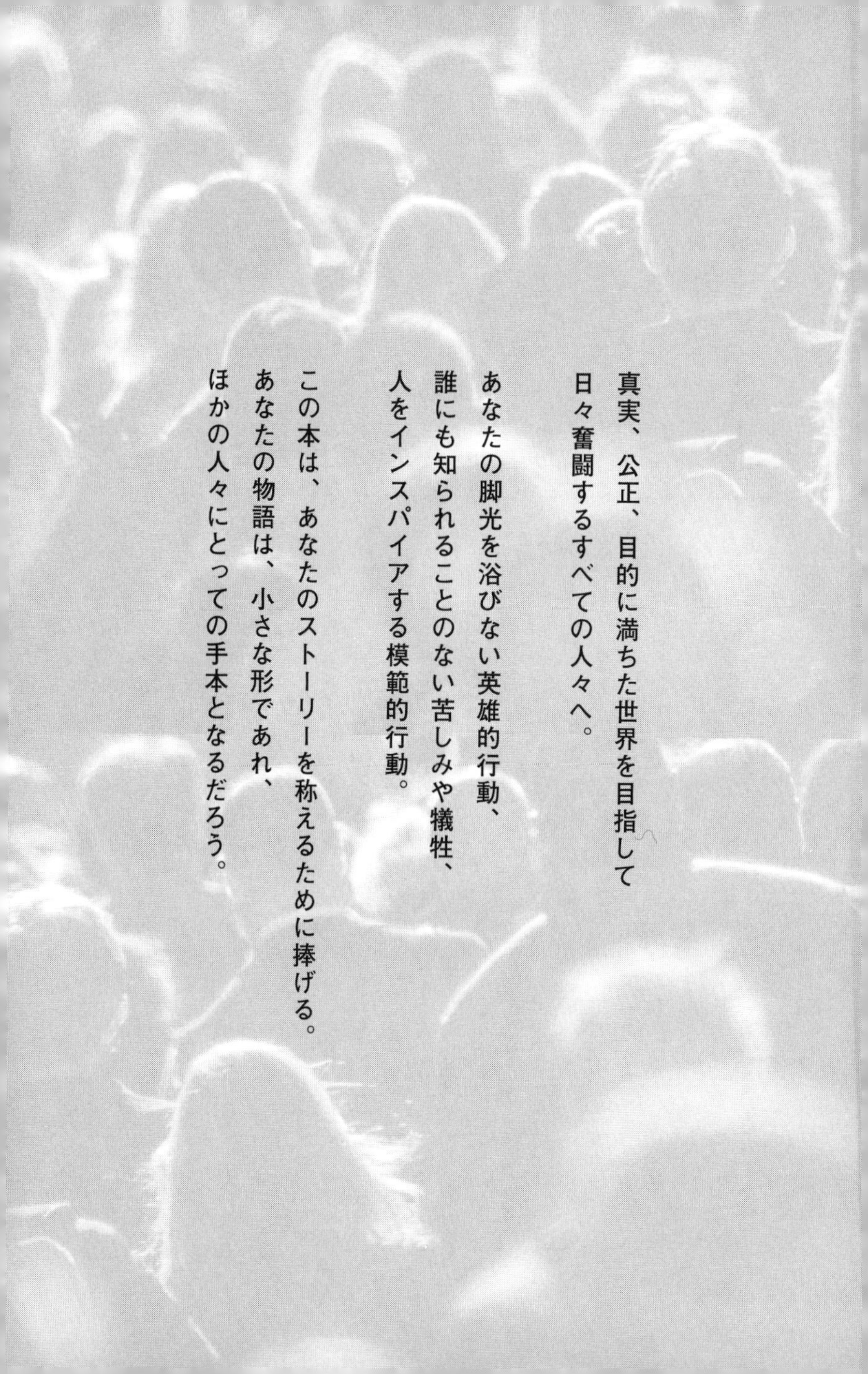

真実、公正、目的に満ちた世界を目指して
日々奮闘するすべての人々へ。

あなたの脚光を浴びない英雄的行動、
誰にも知られることのない苦しみや犠牲、
人をインスパイアする模範的行動。

この本は、あなたのストーリーを称えるために捧げる。
あなたの物語は、小さな形であれ、
ほかの人々にとっての手本となるだろう。

本書への称賛

ロン・カルッチ氏は、まさに今、あらゆる組織や世界中でもっとも必要とされるものを指摘している——人前で真実を語ること、言葉と行動を一致させることである。本書を読めば、公正を期すことが、ただリーダーや組織にとっての重要な目的にとどまらないとわかる。意義ある仕事、喜びに満ちたコミュニティ、革新的な組織、自分たちの子孫の代まで受け継ぎたい社会。これらに続く明るい道のりを、カルッチ氏は示している。

B Lab・B Corp ムーブメント
共同創立者 兼 Imperative21 CEO
——ジェイ・コーエン・ギルバート

これぞ大傑作！ 本書は、さまざまなストーリー、入念なリサーチに基づく知見、そして困難な状況でもチームの信頼を維持して導くために必要な真実が集約された、素晴らしい一冊である。基本的なリーダーシップの鍵を知り、信頼関係を構築したいビジネスパーソンにとって必須の本だ。

『トリガー』『コーチングの神様が教える「前向き思考」の見つけ方』『コーチングの神様が教える「できる人」の法則』（日本経済新聞出版）著者
——マーシャル・ゴールドスミス

いま世界中で声高に求められているのは、信頼でき、手本となるリーダーシップである。ビジネスや政治、あらゆるメディアにおける不正行為が悪化する昨今、リーダーに求められる誠実さのレベルは急激に高まり続けている。本書は、リーダーにとっての実践的なガイドや示唆的な事例の宝庫だ。これらを活用することで、あなたのリーダーシップや組織の在り方は、周囲にとってぜひ見習いたい誠実さの模範となるだろう。

Linkage CEO
——ジェニファー・マッカラム

本書は、世界中であまりに長いあいだ当然とされてきた概念に、新たな見方を投じている。ロン・カルッチ氏の手によって、示唆的なストーリーと画期的なリサーチが巧みに組み合わされたこの一冊——読んだあとには、あなたも変わらずにはいられないだろう。

『insight（インサイト）』（英治出版）著者
——ターシャ・ユーリック博士

国家、企業、大学など、あらゆるコミュニティにおいて、リーダーや組織の誠実さがますます渇望されている。しかし、どれほど善意に満ちている者であっても、自分が奉仕する相手に対して真実、公正、目的を示せていない場合がある。本書はそのような状況を劇的に変えてくれるだろう。チーム全員でこの本を読み――みんなで一丸となって――周囲の環境を変えよう。問題は山積みだ。

――ジム・クリフトン

ギャラップ会長兼CEO

実践的で、機知に富み、心を惹きつけられる、組織のリーダーが読むべき鉄板書。本書は、心理学と行動科学の分野における長年の研究に基づいた思慮深い一冊である。ロン・カルッチ氏は、本当の意味で誠実であるとはどういうことか、そしてそれが行動にどのような根本的な変化をもたらすのかについて、難題に直面した人々の体験談や歩みを紹介しながら、職場の内外で使える行動指向的なリソースを巧みに生み出している。ぜひとも本棚に置いていただきたい一冊だ。

パナソニックアビオニクス

倫理・コンプライアンス責任者

――ティファニー・A・アーチャー法務博士

私たちの世界で渇望されているのは、二極化や「ウチとソト」といった概念を過去に葬り、ひとつになって互いの違いを認め合い、目の前の重要な問題について市民間の対話を促進すること。必要なのは、これらを効果的に行うためのガイドであり――そこには共感、倫理的なリーダーシップ、そして誠実でいるための勇気を伴う。本書は、インスピレーションに満ちた説得力のあるコンパスとなって、我々が最高の姿となれるよう、そして最大限に誠実でいられるように導いてくれる一冊だ。

ブリティッシュコロンビア大学

学務担当副学長

――アナンヤ・ムケルジー

本書は間違いなく、いつの時代にも通用する（そしてまさに今の時代に必要な）知恵と、説得力ある実証的なエビデンスの宝庫だ。この本を読めば、よりよい人間に、そしてよりよいリーダーになれる。どちらの場合も、先に待つのはよりよい世界だ。ロン・カルッチ氏の巧みな手業によって――私たちは自身の願望と実際の行動のギャップに違和感を持ち、深く考えさせられる。しかし、そこに導く彼の言葉は温かく上品で、紹介するストーリーもわかりやすく、ときには深く心を動かされる。さらに、彼の示す実践的なガイダンスは、誠実さ、高潔さ、公平さ、共感をもってより活気ある組織をつくる手助けとなるだろう。

――ミゲル・パドロ

アスペン研究所

The Purpose College

まえがき

ニューヨーク大学スターン・スクール・オブ・ビジネス教授
（倫理的リーダーシップ）
ジョナサン・ハイト

社会心理学者である私は、２０１１年にバージニア大学の心理学部からニューヨーク大学の経営大学院、スターン・スクール・オブ・ビジネスに移籍した。

このふたつをつなぐのは企業倫理だ。

私はこれまでずっと道徳心理学研究に携わっており、２０１１年当時は、各国がまだ世界的な金融危機の尾を引く打撃から回復に努めている時期だった。

この金融危機というのは、多くの金融機関における倫理的な問題によるところが大きく、それゆえ私も企業倫理の道に進みやすいと考えた。自身をはじめとする多くの学者の研究を企業にも適用すればよかったからだ。

「組織内の倫理向上に関する研究結果を読めば、ビジネスリーダーたちもきっと自分の会社に適用したいと思うはずだ」と考えたのである。

そこで、組織内の倫理観や組織そのものを向上させたい人にとって、学術研究の参照や活用が容易になるよう、EthicalSystems.orgという非営利の研究者協同サイトを立ち上げた。

ビジネスに携わる人には、どれほど浅はかなのかと馬鹿にされるだろう。

企業内部の実情を理解することは容易ではない。

企業文化を変えるとなればなおさらだ。

忙しいのに研究概要に目を通す時間などない、欲しいのは目の前の問題に対する答えだけだ、そう思われるかもしれない。

だからこそ本書をおすすめしたい。

この本は、私がこれまでに読んだ企業文化に関する本のなかの最高傑作だ。

著者のロン・カルッチ氏は、企業文化向上にむけた困難な道のりを歩み出そうとする人にとって、最高のガイドとなるだろう。

本書の素晴らしい点を以下に紹介しよう。

・その1

ロンの人懐こく魅力的な人柄。彼の仕事への愛情が、本書の端々から燦燦と伝わってくる。読み進めて彼のことを知るにつれ、信頼感が増すだろう。

・その2

ロンは自身の主張の裏付けとして、数多の学術的文献を引用している。我々がEthicalSystems.orgで行っているように、行動科学とビジネスを結びつけたのだ。

・その3

本書が紹介する教訓は、ロンが15年にわたる研究のなかで行った、ロンや彼の会社による、3000件以上もの経営陣、従業員へのインタビューから得られたものである。企業を理解するにあたっては、ただ量的データを集めればいいというものではない。人類学者のように、卓越した傾聴者かつ観察者である必要がある。それこそロン自身、そして彼の会社、ナバレント（Navalent）の姿だ。

・その4

倫理について考えるにあたり、ロンが示す枠組みはシンプルながらも力強いものである。「ゴールは誠実さ」ということだ。しかし本書で述べられているのは、ただの誠実さではなく、真実、公正、目的を織り交ぜたより広い概念を指す。
誠実であるためには、
正しいことを言い（真実）、
正しいことを行い（公正）、
正しい言動をするにあたっての正しい理由（目的）を持つことが欠かせない。

・その5

私のような学究肌の人間が書くタイプの本とは違い、ロンは組織における誠実さを増幅させるための具体的なアイデアを数多く紹介している。各章の最後には、その章の重要な点もまとめられている。本書は実践に移すべきものとして書かれている。あなたがいま直面している問題、あるいは、いま回避策を取らなければ今後直面するであろう問題に対処する手助けとなる。

まとめると、本書は実践的かつ読み物としても面白い、多数の研究結果に裏付けされたガイドブックとして、倫理観の向上に役立つ。

リーダー陣だけではなく、全従業員にとっても理想的な、鉄板の一冊となるだろう。

もしもチームで週に1章ずつ読み進め、毎週月曜日の朝に読んだ内容を話し合えば、10週間後には、

・企業における誠実さの向上
・すべてのステークホルダーからの信頼増大
・きわめて有能な従業員の獲得や維持

このような結果が得られることはほぼ間違いない。

今日のソーシャルメディア社会、不安感、政治的な二極化を受けて、企業文化は変化しつつある。私自身が2011年から指導しているMBAの学生にもそのような変化が見受けられ、年を追うごとに、サステナビリティ、倫理観、企業における社会的責任への関心が高まっている。皆、より多くの「声」に耳を傾けたがっているのだ。

そのような変化は、あなたの会社にもまさにいま起こっている。

厄介な対話や、ときには社内抗争の激化などにも直面するだろう。私が過去数年で耳にしたのは、多くの企業の従業員が、

「とても慎重な振る舞いを求められている」あるいは、
「一触即発の困難な状況にある」

このように感じているということだ。

誠実さの意味をよく理解し、共有したうえで、企業文化や対話を育もう。そうすれば、こうした危険は回避され、企業やチームはより健全かつ協力的な形で共に働くことができるだろう。

目次

本書への称賛 …… 4
まえがき(ジョナサン・ハイト) …… 6
はじめに(ロン・カルッチ) …… 20
本書の構成——組織における4つの誠実さ …… 43

第1章 誠実さはきれいごとか?
意識すべきこと 誠実さはどのように改革をもたらすか?

誠実さは生まれつきの機能 …… 60
不誠実さによる実害 …… 66
希望が誠実さの着火剤になる …… 69
職場における希望 …… 72
鍵となる教訓——第1章のまとめ …… 82

アイデンティティにおける誠実さ

第2章

言葉と行動を一致させる

―意識すべきこと― 会社の価値観や使命は、従業員の日々の選択にどのような影響を与えているか？

言葉と行動の溝を埋める …… 86
言葉通りに行動する …… 90
言葉と行動が矛盾していたら …… 98
毒になるパーパス、薬になるパーパス …… 102
体裁に逃げない …… 112
言うは難し …… 114

鍵となる教訓

――第2章のまとめ …… 122

第3章

個のパーパスと組織のパーパスをつなぐ

——意識すべきこと——自分のパーパスは、仕事を通じてどのように達成できるか？

自分のパーパスを見つける …… 126
パーパスが試されるとき …… 131
「環境」が持つ影響力 …… 137
個のパーパスに火をつける …… 143
人がパーパスを求める理由 …… 150
パーパスに命を吹き込む …… 154
鍵となる教訓——第3章のまとめ …… 160

2 アカウンタビリティにおける公正

第4章
アカウンタビリティにおける尊厳を養う
——意識すべきこと——周囲の貢献を公正かつ平等に評価するには？
アカウンタビリティの悲惨な状況 164
アカウンタビリティの起源 169
アカウンタビリティを「恐れ」の制度にしないために 173
不信、拒絶、葛藤、怒り 184
尊厳に関する脳の働き 191
アカウンタビリティを成長のコアエンジンに 197
鍵となる教訓——第4章のまとめ 202
第5章
日常のなかの公正さ
——意識すべきこと——皆が成功できるフラットな環境を整えるには？

不正の根絶 206
「権力」をどう使うか？ 213
フラットな環境を整える 221
失敗から生まれる公正 228
鍵となる教訓 ―― 第5章のまとめ 239

3 ガバナンスにおける透明性

第6章 信頼感ある意思決定

意識すべきこと 透明性を向上させることで、チームの意思決定プロセスはどのように改善するか？
透明性のあるガバナンスとは？ 244

明確さ――「誰が、何を、どの程度」を把握 262
機敏さ――連携と柔軟性 268
思いやり――綿密なコミュニケーションと傾聴 272
鍵となる教訓――第6章のまとめ 275

第7章

「活気ある声」と「ウェルカムマインド」を育てる

――意識すべきこと――反対意見や厳しいフィードバック、型破りなアイデアを受け入れるには?

活気ある声に満ちた文化を育てる 280
心理的安全性のなかで養われる活気ある声 293
率直に行動する 303
スキルのある声、ただの怒鳴り声 307
スキルのある声が磨かれていないときに起こること 315

鍵となる教訓――第7章のまとめ 325

4 グループ間の一体感

第8章 シームレスな組織をつくる

――意識すべきこと――異なる部署の相手との関係性を強化するには？

人とのつながりに関する脳の働き 330
組織の分裂 335
シームレスな組織づくり 342
計画的な協力 352
鍵となる教訓――第8章のまとめ 365

第9章

「彼ら」を「私たち」へ変える

――意識すべきこと――受け入れがたい違いを持つ相手と、より深いつながりを築くには？

本能的な部族意識と向き合う …… 368

「他者化」されること …… 373

「声」を分断に変えるか、対話につなげるか …… 386

技術による他者化 …… 398

＝鍵となる教訓＝――第9章のまとめ …… 404

エピローグ …… 406

謝辞 …… 432

はじめに

ロン・カルッチ

事の始まりはこうだ。

●業績が低迷した1年を終え、ビジネスレビュー会議で社員がそれぞれ、新たな12カ月の目標をプレゼンテーションしている。彼らが掲げる成長戦略はあまりに楽観的で、まったくもって一貫性がなく、根拠としているデータも不明確だ。もしこの場の社員ひとりひとりに「わが社の中核を成す戦略はどのようなものか?」と聞いて回れば、十人十色の回答が返ってくるにちがいない。

しかし、彼らがこうした非現実的なコミットメントを必死で掲げる背景には、やる気のない無能な奴だと思われたくない、という気持ちがあることも理解できる。

- 年次業績評価の時期になり、皆昇給があるかそわそわしている。上司の「えこひいき」を心配して、自分だけは評価されようと、皆自分の成果を必死に飾り立ててはほかの人を蹴落とそうとしている。これは八百長試合だ、と多くの従業員が感じている。
- 重大な問題についての話し合いが終わったところだが、結局どのように対処するかは明確に決まっていない――根本的な原因を突き止めようとする者さえいなかった。にもかかわらず、なされてもいない説明を理解したかのように皆頷き合っている。今後の展開は不透明だ――だが責任者であるはずの人々は、解決策が出なかったことになぜか安心しているように見える。
- 顧客関連の大きな問題に際して、以前から対立関係にあったふたつの部署が、問題解決に向けて協力を迫られた。互いに責任をなすりつけ合い、解決にかかる費用はそちらの部署が負担しろ、こんなことになったのはそちらの責任だ、と大きく揉めている。

このような状況には誰しも耳馴染みがあるのではないだろうか。

これらは組織におけるただの厄介な日常茶飯事ではなく、深刻な問題を引き起こす原因となる。

そのままにしておくと、以下のような岐路に立たされるだろう。

1980年代半ば、あるふたつの製造業者が、人体に有害な、ときには死に至る物質が自社製品に含まれていることを知った。

うち片方の企業は、何十年も前からそのような可能性があることを認識しており、壮大な隠蔽工作を行った。結果として、そこからさらに15年間、中毒症状や死亡事例が発生し続けた。もう片方の企業は製造プロセス全体を包括的に調査し、調査結果に基づいてサプライチェーンの改革を行った。改革のなかには、人体に害を及ぼさない有機原料のみを使用することも含まれていた。

世界中のどの組織でも、このような状況は日々起こっている。

最初に紹介した4つの例のように社内レベルの小さな問題もあれば、その次に紹介した例のように、企業全体に影響を及ぼすレベルのものもある。

ここ一番の局面で高潔さと勇気を持って改革を起こせる企業やリーダーもいるが、皆がそうではない。困難な状況に直面したとき、「自分は誠実なヒーローになれる」と、誰もがそう信じたいものだ。

しかし、本当にそうだろうか？

物事がどう転ぶか、その決め手となるのは？

我々の二者択一に影響をもたらすものは何なのだろう？

これらの疑問に対する答えこそ、本書が追究するものだ。

普段は誠実な人々が不誠実になるとき

私はナバレントという、戦略的組織改革とエグゼクティブ・リーダーシップに関するコンサルティング会社を経営している。

数年前、私は当社のコンサルタント兼アドバイザーとして、売上300億ドル（約3兆円）の世界的な食品会社で戦略を担当する副社長と会議を行っていた。

彼の名前をリックとしよう。その会社は企業買収に失敗したばかりだったが、その日彼が言った言葉はなんとも衝撃的だった。――失敗することは最初からわかっていたというのだ。

この買収には35億ドル（約3500億円）近くを費やしました。

皆、最初から最後まで「失敗するのではないか」と不安を感じていましたが、誰も口には出しませんでした。買収は事業ポートフォリオに適したものではありませんでしたし、買収して成功するほどの経営力が我々にないこともわかっていました。それでもとりあえず話を進めました。

取引の熱に浮かされていたのです。データを脚色し、懸念は否定し、実現するかもわからないポジティブな面ばかりを誇張しました。

今になって思えば、リスクを認めるのがあまりに怖かったのでしょう。食品業界が目まぐるしい変化を迎えていたなかで、正直なところ、我々は自社の核となるアイデンティティを失っていました。自分たちが何者かもわからないまま進めば、藁にも縋る思いで、ありもしないことをでっち上げてしまうのです。

買収失敗が招いた大惨事は多くの人に影響を及ぼした――キャリアや家庭は台無しにされ、従業員は意気消沈し、顧客は猜疑的になり、株主は怒りと不信感に満ち、企業としての社会的信用は失われた。

なぜ賢く善意ある人々の集団が、自分たちに、従業員に、そして株主に、躊躇いもなく嘘をつけたのだろう？

なぜリーダーは、これほど多くの報いを受けるような破滅的な決断を下すことができたのだろう？

なぜ皆互いに誠実でいられなかったのだろう？

リックとの会議以降の数年間で、私やナバレントの社員は何百件もの対話や何千件ものインタビューを行ってきたが、そこで語られる内容はリックの話したことと同じようなものばかりだった。世界的に有名なブランドでも、将来有望なベンチャー企業でも、中型株式の会社でも非営利団体でも、組織の規模や種類にかかわらず似通った内容だったのだ。

こうした対話のなかで共通して述べられたのは、自分の会社に危機が差し迫っているのに、そのような危機が無視されているということだった。

上司の異常な行動を嘆く者もいた。

周囲で起きている「不当な」機能不全について深い見解を述べ、できることなら正したいと、実践的な考えを提示する者もいた。

自分の欠点を認め、自分もこの狂気の沙汰に加担していると告白する者さえいた。

皆、知らない人には進んで正直に話すことができても、相手が同僚であったり、自分の本音が状況を左右する場合であったりすると、そうすることができない。

ただ口を閉ざす消極的な場合もあれば、自ら二枚舌を使って、データの脚色、同僚に対する裏切り、守れもしない約束などをしている場合もある。

どちらの場合も結果は破滅的だ。

リックとの会議を終えた私は、組織行動学の専門家として、自分の仕事に対するやる気をそがれてしまった。

より誠実で、公正で、充実感を得られる組織づくりにおいて、自分は何の役割も果たせていない。それまでずっとキャリアのすべてを捧げて、誠実な組織づくりの手助けをしてきたつもりだった。誠実でいることでしか本当の改革はもたらされないと考えていたからだ。

しかし、彼らが自分の会社について気づいたことや私のアドバイスに対して行動を起こす気がないのなら、何も意味がないじゃないか。

私は頭を抱えた。次第に、私自身の問題についても考えるようになった。気づいたのは、私もリックとなんら変わらないということだった。

なぜリックや彼の同僚があのような決断をしたのだろうと考えているうちに、これまでの自分自身の不誠実さや不正の数々が走馬灯のように思い出された。

とある一流企業の採用面接で「適切な経歴」がないと何度も言われたときには、自分の能力不足を思い知らされて気分を害し、あたかも自分にそのような「経歴」があるかのような話しぶりをした——見栄を張り、自分を優れた人物に見せかけた。絶対に雇わせてやろうという思いが通じて採用に至ったが、会社のことが心底嫌になり、2年で退職した。

またあるときには、上司が大きな改革事業を急いで進めるようプレッシャーをかけられていたことがあった。しかし、プロジェクトリーダーであった私の同僚がしくじって、事業が始動してもいないうちから、チームの評判や事業自体の信用を損ねてしまった。

上司を気の毒に思い、ヒーローになりたがった私は――同僚を悪者にしてでも上司から点を稼ぎたかったのだ――自分が割って入って事業を完遂した。同僚の失敗を批判したりもした。上司のストレスを考えればそれも当然だと正当化した。

またあるときには、5歳のわが子を近所で開かれた誕生日会に連れていったことがあった。誕生日会に参加していたのは、私が望んでも手に入れられない成功を収めた裕福な人々で、彼らが高級車や優雅な休暇について話しているのを、私はただ聞いているしかなかった。

そのなかの1人に夏休みの予定を尋ねられた私は、その場でありもしないヨーロッパ旅行の計画をでっち上げた。もちろん脳の片隅では、結局「急な仕事」で旅行をキャンセルすることになった、という言い訳もすでに考えていた。

リックや彼の同僚が味わった、そして結果的にはほかの人にも味わわせることになった深刻な苦悩について、私はじっくりと考えた。彼らは1世紀もの歴史ある会社を倒産させてしまうことを恐れ、何かしら行動しようと必死だったのだろう。どうすればよいかわからないなどと言っていられる場合ではなかったのだから。

でも、もしも彼らが、あとになって互いに責任をなすりつけるのではなく、初めから互いに真実を話し合っていたなら、また別の素晴らしい結末があったかもしれない。

そのために何かできることはなかったのだろうか。

同じように、もし自分が面接の場で、あるいは上司に対して、はたまたあるいは誕生日会で、もっと誠実で公正な振る舞いをし、あのときの淀んだ気持ちに屈していなければ、私自身のストーリーも違う展開を迎えていたのだろうか？


こうした瞬間を振り返ってみると、誠実で正しい行いをする――あるいはしない――という個人の選択と、そうした選択を取り巻く周囲の要因には、相互作用があることがはっきりと見えてきた。


普段は誠実な人々が特定の状況下では不誠実な振る舞いをしてしまう理由とは？

普段は優しい人々が自己防衛や不公平な接し方をしてしまう理由とは？

もしその要因がわかれば、より誠実で公平な行動を取るよう、彼らを変えることはできるのだろうか？

私はその答えを探そうと決意した。そうして得た答えは、誠実さに対する私の理解を１８０度変えてしまった……最高の形で。

皆さんにも同じ体験をしてもらえるのではないだろうか。

新たな方針の策定

不安や利己心によって言葉と行動に一貫性を持たせられない組織に対し、多くの人がどんどん疲弊している。2019年8月のビジネス・ラウンドテーブルには、アメリカのトップ企業から181名のCEOが参加し、「企業の目的に関する声明」の改訂版に署名した。ビジネス・ラウンドテーブルとは、アメリカの主要企業の最高経営責任者による協会である。

大改革を始動させるために、彼らは以下のような宣言をした。

【企業の目的に関する声明】

アメリカ国民は、勤労と創意工夫によって成功を収め、意義と尊厳ある人生を送ることができる経済を享受すべきである。自由市場システムは、良好な雇用、堅固で持続可能な経済、イノベーション、健全な環境、経済的機会をすべての人にもたらす最良の方法である。

雇用およびイノベーションの創出、生活必需品やサービスの提供など、企業は経済において中枢的役割を務めている。これには、消費財の生産と販売、機器や自動車の製造、国防への援助、食料の栽培と生産、医療の提供、エネルギーの生産と供給、経済成長を支える金融サービスや情報通信サービスなどの提供が含まれる。

各企業が個々に掲げる企業目的とは別に、我々は全ステークホルダーに対し、基本的なコミットメントを共通して掲げ、以下のことを約束する。

● 顧客への価値提供
顧客の期待に応える、あるいは期待を超えるにあたり、その道を先導している米国企業の伝統を促進する。

● 従業員への投資
まずは従業員への公平な補償や重要な福利厚生の提供を基本とし、変化の速い世界において新たな技能を獲得するための教育訓練を通じたサポートも行う。

さらに、ダイバーシティ&インクルージョン、職場における尊厳と敬意を促進する。

● サプライヤーへの公正かつ倫理的な対応
我々の使命を支援する企業に対し、企業の大小を問わず、良きパートナーでいるよう真摯に努める。

- コミュニティ（地域社会）への貢献
コミュニティ内の人々に敬意を払い、持続可能な方策を取り入れて環境を保護する。
- 企業の投資、成長、イノベーションを支える資本提供者である株主への長期的価値の提供
株主に対する透明性と効果的なエンゲージメントに献身する。
- どのステークホルダーも皆不可欠な存在である
彼らへの価値提供のために、そして企業としての我々自身、コミュニティ、国家の将来的な成功のために全力を尽くす。（注1）

これまでの数十年間、企業における最優先事項は株主であった。そのため、このような株主第一のパラダイムからの急進的な脱却には当然ながら賛否両論あった。こうした変化は、すべての人に公平性と機会をもたらし、誠実さと公正さを浸透させ、悪化しつつある不平等を一掃する希望の光という見方が大半だった。その一方で、皮肉的な見方をする者もいた。

言うのは簡単だが、具体的な行動案はあるのか？
投資に与えうる影響を株主は許容できるのか？
新たな規範を設けるのはよいが、誰が規範遵守を強化するのか？

ビジネスヨーロッパ（欧州産業連盟）も、「繁栄、人間及び地球」という2019〜2024年のアジェンダに関して同様の宣言を掲げている。ビジネスヨーロッパは、欧州のビジネス成長および競争力を支援する主要団体で、欧州諸国35カ国の組織で構成されている。彼らは一丸となって以下のような決意をした。「我々は力を合わせて、ヨーロッパ諸国およびその国民に繁栄をもたらす欧州連合を実現しなければならない。同時に、我々の地球を守るために、持続可能な未来への移行を成し遂げなければならない」（注2）

こうした声明が出されて以降、劇的な出来事がいくつか起こり、声明の背景にある人々の心理に対するコミットメントはますます強まったように思う。

例えばコロナウイルスによる世界的なパンデミックは、少なくともここまでの段階では、多くの企業の温かさや思いやりといった素晴らしい側面を明らかにした。

従業員や顧客、コミュニティに対し、新たなレベルのサービス、寛容さ、献身、配慮が提供されるようになったのだ。加えて、ジョージ・フロイド氏の痛ましい死亡事件がきっかけとなって、何世紀にもわたる人種差別に対して世界中で抗議活動が活発化した（コロナ禍もジョージ・フロイド氏の死亡事件も、本書を書いているあいだに起きた出来事だ）。この件に関しても、多くの企業が人種差別を決して容認しない旨の声明を発し、反人種差別への確固たるコミットメントを誓った。

こうした声明に対して、多くの人が明確な行動を求めている。

これらの出来事が長期的にどのような影響を及ぼすかはまだわからないが、専門家の予測では、長く放置されてきた問題を清算するきっかけとなるだろうという。(注3) フォード財団の援助を受けてケーケーエス・アドバイザーズ（KKS Advisors）と研究団体テスト・オブ・コーポレート・パーパス（Test of Corporate Purpose）が発表した2020年の会報では、ビジネス・ラウンドテーブルの声明に署名した企業について、コロナ禍および人種差別反対運動の期間における活動評価が行われた。宣言されたようなステークホルダー資本主義へのコミットメントが、実際の企業活動に反映されているかどうかを確認することを目的としたこの評価は、企業の真のコミットメントを評価する「最初のテスト」と称された。

率直に言えば、結果はほとんどの署名企業で芳しくなかった。

大規模なリストラを行いながら株主には配当金を支払っているなど、声明で約束された内容と矛盾する行為が行われていたのだ。(注4) 結局のところ、ステークホルダー資本主義への移行はまだまだ道のりが長い。実際にどれほど企業がコミットしているのか、根拠に基づく結論が出せるのは何年も先のことだろう。

ビジネスに限らず、私たちの多くが日々嘘偽りのない情報を求めて闘い、疲弊している。かつては信頼していたメディアや政治家、専門家の不徳によって、懐疑主義はじんましんのように広がり、私たちの息を詰まらせている。私たちは皆、操作されることにも嘘をつかれることにも嫌気がさしており、正直に向き合ってくれる存在を熱望している。

しかし、ただ熱望して待つのではなく、私たちひとりひとりがそのような存在になるべきではないだろうか。自分の役割や組織の力を活かして、より誠実で公平で目的ある世界を——まずは自分のチーム、部署、コミュニティ、家庭から——実現したいと願う勇敢なリーダーにとって、この本がとっておきの戦略として役立つことを切に願っている。

真実、公正、目的：同じコインの3つの側面

ビジネスの世界では、3つの力が激しさを増しながら衝突している。

1つ目は、現在の世界で声高に求められている、パーパス（目的）に根差した生き方や組織づくりの動きだ。データを見れば、それも当然だとわかる。パーパスドリブン（目的志向型）企業はさまざまな面で競合他社に勝り、従業員は意義ある仕事をするためなら給料が減ることも厭わない。以下にいくつかデータを紹介しよう。

1999年から2019年までのナスダック証券取引所およびニューヨーク証券取引所での財務実績を見ると、パーパスドリブン企業は、ほかのS&P500構成銘柄に比べて2倍の実績だった。(注5) 世界全体では、インサイト2020調査（Insights 2020）が行った60カ国以上の調査結果から、

収益成長率が大きかった企業の83%が、仕事のあらゆる側面をブランドパーパスに結びつけていることがわかった。

一方、収益が伸び悩んだ企業では、そのような結びつけを行っている企業はわずか31%だった。(注6)イギリスでは、国全体の企業成長率の平均が0・5%であったのに対し、Bコーポレーション（米国の非営利団体B Labによる公益性の高い企業に対する国際的な認証制度を取得している企業）の成長率はその28倍であった。(注7)

2011年から2015年の期間では、S&P生活必需品セクター銘柄の年平均成長率(CAGR)が2・4%であったのに対し、パーパスドリブン企業では9・85%だった。(注8)また、自分の仕事に意義を見出している従業員には以下のような傾向が見られる。(注9)

- 労働生産性が1人当たり1年で平均9000ドル（約90万円）高い
- 1週間当たりの残業時間が多く、有給休暇の取得が2日分少ない
- 定着率が高く、翌6カ月以内の退職率が平均で69%低い
- 生涯年収が平均23%低くなっても――つまり収入が4分の1近く下がっても――意義ある仕事を選ぶ
- 仕事に意義を感じられない人に比べて仕事への満足度が51%高い

顧客ロイヤルティの観点からは、さらに説得力のあるデータが得られる。

- 消費者の77％が、従来型企業よりもパーパスドリブン企業に対する愛着を感じている
- 消費者の66％が、普段決まって購入する製品から、パーパスドリブン企業の新製品に乗り換えている(注10)

しかし残念なことに、こうした素晴らしい結果を追い求めた結果、企業は「パーパス・ウォッシュ」を行うようになった。

つまり、必死でうわべだけの目的を生み出そうとしているのだ。マーケティング責任者はありとあらゆる手段を講じて、自分たちのブランドや会社がいかに素敵か、どれほど善意に満ちているかを示そうとしている。しかし、従業員や消費者は騙されない。

購入時にその製品ブランドの信頼性を気にする消費者は84％だが、実際に信用しているのはわずか34％であり、パーパス・ウォッシュが行われていると考える消費者は53％にのぼる。(注11)

目的とは、「うわべだけのものがいずれ本物になる」ようなものではない。

本心から生まれたものでなければ、その目的はないのと同じだ。

そしてそのようなうわべだけの目的は、人々にもすぐに見抜かれる。

2つ目は、現代社会で道徳的、倫理的に問題視されている不平等さに関する動きだ。

少数派の人々が不公平な扱いを受けているか、世界中の人々がますます敏感になっており、この動きは真の平等実現に向けた重要な一歩だと言える。

しかし、組織全体にはびこる偏見を根絶し、公正で尊厳に満ちた体系をつくり上げるまでには、まだまだ長い年月を要するだろう。ダイバーシティ、エクイティ&インクルージョン(多様性・公平性・包括性を企業理念などに取り入れ、さまざまなバックグラウンドを持つ人材が互いに尊重しながら、公平な機会のもと活躍できる環境を実現するという概念)に向けた取り組みは、誠心誠意行われてはいるのだが、より公正な組織というよりも公正さそのものを求める運動(キャンペーン)になっている。つまり、平等な組織をつくることではなく、平等を求めて主張することが焦点となっているのだ。

1985年から2015年にかけて、管理職における黒人男性の割合は、3%から3・3%とわずかにしか増加していない。(注12)

さらに2019年には、前年に職場で差別やハラスメントを受けたというアメリカ人の割合が45%にものぼった。(注13)

3つ目に、従業員の声——従業員が自分の考えをどの程度自由に口にできているかを測るための調査対象である——が、組織のエンプロイヤーブランド(雇用主・勤務先として企業が持つ魅力)においてますます重視されている。

人事部や倫理・コンプライアンス部門といった多くの社内部署でも、「声を上げる」文化づくりに向けた素晴らしい取り組みが行われている。

そのような社内文化では、従業員は心理的安全性を得て、イノベーションを促進する急進的なアイデアを共有したり、率直なフィードバックを提供したり、不正行為を指摘したり、理不尽な決定にははっきりと異議を唱えたりすることができる。

しかしここでもまた、意図した通りの結果が得られない場合がある。

短期間の研修や広報活動でこうした社内文化を促進しようとするのはよいが、日常的な実践に遠く及んでいないのだ。

加えて、二極化した政治情勢やSNS上で見られる悪意ある光景によって、「自分にとっての真実を語る」ことと「本当の真実を語る」必要性が悲しくも混同されてしまっている。

組織における親睦会などは地雷原にほかならず、皆誰かの気分を害したり、不適切な発言をしたりすることを恐れている。

あるいは、人種差別だ、性差別だ、批判的だ、ホモフォビア（同性愛嫌悪）だ、不寛容だ、悪意がある、偏見だ、特権的だ、感情的だ、仕返しだ、被害者面だ、権力の犬だ、などと責められることにも怯えている。

だからそうしたセンシティブな話題には一切触れようとしない。

困ったことに、当然これらに該当する発言は依然として私たちの身近に存在しており、それも気づかないうちに口にしていることがほとんどだ。

しかし組織内で生産的な話し合いができないのだから、先ほど挙げたような批判を受けるべき人がいたときには、「その人」と話すのではなく、「その人について」職場の外で辛辣な陰口を叩くのだ。

これまでに挙げた3つの力は、個々に見ると、本来の意図を達成できていないように思われる。しかしすべてが合わさるとどうだろうか?

- 目的——よりよい善を為す
- 公正——正しく公平な行いをする
- 真実——相手を尊重しつつ、妥協せず率直に真実を伝える

この3つが同時に働けば、さらに強い、新たな力が生まれる。

これが「誠実さ」だ(図0.1参照)。

一見単純に思われるが、3つのピースがどれか1つでも欠ければ誠実さは成り立たない。

誠実でいるためには、

図0.1　誠実さ

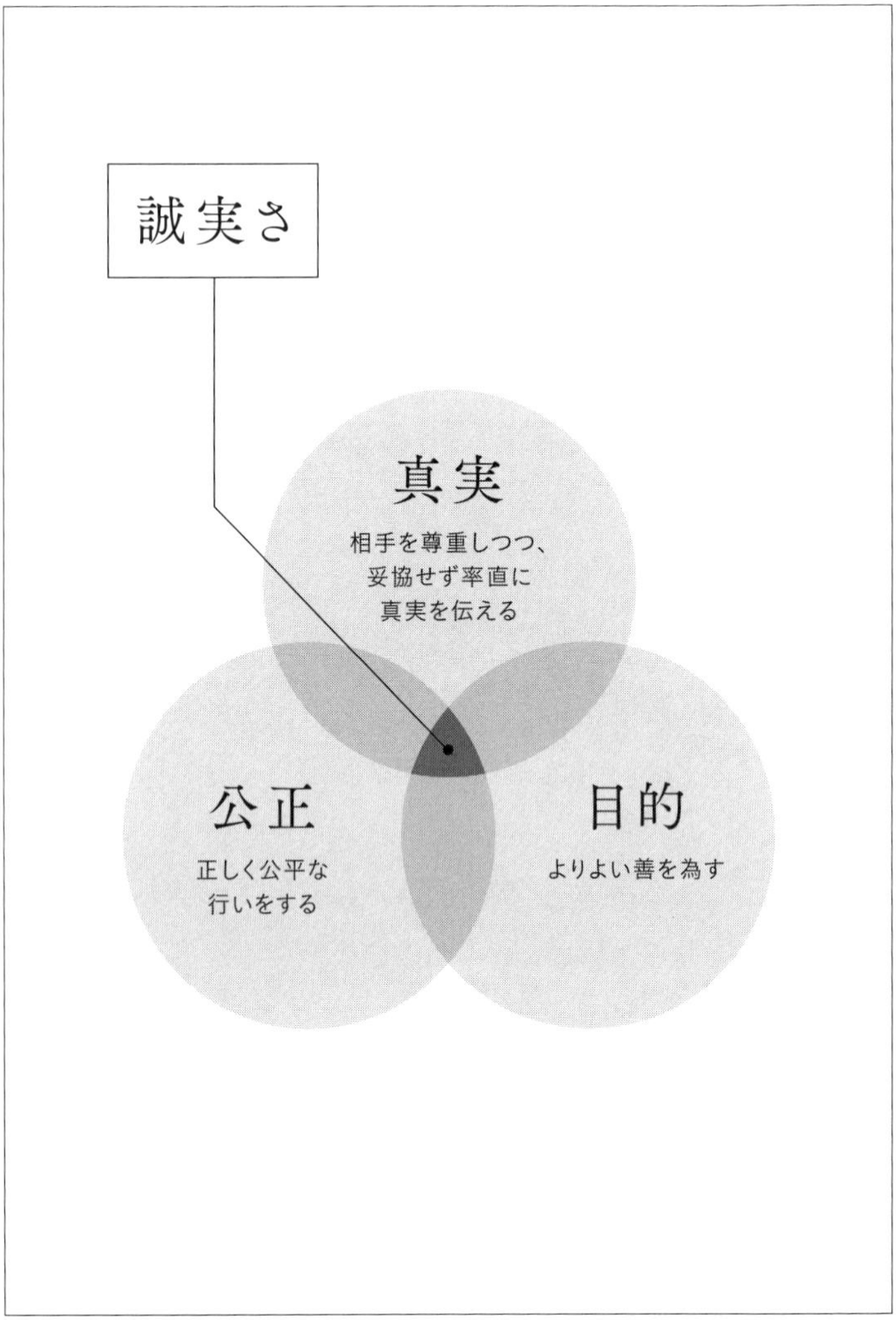
誠実さ
真実
相手を尊重しつつ、
妥協せず率直に
真実を伝える
公正
正しく公平な
行いをする
目的
よりよい善を為す

- 正しいことを言い（真実）、
- 正しいことを行い（公正）、
- 正しい動機に基づいて正しい言動（目的）

をしなければならないのだ。

組織のパーパスのために尽力したいと心から願わなければ、かつ、そうすることで自分自身のパーパスも高められると信じていなければ、公平な職場づくりに貢献しようというモチベーションが湧くことはない。

自身の損得勘定に基づいて行動し続けるだけになってしまう。

組織体系内の公正に向けた徹底したコミットメントなしには、従業員が自分の声に価値があると感じることはないだろう。

そのような組織では、一部の声だけが重要視され続けるからだ。

企業内における多様なアイデンティティ、文化、部署のあいだで、話しづらいことも話し合える場がなければ、組織の一体化に必要な信頼構築ができず、対立や不平等が議論も注目もされないまま放置されてしまう。

これら3つの力が互いに結びつき合っていることは理解いただけただろうか。

実際、本書のために行った研究で得られた結論の本質は、誠実な企業をつくるためには、真実、公正、目的が調和してはじめて生まれる力が必要ということだ。

3つ揃ってはじめて1つの力となる。

これこそが誠実さを築くための方法だ。


大事なこととして、私が本書を通して述べる「誠実さ」の定義は、皆さんが理解している「誠実さ」よりももっと深い意味を持つかもしれない。

多くの人が思うような、ただ「嘘をつかない」という意味にとどまらないからだ。

本書で私が「誠実さ」という言葉を使うときには、これら3つの要素が合わさったものを指していると理解していただきたい。

反対に、「不誠実さ」というのは、これら3つが欠落していることを指す。

本書の構成

――組織における4つの誠実さ

15年の研究、3200件以上のインタビューから導かれた「本当の誠実さ」に必要なもの

私の会社はこれまで15年間にわたり、210団体を対象とした組織評価のなかで3200件以上のインタビューを行い、少し前にその分析研究を完了した。

インタビューの対象者は一般社員から経営陣まであらゆる層にわたり、それぞれが組織におけるさまざまな困難を語っている。データの分析にあたっては、IBM社が開発したワトソンという人工知能ツールを活用して、データ上のパターン抽出および有効な統計モデルへの変換を行った。

本書を構成する各部では、研究結果から得られた4つの主な知見をひとつひとつ展開。部ごとに2つの章を設け、ひとつは組織全体としての誠実さ、もうひとつは個人・リーダーとしての誠実さについて述べる。そのなかで、ケーススタディや歴史的事例、私が経営陣・ソートリーダー（業界において新たな思想や方向性を導入する先駆者的存在）・一般社員を対象に行った数多くのインタビューからの抜粋、さらに私が協同している組織の実例（匿名性の観点から名前や詳細

は変更している）についても紹介する。

本書が示すのは、悪役への道ではなく、模範となるべき在り方だ。

したがって、本書で紹介する企業事例のほとんどは、皆さんにも、あるいは皆さんの会社でもぜひ実践してほしいものを選んでいる。メディアで大々的に取り上げられるような話ではないが、きっと向上心が刺激されるだろう。

そのような事例との対比として、不誠実さが招いた大きなスキャンダルもいくつか簡単に取り上げる。ただし、私が皆さんの心に焼き付けたいのは、誠実さ――真実、公正、目的――のうえに成り立つ、刺激的なリーダーや組織の姿だ。

こうした事例に加え、優れた研究者による説得力あるデータも交えつつ、私の研究結果を深く掘り下げる。各部の概要を以下に示す。これから紹介する４つの部はどれも、企業やリーダーが真実、公正、目的のすべてを行動に取り入れるために必要なことを明確にしている。

これらすべてが合わさってはじめて、本当の誠実さに必要なものがわかるのだ。

第1部　アイデンティティにおける誠実さ
――言葉と行動を一致させる

自分自身を理解していなければ、言動に偽りが生じる。

自分たちはこのような組織だ、と語っている組織が、それに即した行動を取らなければ、あるいは大々的な目標を掲げながらも、その目標を従業員の日々の仕事と結びつけていなければ、その組織のアイデンティティはあやふやなものとなる。

ミッション（使命）
ビジョン（展望）
バリュー（価値観）
パーパス（目的）
ブランド・プロミス（企業としての約束）

この5つに一貫性がなければ、それは経営陣と従業員の双方にとって大きな危険信号だ。私の研究結果からわかったこととして、組織としてのアイデンティティが明確でない、あるいは従業員の日々の業務に即していない企業では、そうでない企業と比較して、従業員が隠蔽や改ざん、不正を働く傾向が約3倍も高くなる。

これが会社の利益にどのような影響を与えるかは想像に難くないだろう。

第1部では、「自分たちはこのような組織である」あるいは「自分はこのような人間である」と語る組織、リーダー、個人が、その言葉と実際の行動に一貫性を持たせるために何をすべきかを紹介する。ペプシコ、ベストバイ、マイクロソフトといった企業を例に挙げ、これらの組織に目的がどれほど深く根差しているかを見ていく。

また、イギリスを拠点とするBコーポレーション、Contexis（コンテキシス）の画期的な研究結果についても触れる。同社の目的は、組織における目的を評価すること、そしてその目的を行動に移した際に得られる素晴らしい成果を測定することである。加えて、言葉と行動に一貫性を持たせるにあたり、希望が果たす重要な役割についても紹介する。

第2部　アカウンタビリティにおける公正
——尊厳を第一に考える

人は不当な評価をされていると感じたとき、自己防衛や証拠隠滅のために自分の貢献を大げさに語る。

組織における大きな頭痛の種のひとつに、パフォーマンスマネジメント（従業員のモチベーションや能力向上にむけた、上司と部下の対話を中心とするマネジメント手法）がある。リーダーによるパフォーマンス評価が公平でないと感じた従業員は、自分の手柄を確保するためにあらゆる手段を講じるからだ。

しかし、画一的でストレスフルなパフォーマンス評価を行うのではなく、部下との誠実かつ信頼に満ちた関係を構築し、どの功績が素晴らしかったか、どの部分が不足していたかをオープンに話し合う環境をつくるとどうなるだろう。

批判の恐れなく助けを求められる環境、あるいは失敗を学びの機会と捉えることが許された環境では、従業員が自分の成果を正直に語り、周囲に対しても公平に接する傾向が4倍も高くなる。

第2部では、「アカウンタビリティ（説明責任）」の意味を再定義し、公平性と尊厳に基づくアカウンタビリティとはどのようなものかを述べる。

マイクロソフト社におけるパフォーマンスマネジメント改革の例を挙げ、同社がどのようにして失敗や過ちから学べる環境を整えたのかを紹介する。

また、組織における偏見によってどのような不公平さが生じるのかを見たうえで、そのような偏見をなくす方法について、著名な専門家の知見を紹介する。

さらに、成果やミスについて部下と話し合う場を設け、尊厳のうえに成り立つ関係を築くことに関して、修復的司法から学べることを紹介する。

第3部　ガバナンスにおける透明性
──誠実な対話を通じて、信頼できる意思決定を行う

真実を語ることができる健全な場がなければ、オープンな対話は失われ、共謀や噂話が生じる。

企業において、どのように意思決定がされるか──あるいはされないか──というのは、(意思決定を行う側であるはずの人にとってさえ) しばしば混乱の種となる。人的・財的資源の割き方、優先事項の決め方、難しい問題に対する意思決定の仕方について、従業員が把握していない、あるいは信用していない場合、彼らが隠蔽や改ざんを働く傾向は3・5倍以上も高くなる。

優れたガバナンス──組織における意思決定方針──の核にあるのは、決定事項が開示され、難しい問題がオープンに議論される、効果的な話し合いの場だ。

どの企業にもミーティングのやり方を改善する余地がある。

第3部では、どれほど急進的なアイデアも健全に議論され、オープンに共有できる環境をつくるために、どのようなガバナンス体制がもっとも適切であるかを論じる。

さらに、心理的安全性の重要さ、どうすれば心理的安全性が生まれるか、心理的に安全な会社とそうでない会社の特徴についても述べる。

デュポンとパタゴニアの2社において、製造工程に致命的な問題が見つかった際の事例を比較し、それぞれの対応における決定的な違いを紹介する。

最後に、厳しいフィードバックや急進的なアイデアも真摯に共有できる、勇気ある対話の場をつくるために、そして部下にとって真実を語るリスクを軽減するために、リーダーが取るべき行動を紹介する。

第4部　グループ間の一体感
――全員をひとつの大きな物語へ導く

バラバラの組織では、真実の対立が生じる。

組織における接合部、つまり、異なる部署が集まって独自の組織的能力を構築する場というのは、非常に重要な価値を持ちながらもあまり活用されていない。それぞれの部門が互いに相容れない主張をする中間地帯と捉えられていることがほとんどだ。

会社における部署間の対立を放置しておくと、従業員が隠蔽や改ざん、不正を働く傾向が6倍近くも高くなる。

こうした対立は非常に厄介だ――部門間の隔たりによって、「こちら側の真実」と「あちら側の真実」のあいだで争いが生じてしまうからだ。

しかし、こうした本来的な傾向はあるものの、異なる部署間での協同が必要な際に、組織内の垣根を越えて健全な協力体制を築き、ライバル意識ではなくパートナーシップを培うことも可能である。

第4部では、キャボット・クリーマリー（Cabot Creamery）などの企業を例に、長きにわたって緊張関係にあった部署がどのように団結するに至ったのか、その成功談を紹介する。

さらに、私たちが自分とは異なる存在をどのように「他者化」しているか、部族主義が組織内の隔たりに与える影響、エコーチェンバー（SNS等で自分と近しい価値観を持つ相手とのみ交流が行われる場）の外側にいる人々とつながりを持つ意味についてもじっくりと見ていく。

誠実さは鍛え上げるもの

私が得た知見のなかでもっとも重要なのは、誠実さというのはただの性格的な特徴や倫理的原理ではないということだ。

つまり、こうなりたいと願うだけのものではなく——能力なのである。能力を伸ばすためには、鍛えなければならない。

必要な第一歩は、今の自分よりももっと誠実な自分になれると信じることだ。確かに、誠実な人生やチームを実現するのは簡単ではない。鍛錬が必要だ。相当高い能力がなければ、真実、公正、目的を形にすることはできない。また、生まれつき持っているかどうかというような倫理観の問題でもない。

研究結果からわかったのは、誠実さとは筋肉のようなものであり、強くするためには鍛え上げなければならないということだ。それも、定期的に。ジムを出るときのアスリートや、リハビリを終えた患者は、体は痛んでも心は満たされている。

誠実さを鍛えるのも同じだ。

あなた自身、あるいはあなたの組織が価値あるパーパスのために尽力したいというのであれば、その妨げとなるような障害や矛盾を取り除かなければならない。

そこで必要なのは、洞察力、継続的なフィードバック、創造性だ。また、否定ばかりしてくる相手に心をくじかれないことや、こうした障壁を除く勇気も求められる。

より公正な組織をつくろうと決意すれば、組織の根深いバイアスに手を加えなければならない。そのようなバイアスは、ほとんどが知らず知らずのうちに、限られた一部の人間に特権を与えてしまっている。

また、アカウンタビリティ制度についても進んで見直さなければならない。

どんな評価項目を設けているか、どのように従業員の貢献を認めているか、どのように彼らの成長や活躍の場をつくっているか、彼らの貢献について本人たちとどのような対話を交わしているか、といったことだ。

これは、どの従業員にも等しく成功するチャンスが与えられているかを確認するのが目的である。旧来の組織体系に存在していたバイアスによって得していた従業員はがっかりするだろうが、そのような従業員にも、すべての人にとって尊厳と公正に基づくアカウンタビリティを構築する必要性を理解してもらわなくてはならない。

そのためには、部下に弱さをさらけ出し、十分な信頼関係を構築することも伴う。

そうすることではじめて、部下自身にコミットメントに対する責任を持たせ、失敗についてオープンに話し合う立場に立てるのだ。

また、自分が手本となって、自分の非を認めて改善する方法を示さなくてはならない。

誠実で公正でいることがなぜ「あなたのためになる」のか、決まり文句ならいくつでも並べることができるが、そんな常套句は皆さんも幼稚園の頃から何度も耳にしてきたことだろう。しかし、どういった状況が不誠実さや不正を生んでしまうのかを理解すれば、さらなる貢献や満足度、ひいては意義がもたらされると私は考えている。

皆さんには、たとえ苦労を伴うとしても、組織内で知らず知らずのうちに隠蔽や改ざん、不正が助長されている事実に気づき、そのような言動を生んでいる状況を改善する方法を知っていただきたい。そこから先は、もっと自信を持って、以前とは異なる選択をすることができるようになるだろう。

さらに、本書でこれから述べるように、真実、公正、目的に基づく行動を選択すれば、あなた自身もあなたの組織もより健全になり、パフォーマンスが向上し、競争力も飛躍的に伸び、そして何より、もっと喜びに満たされるだろう。

最終的には、本書が皆さんにとって、より誠実な人生を送る手助けになることを願っている——真実を語り、他者に対して公正に振る舞い、大きな満足感と影響力のある目的を成し遂げられるような人生を。

あなたの道徳的指針や価値体系を定義するつもりはない。それをすべきはあなた自身なのだから。ただ、自分が導く部下や組織が誠実でいられる環境をつくり、そのうえで彼らを誇りに思ってほしい。

そうすれば、一日の終わりに家に帰ったとき、愛する人たちの目を見つめて、彼らが信じている「誠実な」自分でいられていることが実感できるだろう。

本書でこれから示すのは、そのためのロードマップである。

Is Honesty Something Cosmetic?

第 1 章

誠実さはきれいごとか？

意識すべきこと

誠実さは
どのように改革をもたらすか？

誠実さは生まれつきの機能

Is Honesty Something Cosmetic?

我々の体には初期設定として誠実さのバロメーターが装備されており、誠実であればあるほど気分がよくなるという。数多くの医学研究からわかったことは、誠実な人は病気にかかりづらく、不安や鬱になりづらく、より健全で深い人間関係を築けるということだ。

つまり、**誠実でいれば心身も健康になる**ということがはっきりと示されている。

こうした結果を示す一連の研究のなかに、ドイツのユリウス・マクシミリアン大学ヴュルツブルクの研究者が行った、「カップの下のサイコロ」という有名な実験がある。

被験者たちはカップの下でサイコロを転がし、出た目を匿名で報告するのだが、どの目が出たかは本人しか見ることができない。そして、出た目が大きければ大きいほど高額の賞金を得られる。サイコロを転がすチャンスは3回だ。適切な実験結果を得るために、実験は2つのパターンに分けて行われ、回答にはそれぞれ異なる制限時間を設定した。1つ目の実験ではサイコロの目を確認した直後に報告する、2つ目は少し間をおいて報告する、という形だ。

実験結果は、多くの研究者の長年の推測が正しかったことを明確に示していた。間をおいた場合よりも直後のほうが正直な報告内容が得られる――つまり、**誠実さは反射的**なものであり、**不誠実さはより認知的**な働きを伴うものであるということだ。(注14) こうした結果は、シェフィールド大学がイギリスを中心に行った、磁気共鳴機能画像法（fMRI）による脳画像診断研究でも立証されている。(注15)

もう1つの研究を紹介しよう。

イスラエルのベン・グリオン大学のハラン氏とアムステルダム大学のシャルヴィ氏が、オーストラリア、カナダ、イギリス、アメリカの被験者を対象に行った実験だ。被験者はアドバイスを受けたあとに決断を下すよう指示される。実験目的は、被験者の決断――アドバイスに従うか従わないか――に影響を及ぼす要因を特定することだ。場面設定は以下の通りである。

被験者は車の購入を検討している客で、2つの車種の燃費について販売員に尋ねている。販売員はより燃費のよい車を勧める。しかし、販売員が当てずっぽうで話していると感じた場合、あるいはインセンティブを得るためなどの目的で偏った情報を提供していると感じた場合には、彼らが販売員のアドバイスに従わない可能性も出てくる。もちろん、販売員が提供する情報がまったくもって正確な可能性もある。こうした場合に、被験者が何をもってして販売員を誠実だと判断するのか、その決定要因を知ろうというわけだ。

ハラン氏とシャルヴィ氏は5回の実験を行った。各実験で、被験者にはまず販売員のアドバイスが偏っていないか疑うべき理由が与えられ、そのあと実際に販売員からアドバイスを受けた。疑うべき理由としては、この販売員にはインセンティブがある、この販売員のアドバイスは、過去にもしばしば間違っていた、といったものがあった。結果は一目瞭然だった。

アドバイスが誤っている、あるいは客を騙すようなものであると疑った被験者は、それが実際には正確な情報であってもアドバイスに従わない傾向にあった。(注16)

もし皆さんが影響力のある人間になりたいのであれば、この結果から学ぶべきことは明白である――**ただ真実を語るだけでは不十分**なのだ。

善意に基づいて行動し（公正）、考えているのは自分の損得よりも大事なこと（目的）である、そんな人間に見られなくてはならない。

これら2つの実験結果から立証されたことは、**我々人間は誠実でいることを好み、相手にも誠実さを求める**ということだ。

誠実でいれば、体にもよい影響がもたらされる。

ブルームバーグ社の「健康な国」指数と、アメリカやイギリスの大学の研究結果によると、誠実さのランキングで上位にいる国は、健康面においてもランキング上位にいる。もっとも健康な国であるイスラエルは、誠実な国ランキングで18位だった。もっとも誠実な国であるスイスは、健康な国ランキングで6位だった。ノルウェーは健康においても誠実さにおいてもランキング2位となっている。反対に、不誠実さと鬱度合いもまた比例しており、中国、インド、ロシアなどがランキング下位に位置した。(注17・18)

これらのことからわかる通り、誠実でいることが健康につながる。残念なことに、我々の脳は電子機器と違って「初期化」の機能がない。では、こうした生来的な誠実さが失われてしまうとどうなるのだろう。生まれつきの誠実な性質が不誠実さに晒された場合、抵抗できるのだろうか、それとも屈してしまうのだろうか？

その結果を知るために、ガレット氏をはじめとする研究者や行動科学者らがある実験を行った。被験者がペアになり、硬貨の入った瓶を見て、中に入っている硬貨の合計金額を当てるというものだ。片方の被験者はもう片方の被験者に、硬貨が何枚入っていそうかアドバイスをする。そしてアドバイスを受けた側の被験者は推測した合計金額を答える。各被験者は正確な枚数を当てて報酬を山分けするために協力することになっているが、実はアドバイスを受ける側の被験者はおとり役だ。アドバイスをする側の人間は、実験の回によって以下のように異なる報酬体系が設けられていることを認識したうえで、ペアの相手にアドバイスをする。

実験1では、ペアの相手に損をさせれば自分が得をする
→誤差が大きいとき、相手の報酬は少なくなるが、自分の報酬は多くなる
実験2では、自分が損すれば相手が得をする
→誤差が大きいとき、自分の報酬は少なるなるが、相手の報酬は多くなる
実験3では、相手には影響を及ぼさず、自分だけが得をする
→誤差が大きいとき、相手の報酬は変わらないが、自分の報酬は多くなる
実験4では、自分には影響を及ぼさず、相手だけが得をする
→誤差が大きいとき、自分の報酬は変わらないが、相手の報酬は多くなる

アドバイスする側の被験者は、ペアの相手（おとり役）はこの報酬体系を知らないと考えている。また、すべての実験が終わるまでは、被験者は実際の金額を知らされない。実験回数を重ねていくうち、アドバイスをする側の被験者は、自身が得をする場合には、ペアの相手に損をさせてでも利己的で不誠実な行動を取る傾向が高まった。

実験中の脳の動きを調べるため、被験者の脳のfMRI撮影を行ったところ、扁桃体――過去の経験に対する感情的反応をコントロールする脳の一部――に一定の神経メカニズムが見られた。

利己心に基づく不誠実な行動を取ると、そのたびに被験者の扁桃体で検知されるシグナルが減少することがわかったのだ。

ここから示唆されるのは、不誠実な言動に対する脳の感度が鈍くなっているということである。さらに、シグナル検知数の減少量に応じて、利己心に基づく不誠実さがどの程度加速するかも導き出された。(注19) 被験者の脳の感度が鈍くなるほど、その次の実験回で利己的な行動を取る確率が高くなったのだ。

こうした研究結果が示す内容は、リーダーや組織にとって注目に値する。**普段は誠実で、相手に対しても誠実さを求める人々であっても、不誠実な行動がそそのかされる状況に置かれれば、徐々に不誠実さに屈してしまう**ということだ――本人にそのつもりがない場合でも。

本書がこれから明らかにするのは、皆さんもそのような状況をつくり出しているかもしれない、ということだ。その結果起こりうる大惨事について見ていこう。

不誠実さによる実害

Is Honesty Something Cosmetic ?

2018年、世界的なコンサルティング企業であるアクセンチュアが、企業の信頼が収益に及ぼす影響について調査を行った。7000社以上を調査対象とした同社の「コンペティティブ・アジリティ・インデックス（Competitive Agility Index）」からわかったことは、直近2年間で54％の企業が深刻な信頼低下を経験したということだ。アクセンチュアの推定では、こうした企業の信頼低下は――控えめに見積もっても――トータル1800億米ドル（約18兆円）の損失に相当する。(注20)信頼低下の原因には、製品の欠陥、財政的スキャンダル、環境への無配慮、サイバーセキュリティ侵害といった問題が挙げられた。

なお、アクセンチュアにおける信頼の定義は「コンピテンス、誠実さ、正直さ、透明性、コミットメント、目的、親しみやすさの一貫した体験」である。(注21)

調査対象企業のうち2社で起きた、ハッとするような事例を紹介しよう。

1つ目の企業は、持続可能性へのコミットメントを促進するキャンペーンを行った。しかし、環境問題や社会的責任に関する適切な専門家の知見を取り入れていなかったために、ただのPR活動のようになってしまい、結果的に4億米ドル（約400億円）の売上減少となった。

2つ目の企業は、マネーロンダリングの疑惑があると名指しされ、翌年の売上が34％、つまり10億米ドル（約1000億円）低下した。また、収益性の指標であるEBITDAは61％、つまり7億米ドル（約700億円）も急落した。(注22)

世界最大手の広報・PR企業であるエデルマンは、毎年「エデルマン・トラストバロメーター」という調査を行っている。同社は過去20年にわたり、世界中の200万人以上を対象に、2300万件もの信頼度測定を行ってきた。

会社員や一般市民3万4000人以上を対象に行われた2020年の調査では、世界中に蔓延する不平等について、深刻な不満が募っていることが明らかとなった。資本主義の弊害は利点を上回っていると答えた回答者は56％、世界中で不正行為が増えていると感じている回答者は74％であった。また、メディアの情報を信用していないと答えた回答者は56％であった。

本調査において、エデルマンは「信頼」の定義を、能力と倫理観のコンビネーションであるとしている。

2020年の調査では、この2つを兼ね備えているとみなされた組織は1つもなかった。能力があるのは企業、倫理観があるのはNGOとされた。社会に必要な変革をもたらす最後の砦は企業である、とされていた2019年の調査結果とはきわめて対照的である。昨今の世界では、企業の能力に対する信頼が失われており、かつて彼らに期待していたポジティブな影響はもはや望めないと多くの人が感じているようだ。2020年の調査で、企業はすべての人々のために平等かつ公平に尽くしていると思う、と答えた回答者はわずか29%だった。

とはいえ、完全に信頼が失われてしまったわけではない。収益の追求とコミュニティへの貢献は同時に達成できると考える回答者も73%いた。また、企業の長期的な成功には、株主だけでなくすべてのステークホルダーが重要だと考える回答者は83%だった。何より重要なのは、73%の従業員が、社会の将来性を形成するための機会を与えてほしいと雇用者に望んでいることである。(注23)

これらのことから得られる結論は？

人々は自分の仕事を通じて影響を与えたいと強く望んでおり、実際にそうできると信じているということだ。誠実な企業は、真実、公正、目的に基づく行動を通じてそうした機会を生み出しており、誠実でない企業よりも圧倒的に優れた業績を残している。では、人々が持つ可能性や野心と、彼らが経験する厳しい現実の橋渡しをするものは何だろうか。

希望である。

希望が誠実さの着火剤になる

Is Honesty Something Cosmetic?

2015年12月、当時9歳だったソフィーは、両親と共にスウェーデンに降り立った。彼らは旧ソビエト連邦から亡命してきた難民だった。3カ月前、ソフィーは警官の制服を着た男たちに父親が攫われるという恐ろしい光景を目にしていた。男たちは一家を車から引きずり出し、両親にひどい暴力をふるったあと、ソフィーと母親を逃がした。最終的に父親は家へ帰され、一家はスウェーデンへ亡命した。スウェーデンに到着してから数日後、両親はソフィーが遊ばなくなっていることに気づいた。それからまもなくのこと、スウェーデン移民庁から一家の国内滞在を認められない旨が告げられた。一連の会話をソフィーは耳にしていた。

それ以来、ソフィーは食事も会話もしなくなり、20カ月間の昏睡状態に陥った。チューブを通して食事が与えられ、おむつをはかされた。バイタルサインや反射活動はいたって正常だったが、生きているようには見えなかった。

1990年代の終わり頃から、このような奇妙な事例についてスウェーデンの医師から多数の報告があった。

この現象は「**あきらめ症候群**」と呼ばれた。2003年から2005年のあいだに約400件の症例が報告され、近年においてもまだ数百件の報告が上がっている。この症候群は主にトラウマを抱えた子どもや若者に発症する。彼らは祖国で恐ろしい体験をしたうえに、移民として自分の状況や身の安全がどうなるかわからない恐怖を味わっている。(注24) 2019年、『眠りに生きる子供たち』と題されたドキュメンタリー映画がネットフリックスで配信された。あきらめ症候群を患ったスウェーデンの子どもたちの苦難に満ちた人生を記録したものだ。

どの子どもも、祖国で想像もつかないほどの恐ろしい光景を目にし、スウェーデンでは先の見えない不安に直面した。せっかく逃げてきたのに、またあのような残忍な日々に戻らなくてはならないのではと怯えきっていた。

7歳の女の子、ダーシャもその1人だ。ダーシャは母親が強姦されるのを目の当たりにした。父親が現地の役人にとって脅威となるインターネットビジネスを運営していたため、脅しをかけられたのだ。12歳の男の子カレンは、家族ぐるみの友人が殺される場面を目にし、自分の命を守って必死で逃げた。

ガス欠になった車のように、あるいはコンピュータが壊れたときのように、子どもたちは耐えがたい先の不安に対処する方法として、ただ心と体をシャットダウンしたのだ。そしてそのまま数カ月間、さらには数年間、目を覚まさなかった。(注25)

あきらめ症候群に治療法はあるのだろうか？　専門家によると、希望を取り戻すことが大事なのだそうだ。避難先が見つかり、一家の安全が確保されると、子どもたちは徐々に昏睡状態から目を覚まし、身体機能を回復していくのだという。(注26)

我々の脳は希望を強く求めている。希望が奪われれば、幼い体は極度のストレスに耐えきれず機能を停止してしまうほどだ。**希望は人間の精神にとって不可欠な栄養素**なのである。

このことからわかるのは何だろう？　答えはあなたの想像を上回るかもしれない。

職場における希望

Is Honesty Something Cosmetic ?

「職場における不満」と「心に傷を負った子どもの苦悩」は、到底比べ物にならないが、希望が失われているという点では共通しており、そこから学べることは多いはずだ。

多くの場面で引用されているギャラップ社の従業員エンゲージメント統計結果がある。これは、労働人口の約70％が仕事にエンゲージしていない（やる気がない）、またはエンゲージする気がない（会社の成功を妨害しようとしている）、という内容だ。この数値は調査が始まって以来ほとんど改善されておらず、２０１９年には65％まで下がったが、それでも喜ばしい結果には程遠い。(注27)つまるところ、約１億５７００万人いるアメリカの労働人口のうち、(注28)およそ１億２００万人が、パートパスやコミットメントをほとんど意識しないまま働いているのだ。

従業員がエンゲージしていないということは、希望が失われているということだ。それも、１

億人以上が同じ気持ちを抱えている。仕事に対する気力も愛着も感じられないまま、ただ茫然と職場を歩き回っている。ある意味、彼らの心と体もシャットダウンしているのだ。なかには自分の置かれた状況に憤慨するあまり、自ら会社を弱体化させてやろうと企む従業員もいる。

自分が言う通りの姿でありたいと願う組織やリーダーにとって、希望は鍵となる要素だ。「うちの組織で希望を生み出したいんだが手伝ってくれないか？」などと電話をかけてきた経営者はこれまでいなかったが、そうした連絡をしてくるべきだった人も多くいた。組織に存在する希望を数値で測ることは難しくとも、希望が失われた組織を目にすれば、どれほど空気が淀んでいるかは一目瞭然だ。

希望は以下の3つの要素が交わることで生まれる。

(1) 情熱——より優れたものを求める気持ち
(2) 忍耐力——大きな困難に打ち勝とうとする力
(3) 信念——そうした困難の先により優れたものが必ずあると信じる心

リーダーであれ組織であれ国家であれ、暗黒の日々を切り抜けさせてくれるのは希望なのだ。組織の改変期に必要なのは、**約束を破られても希望をくじかれはしないと、従業員が自信を持つこと**である。

怒りに満ちたクレームに対処するにあたり、人的資源もエンパワーメントも不足していると感じている顧客窓口担当の従業員は、カスタマーサービスにおけるコミットメントが一新されれば、自分が望んだ形で仕事ができると希望を持てるようになる。商品開発部門や研究開発部門の従業員は、イノベーションが新たな競争手段となると宣言されれば、自分たちの科学知識や技術力を使って誇りに思えるものを生み出そうという希望に満ちあふれる。彼らの願いを叶えるチャンスがあるとしたら、こうした希望は必要不可欠な要素だ。

「希望など寓話だ、〝あやふや〟だ」と思われるかもしれないが、決してそんなことはない。

組織において希望が果たす役割を調査した2人の研究者、スザンヌ・ピーターソン氏とクリステン・バイロン氏によると、より大きな希望を持っている人はそうでない人と比べて、ゴール志向が強く、目標達成のためのモチベーションが高いという。

営業職であれ住宅ローン仲介業者であれ経営層であれ、希望に満ちているほど仕事のパフォーマンスが全体的に高いことがわかったのだ。大幅なコスト削減のプレッシャーや業務上の障害、困難な顧客対応に直面したとき、希望を持っているリーダーはそうでないリーダーに比べてよりよい解決策を出す傾向にある。このことから示唆されるのは、**仕事で困難に直面したとき、希望を持つことが従業員の助けになりうる**ということだ。(注29)

これに関連して、フロリダ大学の研究者であるアンブローズ氏、シュミンケ氏、シーブライト氏が行った、組織における公正さに関する研究からは、希望の喪失が破滅的な結果につながること、従業員の怒りと企業妨害行為のあいだには強い相関性があることがわかった。従業員が自分は不当に扱われていると感じた場合――例えば約束がいつも破られるなど――彼らは組織に対し、過剰な要求をすることで「仕返しする」傾向が格段に高くなるという。(注30)希望に対する裏切りほど、復讐心を煽るものはないのだ。

皆組織の偽善にうんざりし、希望を捨てたくなっている。我々が見てきた企業にも、重要な変化に踏み出そうとして、ずっと先延ばしにされていたマネジメント研修を経験の乏しいリーダーに提供したり、社内文化が変わることを示す新たな価値観を宣言したり、時代遅れのツールを最新のテクノロジーに入れ替えることを約束したりした企業があった。

しかし、こうした取り組みは実施される前に立ち消えてしまった。となれば、組織が言葉と行動に一貫性を持たせると宣言しても、従業員が自分たちの理想通りに物事が進むわけはないと感じるのも無理はない。このような、約束だけが先行する事態が過去にあった場合には特にそうだ。

希望を保つには、それを支える明確な根拠が存在しない場合でも、自信を持って前に進み続けることが求められる。しかし、物事が行き詰まり始め、せっかく掲げた希望がくじかれてしまったときには、才能ある従業員は仕事をやめて会社を去ってしまう――そして平凡な従業員は、仕事をしないまま会社に留まるのだ。

組織やチームの誠実さを鍛え上げるには希望が必要となる。もしあなたが途中で諦めれば、なんてことはない、部下から仕返しを受けるだけだ。しかし、もしあなたが努力し続ければ、部下からは立派なお返しがもらえるだろう。

希望が困難を打破するとき

その好例となるのがメロニー氏の体験談だ。

メロニー氏は大手メーカーの物流部門で倉庫管理を務めるシニア・スペシャリストである。彼女に出会ったのは、同社における新たな組織設計の一環として、「チームの立ち上げ」に関するセッションの司会進行を務めさせてもらったときだった。

昨今の製造業では、製品を市場へ運搬する方法について、自動化やテクノロジーによって混乱が生じている。かつては安定していた多くの職が危機にさらされているのだ。そこでメロニー氏は、最先端の物流テクノロジーに関する資格を取って、機械に仕事が奪われるなかでも自分が貴重な人材でいられるようにした。

同社はアメリカ国内で製造・組み立てされた製品を、外国産の競合製品よりも低価格かつ高品質で配送することに誇りを持っている。実際、その誇りはほとんど常に保たれてきた。しかし、継続的なコストの高騰や激化する貿易摩擦の影響で、効率性を高める方法を常に考えなければならなかった。

数年前、こうしたテクノロジーの波を受けて、メロニー氏はある大きなプロジェクトの指揮を任された。内容は、同社の配送センター2つにテクノロジープラットフォームを導入し、製造ライン、包装と箱詰め、発送待ち商品用のパレットまで自動で商品が運ばれるようにして、監督者が1人で済むようにしようというものだ。このような転換を行えば、低価格で高品質な製品提供という約束を守り続けられることはわかっていた。

しかしメロニー氏は、共に働く仲間たちが職を失ってしまうのではないかと恐れてもいた。プロジェクトは順調に進行していったが、同時に不安も強まっていった。配送センターの効率が高まるほど、従業員は自分たちの仕事が時代遅れになることを恐れ、士気が低下していった。そうして悪循環が生まれ、従業員の仕事に対する姿勢が悪化すればするほど、経営陣からはプロジェクトを早く進めるようにと圧力がかかった。そうすれば「不満ばかり口にする余剰人員」を削減して「損切り」ができるから、と。

メロニー氏はチームの仲間に対し、自分たちのポジションが失われないよう技術研修を改善すべきだと訴え、自ら指導を行いさえした。しかし上層部は、見込みのない従業員に救済措置を施しても意味がない、と関心を示さなかった。メロニー氏は何度か訴え、上司にこのようなメールを送ったりもした。

「顧客への約束を守ろうとしているのは素晴らしいことです。

でも、従業員への約束は守らないのですか？

従業員に対しては責任を持たなくてよいのでしょうか？

少しの努力で守られる雇用があるはずです。そのためなら私も喜んで助けになります」

しかし、追加のリソースを求める彼女の要求は聞き入れてもらえなかった。初めて私と話したとき、メロニー氏は以下のように語った。


希望を持ち続けることがどんどん難しくなっています。

テクノロジーが導入されて、配送センターは確かに素晴らしい進歩を見せました。しかし同時に、何年も共に働いてきた仲間の表情がどんどん暗くなり、不安に満ちていっています。

1つの約束を守ることが、別の約束を破っていい理由にはなりません。「何を犠牲にするかは難しい問題だよ」などという上司の言葉にはうんざりしています。何も犠牲にする必要がない場合なんかは特に。


メロニー氏は、自分が信じるような、誠実な会社の姿を切に望んでいた。顧客と従業員、双方に対して誠実な会社の姿を。それを実現する道も見えていた。彼女にとってみれば、二者択一の会社の姿勢は偽善であった。上層部は判断を誤っている、目先のことしか考えていない、そう感じられた。

部外者である私は、こうした状況ではほとんど何もできないことが多い。私の顧客はメロニー氏の上司よりも階層が3つも上だったため、メロニー氏と直接話をするよう促すのは適切とは思えなかった。ただ、彼に、技術の導入が進むにつれて従業員の士気が下がっているかもしれないから、「念のため」配送センターの見学をして進捗を確認するのはどうか、というようなことは言った(ような気もする)。

そして実際、彼はその通りに行動したのだった。偶然にも、見学のガイド役を務めたのはメロニー氏だった。もしかしたら誰かにアドバイスされて、チームメイトの職を維持したいという希望を直接彼に伝えたのかもしれない。そして、非常に高潔な人間である彼がその後取った行動も驚きではなかった。できる限り多くの職を確保するために必要なリソースをメロニー氏に与えるよう、配送センター長に強く「勧めた」そうなのだ。また、1つ目の配送センターでの取り組みが終わったら、2つ目の配送センターでも同様の取り組みをメロニー氏に主導してほしい、とも。

メロニー氏は希望を捨てなかった。かつて会社が宣言した自社のあるべき姿は実現可能だと。そのための明確なビジョンも持っていた。彼女は真実を語り、正しい行動にコミットし、より高次なパーパスのために尽力した。そして、そのような活動を目にした多くの同僚もまた、彼女と同じ姿勢や行動を取ることができたのである。メロニー氏は、自分自身に与えたセカンドチャンスを仲間にも与えたかったのだ。彼女の励ましと適切な研修によって、全員が全員ではないが、多くの従業員が変わることができた。

困難な状況にも屈さず、自分が先頭に立って道を切り開く、そのような彼女のコミットメントに火をつけたのは希望だった。そして、キャリアの危機にあった同僚に対しては、彼女自身が希望であり続けたのだ。

あなたならどうする？
もしあなたがメロニー氏の立場だったら、どのような行動を取っただろう。
希望を保ち続けることはできただろうか？　ほかによい方法はあっただろうか？

「優れたこと」に向かうために

メロニー氏の経験からもわかるように、我々には、組織の誠実な在り方を手助けする力がある。誠実な組織、誠実な人間でいようとしたときほど、希望の存在が重要になるのだ。自身のアイデンティティについて、あるべき姿を公に約束すれば、組織でも個人でも希望を生み出すことができる。より大きなパーパスに火をつけることができる。しかし、本来の自分とは違う姿を約束してはならない。また、全員が等しく自分の能力を発揮できるよう、フラットな環境を整える必要がある。誠実でいれば、パーパスも増幅される。皆自分が重要な存在だと感じたいのだ――自分の貢献は大きな影響を与えている、自分は自分が理想とする姿に忠実に生きていると感じたいのだ。

もし言葉と行動が合致していないのであれば、必要なのは、その溝は埋められるという希望を持つことだ。これは、よりインクルーシブになり、より社会的責任を持ち、より費用対効果を高めると約束している組織についても言える。また、よりよいリーダーになりたい、熟達した著者になりたい、起業家として成功したいと口にしている個人についても言える。

誠実な人間であろうとしたとき、「正しいこと」と「間違ったこと」のあいだの溝を埋めるのはそれほど難しくないだろう。そのために必要なのは、確固たる道徳的指針と大きな決意だ。しかし、「正しいこと」と「優れたこと」のあいだの溝を埋めるのはそう簡単ではない。確固たる希望と、組織としてやり抜く力が求められる。

本書を読み終わる頃には、後者の道のりを歩むことになぜ大きな価値があるのか、皆さんにも理解していただけるだろう。

鍵となる教訓

――第1章のまとめ

□ 自分自身のアイデンティティについて、あるべき姿を公に約束すれば、組織でも個人でも希望を生み出すことができる。より大きなパーパスに火をつけることができる。しかし、本来の自分とは違う姿を約束してはならない。

□ 人々は自分の仕事を通じて影響を与えたいと強く望んでおり、実際にそうできると信じている。誠実な企業は、真実、公正、目的に基づく行動を通じてそうした機会を生み出しており、誠実でない企業よりも圧倒的に優れた業績を残している。

□ 人間の脳には誠実さが組み込まれているが、不誠実な言動にさらされ続けると、我々の倫理的な基準は鈍化する（緩くなる）――我々自身にそのつもりがない場合でも。

□ ただ真実を語るだけでは不十分である。善意に基づいて行動し（公正）、考えているのは自分の損得よりも大事なこと（目的）である、そんな人間に見られなくてはならない。

□完全な誠実さに続く道のりには、確固たる希望と組織としてやり抜く力が求められる。

1

アイデンティティにおける誠実さ

Honesty in Identity

第 2 章

言葉と行動を一致させる

意識すべきこと

会社の価値観や使命は、
従業員の日々の選択に
どのような影響を与えているか?

言葉と行動の溝を埋める

Be Who You Say You Are

私の研究結果からわかったことは、組織の在り方や目標を戦略的に明示し、それに伴う行動を起こしている企業では、従業員が真実を語り、公正な行動を取り、目的を持って働く傾向が**3倍**高くなるということだ。

アイデンティティを明確にする——自分が言う通りの姿でいる——というのは、従業員や市場に対して宣言している自身の在り方と、実際の自身の在り方が一貫しているということ。つまり**言葉と行動に一貫性がある**ということだ。そのためには、組織に属する人々が、組織のバリューに沿って行動しなくてはならない。また、組織が掲げるパーパスを組織全体に浸透させ、従業員ひとりひとりの日々の仕事に織り込まなくてはならない。

これらが為されていない組織は、不誠実さの温床となってしまう。もしリーダーが現状に疑問を呈し、会社が重視しているイノベーションをチームに求めても、チームから出たアイデアを却下してしまえば、彼の発言には中身が伴っていないということになる――どんなに彼が本気であってもだ。あるいは従業員が上司に怠惰さを注意され、もっと責任感を持ちますと答えたとしても、その後連続で2回も締切を破るようなことがあれば、彼のコミットメントは口だけだったということになる。またあるいは、組織や部署、チームにおいて掲げられた大々的な戦略目標が従業員の日々の業務に結びつけられていなければ、これもまた「コミットメントを宣言しても守るつもりはありません」と言っているようなものだ。

日々、さまざまな企業が新たな「戦略的プライオリティ」を発表しているが、そのような戦略は無理だろうと誰もが感じている。ミッションやビジョンに関する声明が出されても、内心では皆賛成していない。「我々は〇〇でナンバーワンを目指します」といったスローガンが掲げられても、シニカルな従業員はそれが自分たちにとって何の意味があるのか理解していない。こうした宣言のたびに、リーダーや従業員は必然的に暗黙の了解を強いられることになる。会社はこう言っているが、それが実現されるわけではない、と。

しかし実際には、やると言ったことをやるほうが（あるいは守れないとわかっているコミットメントは口にしないほうが）、結局のところずっと簡単で、長期的に見るとずっと大きな利益をもたらすのだ。

明白なことのように思えるが、残念ながらそうでもないらしい。

「自分たちはこのような組織である」と語る組織が、実際にそのような組織になるための努力を怠った場合、その組織が掲げるミッションやバリューもまた形だけのスローガンだと思われてしまう。さらに悪いことに、不誠実な行動が蔓延してしまう場合もある。その組織に属する人間は皆、組織のミッションやバリューが実態に即していなくても、即しているふりをしなくてはならないからだ。悲しいことに、こうした事態はあまりに多くの組織で一般的になっている。

2014年にオーストラリアのリーディング・チームズ（Leading Teams）が500人以上の会社員を対象に行った調査でこのような結果が出ている。

- 自社のミッションやバリューにインスパイアされていると回答したのは20％
- 自社のミッションやバリューを把握していないと回答したのはおよそ50％(注31)

また、ギャラップ社の有名な調査では、このような結果がある。

- 自社のバリューを信頼していると回答した従業員は27％
- 自社のバリューを自分の仕事を通じて実現できると感じている従業員はわずか23％(注32)

2013年にシカゴ大学やノースウェスタン大学などの主要学術機関が働きがいのある会社研

究所（Great Place to Work Institute）と共同で行った調査では、組織の経営成績と、組織のバリューがどの程度実現されているかという従業員の評価には、強い相関性があることがわかった。（注33）

これらの調査結果は以下のことをはっきりと示している。嘘をつけば、皆それを感じ取り、組織のパフォーマンスは低下するということだ。

言葉通りに行動する

Be Who You Say You Are

行動を伴わないコミットメントが一般化している現状に反して、以下の認識が多くの企業のあいだで急速に広まりつつある。どんな苦労を伴っても、宣言したパーパスを達成することで得られるメリットは絶大だということだ。以下のマーケットリーダーの例を見てみよう。

洗剤・家庭用品メーカーであるセブンス・ジェネレーション（Seventh Generation）のパーパスは「消費革命（消費者の生活様式における急激な変化）を起こし、7つ先の世代まで健康を育む」こと。(注34)

大手ベビーフードメーカーであるプラム・オーガニックス（Plum Organics）のパーパスは「アメリカの子どもたちに栄養価の高いオーガニック食品を届け、国内における子どもの飢餓や栄養失調への意識喚起と問題解決を促す」こと。(注35)

インドのタタ・スチール（Tata Steel）は、誠実さ、責任感、団結をコアバリューに掲げ、特に持続可能性や倫理の面でこれらを実現しており、世界中で広く評価されている。同社は国際的な賞も数多く受賞し、エシスフィア・インスティテュート（Ethisphere Institute）の「世界で最も倫理的な企業」ランキングに8年連続でランクインしている。(注36)

グアテマラのセメントメーカーであるセメントス・プログレソ（Cementos Progreso）は、イノベーションを通じた環境的責務の遂行とインクルーシブな世界経済の実現をコミットメントに掲げ、具体的な行動を通じて実現している。また、クリーンな生産工程技術に関する賞を受賞し、国連グローバル・コンパクトを支持した初のグアテマラ企業となった。国連グローバル・コンパクトとは、より持続可能でインクルーシブな世界経済の実現という共通の目標達成に向けて協力するよう、国連が世界中の企業に呼び掛けているイニシアティブである。(注37)

こうした企業は、コミットメントを掲げるだけでなく行動にも移しており、日々の活動を通じて自社のパーパスを達成している。

多くの企業において、言葉通りに行動するというコミットメントを新たなレベルに引き上げたのが**Bコーポレーション（Bコープ）認証の取得**だ。

この厳格な評価制度においては、企業はパーパスに対するコミットメントの実践が求められる。つまり、コミュニティ、従業員、顧客、サプライヤー、環境、すべてのステークホルダーへの価値提供に関し、Bコープ認証制度が規定するパフォーマンス基準を満たす必要があるのだ。また、すべてのBコープおよびその他数千もの企業で、利益ガバナンス構造と呼ばれるものが採用されている。これは企業の法的義務の範囲を拡大し、単に株主に最大限の利益を提供するだけでなく、さまざまなステークホルダーにも利益を提供しようというものだ。

『B Corps ハンドブック：よいビジネスの計測・実践・改善』（バリューブックス・パブリッシング）の著者であり、Bコープ認証を取得しているリフト・エコノミー（LIFT Economy）のパートナー（コンサルティングファームにおける最高職種）であるライアン・ハニーマン氏は、私とのインタビューのなかで以下のように語った。

Bコーポレーション認証を取得すること、そのための法的要件を満たすことにおいて大変なのは、自分たちは信頼に値する企業だと顧客や従業員に知ってもらうことだ。

きれいごとを言うだけでなく、実際に資金やリソースを割いて行動している、自分たちのパーパスはただ口先だけのものではないのだと。人々がパタゴニア、ベン&ジェリーズ、オールバーズ、ダノン・ノースアメリカなどの商品を好んで手にするのは、これらのブランドがビジネスを通じてコミュニティによりよい善を為そうとしているとわかっているからだ。

ハニーマン氏は続けてこう説明した。多くの企業はBコープ認証制度を活用し、自分たちのパーパスと行動に一貫性を持たせようとしており、認証を得ることがゴールではない場合もあると。

「**厳しい基準を満たす努力をすること自体が、パーパスの実現に近づくことになる**」のだそうだ。

長い歴史を持つ企業の多くは、設立当初からBコープ認証を取得しているような、会社のDNAにパーパスが織り込まれているスタートアップ企業を見てこのような疑問を抱く。

「最初からパーパスを掲げられれば楽だが、設立当初にパーパスなど考えていなかった大手企業はどうすればよいのか？」それも無理はないが、歴史ある大企業でもパーパスを見つけて日々の行動に取り入れることは可能だ。実際にそれを証明している組織の例を紹介しよう。

ペプシコがパーパスドリブン企業になるまで

2006年、インドラ・ヌーイ氏はペプシコのCEOに就任した。当時、会社がこれほど大きく変わると予想していた人はほとんどいなかっただろう。

世界最大手の飲料・スナックメーカーのひとつであるペプシコは、同社の製品が小児肥満や糖尿病を助長しているとの批判を受けていた。健康と幸福、人や地球の持続可能性にコミットしている企業名を尋ねられたとき、ペプシコを思い浮かべる人はいなかっただろう。

ヌーイ氏は、就任当初からこうした状況を変えると宣言していた。彼女は、消費者が商品を購入する際の判断基準はブランドの企業理念であること、その傾向は長いあいだ変わっていないこと、有能な人材はただ給料のよい会社ではなく世界に善をもたらす企業で働きたいと思うようになっていることを理解していた。彼女が掲げたコミットメントは、製品ラインナップをより健康的なものにすること、発展途上国で安全な水をより入手しやすくすること、ペプシコ全体のカーボンフットプリントを削減すること、世界中のコミュニティや労働市場において女性の地位を向上することだった。ただ優れた投資収益率を達成するだけではいけない――すべてのステークホルダーの生活に貢献する必要があると考えていたのだ。

ヌーイ氏は会社の新たな軌道として、パフォーマンス・ウィズ・パーパス（目的を伴う成果）というコンセプトを導入した。こうしたコミットメントはヌーイ氏個人の経験に深く関わっていた。彼女は安全な水の入手が困難な発展途上国で育った。安全な水を求めて人々が長蛇の列を成す光景も目にしていた。彼女は、きれいごとではない正真正銘のコミットメントを掲げるには、そのコミットメントが自分自身の経験と結びついている必要があると考えていたのだ。

彼女が手始めに取った行動は、懐疑的であった従業員を中心に、彼女の真剣さを理解してもらうことだった。例えば2007年には新たな研究開発部長兼最高科学責任者として、メイヨークリニックの内分泌科医であったメームード・カーン氏を雇った。その翌年には不況の波に襲われたが、それでも世界随一の研究開発部門をつくり上げるために、ヌーイ氏はありとあらゆるリソースを彼に提供した。カーン氏は製品ラインナップを一新するために、食品・飲料会社に一般的に見られるような食品科学者以外にも、分子生物学者、薬理学者、栄養士を採用した。そのなかには女性も多く含まれていた。

じきに主要製品の多くで、風味を損なうことなく、塩分、糖分、脂肪分を大幅にカットすることができた。また、健康的なスナックや飲料品を扱うメーカーを多数傘下に取り込んだ。プロバイオティクス飲料にはネイキッド・ジュース（Naked Juice）、バブリー・スパークリング・ウォーター（bubly sparkling water）、ケヴィタ（KeVita）などの製品を、ヘルシースナックのラインナップにはヘルス・ウォーリアー（Health Warrior）の植物性栄養バー、ステーシーズ（Stacy's）のピタチップス、ベア・スナックス（Bare Snacks）のフルーツチップスや野菜チップス、オフ・ザ・イーテン・パス（Off the Eaten Path）のベジーパフなどを加えた。それだけでなく、パフォーマンス・ウィズ・パーパスに対するコミットメントを裏切ることになるような高カフェインスナックなどの生産を打ち切った。栄養基準を満たさないとの理由でチートス（Cheetos）が給食のメニューから外されたときには、2年間かけて設備を開発し、全粒穀物のスナック菓子を導入した。

持続可能性に関して言えば、包装についても劇的な刷新があった。植物由来の生分解性素材に切り替え、廃棄物を削減し、排水再利用のための投資を行い、再生可能エネルギーの使用率を高めたのだ。現在、ペプシコのアメリカ国内における施設はすべて再生可能エネルギー由来の電力を使用しており、これはペプシコが世界中で使用している電力量の半分以上を占める。また、包装の88％が堆肥化、リサイクル、生分解が可能な素材を使用しており、2025年までに100％とすることを目標としている。さらに、就労準備に必要なリソースを女性に提供するプログラムや、フードシステムおよび農業の分野で女性の地位を向上するプログラムに４０００万ドル（約40億円）の投資を行っている。加えて、水不足が深刻な地域における水の利用効率を改善し、高リスク地域に住む４４００万人の人々が安全な水を入手できるようにした。（注38）

ヌーイ氏は、経営管理プロセスにおいてもコミットメントを保つ方法を取り入れている。例えば経営資源の配分に関して言えば、すべての資本投資において持続可能性に関する署名が必須とされている。また、組織のトップから中堅マネージャーまで、社員は全員パフォーマンス・ウィズ・パーパスにおける目標を設定している。目標を達成した、または上回った模範的なリーダーには祝いの言葉や賞を贈り、同社のパーパスに対する長期的なコミットメントをさらに強化している。ヌーイ氏は、価値ある慈善活動に多額の資金を投入するだけでは不十分だと考えている。世界で善を為すためには、収益を生み出す方法を変える必要があるのだ。

彼女の意図は最初から明確だった――自分がＣＥＯの任期を終えてからもずっと、ペプシコがパーパスドリブン企業であり続けられるようにすることだ。ヌーイ氏は２０１８年に12年間の任期を終えて経営トップの座を退いたが、それ以降もずっと、同社は確固たるコミットメントを保ち続けている。（注39・40・41・42）

パーパスドリブン企業への道のりは過酷だと最初に認めたのはヌーイ氏だろう。ひとつの会社をより大きなパーパスに根差した会社へと生まれ変わらせるために、トップに立つリーダーには、揺るぎないコミットメント、厳しい選択、強い確信が求められる。ペプシコのような壮大な歴史を持つ企業においてはなおさらだ。

世界的な企業をよりパーパスドリブンな企業へと変えるのは簡単ではないかもしれないが、決して不可能なことではない。そして、こうした道のりを果敢にも歩んだ企業は、その成果を手にしている。例えば消費者の生活の質を向上させようという明確なコミットメントを掲げるブランドは、市場平均対比120％のパフォーマンスを示している。また過去10年間で、パーパスドリブンなブランドの企業価値評価は175％の急激な成長を見せた。

17年間にわたり28社を対象に行った調査では、S&P500銘柄の平均成長率が118％であったのに対し、パーパスドリブン企業では1681％だった。(注43) 実際、投資家のあいだでは、厳しい基準で評価されたESG（環境・持続可能性・ガバナンス）ファンドへの移行が加速している。さらにこれらのファンドは、S&P500のなかでも優れた業績を上げている。

このことからわかるのは、ステークホルダー志向のコミットメントは、株主に与える結果と強い相関性があるということだ。(注44)

言葉と行動が矛盾していたら

Be Who You Say You Are

日々絶えず変化と混乱が生じるこの煩雑な世界において、一貫性を保つのは無理難題に近い。組織は信頼性を得づらくなっており、だからこそ従業員はより一層信頼性を強く求めている。

前章で紹介したエデルマン・トラストバロメーターが多種多様なバックグラウンドや職業を持つ世界中の人々を対象に調査を行ったところ、自分が働く組織において、

・戦略立案プロセスに参加させてもらうこと
・重要な決定事項に関して意見できること
・インクルーシブかつ宣言されたバリューと一致した社内文化が形成されていること

これらが重要だと考える回答者は74％だった。こうした期待に応えることで、組織は従業員からの信頼を得ることができる。

また、トラストバロメーターの調査から以下のような結果も明らかになっている。従業員が雇用者を信頼している組織においては、

・優れた仕事をしようとコミットしている従業員は83％
・組織にロイヤルティを持っている従業員は74％
・組織を積極的に支持している従業員は78％

反対に、従業員からの信頼を得ていない組織においては、このような結果だ。

・優れた仕事をしようとコミットしている従業員は52％
・組織にロイヤルティを持っている従業員は36％
・組織を支持している従業員は39％（注45）

これらの結果について少し考えてみてほしい。

あなたが組織のトップにいるとして、優れた仕事をしようとコミットしている部下はわずか半数、あなたに対する忠誠心を持ち、必要があればあなたのために立ち上がろうとする部下はたった3分の1程度と知ったら、どう思うだろうか。

悲しいことに、あまりに多くの組織が、従業員に必要最低限の働きを求めて落ち着いてしまっている。しかしそうすれば必然的に、従業員から得られるのは最低の結果となる。アイデンティ

ティ——どんな志を抱き、誰に尽くし、どのように組織を運営するか——を主張しつつも、その言葉と行動を一致させるためのあらゆる努力を怠れば、もたらされるのは破滅的な結果だ。組織が語る言葉は本心ではない——組織のミッションやバリューと矛盾する行動を取ってもまったく問題ないのだ、と。

例を1つ示そう。以下に引用するのは、一時は業界のリーダーであったアメリカの有名企業の行動規範の一部だ。

「顧客は信頼できるサービス提供者との関係を築くことによって、よりよいサービスを受けることができる。こうしたサービス提供者は、顧客をよく理解し、頼りになるガイダンスを示し、あらゆる金融ニーズに対応できる」

この行動規範は、3つの基本的な柱に基づいているという。

・生涯にわたる関係構築
・顧客が自信を持って決断を下す助けとなる専門知識やガイダンス
・正しいことをするための惜しみない努力

なんとインスパイアリングなのだろう。結局のところ、こうした理念を掲げる組織と取引をしたがらない人などいない。(注46) 実際、この会社は2015年に、『フォーチュン』誌のもっとも評価される企業ランキング22位にランクインし、『バロンズ』誌ではもっとも尊敬できる企業7位となった。[注47]なんとも素晴らしい企業に思えるが、実はこの会社はウェルズ・ファーゴなのである。同社は『フォーチュン』誌と『バロンズ』誌で称賛を受けたわずか2年後、何千もの顧客の口座を不正に開設していた問題で、連邦保険監督当局への1億8500万ドル（約185億円）の罰金支払いに合意した。[注48]高尚な宣言を掲げておきながら、5000人以上の従業員が自社商品の抱き合わせ販売促進を目的として、顧客への確認や周知を行うことなく、勝手に顧客の預金口座開設やクレジットカード発行などを行っていたことが発覚したのだ。[注49]

ウェルズ・ファーゴが公言したミッションやバリュー——彼らのアイデンティティである——は、短期的な目標に突き動かされた何千もの従業員の不誠実な行動によって裏切られることとなった。警笛を鳴らした従業員もいれば、会社を辞めた従業員もいた。それでもなお、何千人もの従業員が加担し続けた。その結果、彼らは経歴に傷をつけることとなり、良心の呵責を抱えてその後の人生を送らなくてはならなくなった。

この大スキャンダルのあとに行われた調査では、問題の最大の要因は「組織が掲げたビジョンおよびバリューと実態の齟齬」、「アグレッシブな営業管理や業績管理システム、達成不可能なインセンティブ制度によって生み出されたプレッシャーの強い過酷な営業文化」だったと結論づけられた。[注50]

彼らが行動規範として掲げた「正しいことをするための惜しみない努力」は、ここで幕を下ろすこととなった。

毒になるパーパス、薬になるパーパス

Be Who You Say You Are

慢性的な悪行、乏しいパフォーマンス、スキャンダルが原因となり、ミッションやバリューなどに改めて焦点が当てられることはしばしばある。また、吸収や合併がきっかけとなって、2社が共に新たなスタートを切るための内省が促されることも多くある。しかし、実際に変わろうとする努力をせずにアイデンティティを公言してしまえば、彼らの変化はただの幻想に終わってしまう。重要な合併後にバリューを見直した企業の例をひとつ、私の調査から紹介しよう。

合併された2つの企業はまったく異なる社内文化を持っており、両者を統合するのはひときわ困難だった。

例えば、片方の企業ではフォーマルな意思決定プロセスが採用されていたが、もう一方の企業はよりカジュアルな形で情報伝達を行っていた。前者が「お堅い」雰囲気であったのに対し、後者は「ノリ」重視の会社だったというわけだ。

ただし、どちらの社内文化も「礼儀正しさ」を重んじるという共通点があった。リーダーを敬い、争いを避け、互いを助け合おうという思いやりがあった。かたや、大胆な営業活動には消極的で、業績低下に関する責任感は弱く、意思決定においては「責任者」を待つばかり、といった欠点も共通していた。

その結果、新たに設定された行動規範は「ひとりひとりがアカウンタビリティを果たす」「個々の限界や現状に挑む」「責任感を持つ」といった、響きはよいが曖昧なものであった。

もちろんこれらは「素敵な」バリューではあったが、従業員の行動を本質的に変えることにはつながらず、結局はただの表面的なものに終わってしまった。合併から1年が経っても、2社の従業員はいまだに一体感に欠け、アカウンタビリティに乏しく、「責任感」の度合いも大して変化していなかった。ただそれぞれの会社の伝統をくっつけてアイデンティティを上書きしただけで、その新たなアイデンティティを浸透させる努力を怠った結果、従業員は行動規範の実践がどれほど正確に求められているのかわからないままでいたのだ。

このように、見せかけの組織変化を装う試みは、やがて「パーパス・ウォッシュ」と呼ばれるようになった。

真の変化に必要な努力を怠り、一見「楽な」解決策――パーパス・ウォッシュ――に流される企業はあまりに多い。組織の最高の状態とはどのようなものかを明言できず、それを実現するためのアイデアもほとんど浮かばず、完全に迷子になっている会社もいる。慎重に考えたにもかかわらず、結局はステークホルダーに対する宣伝活動のようになってしまった会社もいる。彼らは、真のパーパスドリブン企業が得られる利益を享受したい、自身の悪評をごまかしたいと思っているが、本質的なところは変えないでおきたいのだ。

パーパスは「実行」がすべて

どうやってパーパスがあるように見せかければよいか？

どうすれば善を為すためにコミットしていると市場に思ってもらえるか？

世界中のマーケターや企業の戦略立案者が知りたがっている。マーケティング責任者はありとあらゆる手段を講じて、自分たちのブランドや会社がいかに素敵か、どれほど善意に満ちているかを示そうとしている。

残念ながら、従業員や消費者はそう簡単には騙されない。購入時にその製品ブランドの信頼性を気にする消費者は84%だが、実際に信用しているのはわずか34%であった。また、企業でパーパス・ウォッシュが行われている、つまりその企業が主張するほどには彼らは社会の善に貢献し

ていない、と考える消費者は53%にのぼる。（注51）

パーパスとは、「うわべだけのものがいずれ本物になる」ようなものではない。本心から生まれたものでなければ、そのパーパスはないのと同じだ。そしてそのようなうわべだけのパーパスは、人々にもすぐに見抜かれる。以下は、エデルマン・トラストバロメーターからの引用だ。

> パーパスは、社会における組織の真の役割や存在価値を定義し、ビジネスの成長と世界へのポジティブな影響をもたらす。組織、ブランド、およびそれらが提供するエクスペリエンスは、パーパスに深く根差したものでなければならない。（注52）

どうすれば企業はパーパスと行動に一貫性を持たせられるのだろう？　その答えを知るために、私はコンテキシス（Contexis）グループのCEOであるジョン・ロスリング氏に話を聞いた。コンテキシスはロンドンを拠点とする世界的なコンサルティング・リサーチ会社で、企業がパーパスを戦略的成長を促す方法として理解、評価できるよう手助けを行っている。

私が聞きたかったのは、パーパスが組織のパフォーマンスに与える影響を評価するという彼らの仕事についてだ。Bコーポレーションであるコンテキシスは、過去5年間でケンブリッジ大学やプリマス大学と協働して、パーパスとパフォーマンスの関連性を証明するという大胆な挑戦に踏み切った。ロスリング氏はこのように語る。

「データから明らかになったのは、ただパーパスを持つだけでは不十分だということです。従業員はそのパーパスが実行されるまで信用しません。頭では理解するかもしれませんが、心から信じられるようになるのは、そのパーパスに沿って行動する会社の姿を見てからです」

つまり、**組織が言葉通りに行動できるかどうか**が重要なのだ。

コンテキシスは、何もパーパスを掲げていない企業と、パーパスを掲げてはいるが実行できていない企業を比較している。言葉通りに行動することがどれほど重要なのかと疑う人は、この2者の対比を見てハッとするだろう。ロスリング氏は以下のように述べている。

私たちの調査でわかったのは、パーパスを宣言しただけではほとんど何も変わらないということです。そして、パーパスを宣言したうえでまったく反対のことをすればまずい事態になります。不信感やエンゲージメントの欠如を招くのです。従業員にとって、財務業績だけを追求している企業はまだ許容できます。財務業績と同時に善も追求していればそのほうがよいのですが、それが無理なら収益だけを重視していればよいと考えます。

しかし、パーパスを果たすと約束しながら真逆の行動を取っている企業は、従業員に対して嘘をついていることになり、その瞬間に信用を失います。そして、彼らは自分自身の利害のためにしか行動しなくなるのです。

コンテキシスの調査では、掲げたパーパスを真に体現している企業では、よりイノベーションが促進されることも明らかになっている。その着火剤となるのが従業員とリーダーの強い信頼関係であり、そうした信頼関係は収益の向上にも結びついている。

また、パーパスドリブン企業では結果に対する責任感も駆り立てられる。従業員が、自分は顧客や社会の利益のために主体的に行動していると自覚しているからだ。反対に、掲げたパーパスと実際の行動の乖離が大きければ大きいほど、不信感やシニシズムも増幅する（そのうえチャンスも失われていく）。

「伝える」と「実現する」

コンテキシスのクライアントであったある金融企業では、パーパスに成果が伴わない理由を深く掘り下げていったところ、驚くような知見が得られた。

同社のリーダーたちは、コンテキシスに連絡した当初、パーパスが浸透しない問題は社内の情報伝達にあると考えていた。説得力のあるパーパス・ステートメントを掲げても、それが組織全体にきちんと行き届いていないために、従業員の理解不足を生んでいるのだと。しかし「パーパスについて話せば話すほど、事態が悪化しているように思えて、同社のリーダーたちはひどく混乱していた」とロスリング氏は述べている。どうやら彼らは、

・パーパスについて話すこと
・パーパスを実現すること

この2つを同じように捉えていたらしい。だから、リーダーたちがパーパスについて語るほど、従業員にとっては言葉と行動の乖離が浮き彫りとなって伝わるだけだったのだ。

企業のパーパスがパフォーマンスに与える影響を測る指標として、コンテキシスは「パーパス・インデックス（Purpose Index）」を用いている。この指標に関してロスリング氏は、先の顧客企業の1部門では、平均的な値である70程度のスコアが出るだろうと予測していた。

しかし実際のスコアは18だった。コンテキシスが調査を行ったなかで過去最低のスコアだ。特に低いスコアを出した従業員は、長く働いている非常にシニカルな中堅マネージャーで、彼らは会社のパーパスに対する上層部のコミットメントをまったく信用していなかった。会社のパーパス・ステートメントはしっかりと理解していた。しかし、ただ信用していなかったのだ。

上層部の失敗は、「情報伝達」ではなく、パーパスの「実現」にあった。

中堅マネージャーと上層部は何度も慎重に対話を重ねた。そのなかでマネージャーらは、経営陣に対する不満や、親しい同僚らが職を失うのを見て経営陣に裏切られた気持ちになったことなどを明かした。対話を重ねるうち、彼らは会社のパーパスが自分たちの生活にも関わりがあると気づき始めた。あるとき、1人のマネージャーが話し合いの途中で、

「いい加減にしてください。あなたたちは何が言いたいんですか。私は家族を守るため、家族を養うために働いてるんですよ」、こう声を荒げた。すると別の人がこう言ったのだ。

「お客様にとってもそれを可能にするのが、私たちの仕事じゃないんですか？　私たちの銀行が掲げる究極のパーパスは、社会を守ること、そしてみんなが社会を守れるように手助けをすることでしょう？」

それからたったの7カ月で、その部門の売上は15％以上伸び、信頼関係が劇的に改善。ロスリング氏は「社内全体でワーストに近かったその部門の売上は、今ではほとんどトップとなりました」と語っている。

従業員ひとりひとりが、会社のパーパスを個人の生活に結びつけ、実践し始めたのだ。例えばある与信管理担当のマネージャーは、適当な信用調査報告書を提出してくる部下がいれば、以前はただ厳しいダメ出しをして、そのまま突き返したり、批判したり、作り直させたりと、部下のやる気をそいでいた。しかし今は、こう尋ねるのだという。

「こんないい加減な信用調査で、どうやってお客様の生活をよくしようっていうんだ？」

そうすると、従業員は一層努力する気になるのである。この話からわかるように、パーパスを持つことと実現することの違いは紙一重であることが多い。

もうひとつ、私の顧客であった企業幹部の例を紹介しよう。仮にアレックス氏とする。

アレックス氏と初めて会ったとき、彼の懸念事項は、市場低迷による厳しいコスト圧力。私がチームではどのように対処しているのかを尋ねると、彼は困惑した表情を浮かべた。

「いや、うちのチームはこれほど悪い状況だとは知らないんですよ。それを伝えたらパニックになるだろうし、有能な人は辞めちゃうでしょうから」

今度は私が困惑する番だった。

「でも、あなたたちのコアバリューのひとつは透明性ですよね。チームを巻き込んで、アイデアを話し合って、この苦境を乗り切ろうという強いコミットメントを持たせたほうがいいんじゃないですか？」

彼の答えは示唆的だった。

「透明性って、なんでもかんでも話せばいいってもんじゃないでしょう。混乱を招くような情報は伝えないほうがよいと思うのですが」

そこで私は彼に伝えた。

「透明性というバリューの裏には、必ず信頼がなくてはならない――部下を信頼して、どんなに受け入れがたい情報も打ち明けることが大事なんです」と。

アレックス氏は決してチームを騙そうとしていたわけではなく、あくまでも会社のバリューに沿って行動しているつもりだった。ただ、彼が会社の問題をずっと隠していたことを部下が知ったとき、どのようなひどい事態が起きるかまで思い至らなかったのだ。

こうしてアレックス氏は自分の行動を改める決意をした。会社の財政的な問題をチームに共有し、彼らの責任感に訴えかけた。そして皆で協力し、誰1人リストラすることなくコストを大幅に削減する方法を見つけたのだ——アレックス氏1人ではそのような解決策には至らなかっただろう。

透明性を重視するだけではいけなかった。先行きが不安定な困難な状況においては特に、**実際に透明でいること**が大事だったのだ。

あなたならどうする？
もしあなたがアレックス氏の立場なら、どれほど透明性を保つことができただろうか？
また、あなたがアレックス氏の部下だとして、「自分なら彼にこうしてほしかった」と思う点はあっただろうか？

体裁に逃げない

Be Who You Say You Are

アイデンティティに沿った在り方ができていないことを本当の意味で理解した企業は、その事実を誠実かつ謙虚に受け止め、変わろうと決意する必要がある。同様に、もしあなたの言動があなた自身の、あるいは企業のパーパスやバリューに沿っていないことに気づいたら、一致させるための努力をしよう。先ほど紹介したアレックス氏の話は、軌道修正のよい手本を示している。自分の行動が、自分が大事にしている透明性というバリューに一致していないと気づいた彼は、組織のために正しいことをしたいと望んだ。彼はただ、自分の行動とバリューを一致させるための手助けを必要としていたのだ。

しかし、自分の誤りを誠実に認めることができないリーダーは、ただ毅然としたふりをするほうに流されてしまう。自分の行動を変えるのではなく、ミッションやバリューを書き換え、排除すべき悪習慣を正してくれそうな善行を掲げるのだ。競合他社よりも商品の販売に時間を要し、役員からの圧力が強まっている状況では、途端に「緊迫感」がミッションに含まれる。隠蔽が行われたら「透明性」がバリューに含まれる。差別的な扱いが何度も裁判沙汰に発展すれば「ダイバーシティ&インクルージョン」がプライオリティに挙げられる、といった具合だ。

新たなアイデンティティが宣言されたとき、それによって従業員の行動を正してやろうという裏の意図があれば、彼らがそのアイデンティティを受け入れることはまずないと言ってよいだろう。少し前に紹介した企業合併のケースのように、このような目的でアイデンティティの表明を利用してしまうと、組織は誠実さから隔絶されてしまう。新たなアイデンティティを宣言すれば、腕のよいマジシャンが手先の早業で観客を騙すように、変革にコミットしているという幻想を見せることができる。しかし悪行の根源は陰に潜んだままである。

これは個人にも組織にも当てはまることだ。意識的であれ無意識的であれ、自分の言葉と行動が一致していないと気づいたとき、我々は皆、羞恥心から体裁を保ちたがる傾向にある。取り繕おうとするのだ。だが偽善を隠そうとするのは臭い物に蓋をするようなものであり、いずれ悪臭が漏れ出してしまう。

リーダーや組織が重んじるべきは、まやかしの信頼性ではなく、本物の信頼性だ。そのためには、自分の言葉と行動の溝に気づいたら、それを隠さず正直に対応しなくてはならない。

言うは難し

Be Who You Say You Are

すべての企業にひどいアイデンティティと行動の齟齬があるわけではない。比較的小さな齟齬は、記事にもならなければ法で裁かれることもなく、組織の信頼が地に落ちるわけでもない（傷つきはするかもしれないが）。とはいえ、成果を誇張したり、自分より上手のライバルを重要な会議に呼ぶことを「忘れ」たり、報告書に大事な事実を記載しなかったり、ほかの人の成果を自分の手柄にしたり、というような日々の行動とそれを正当化するための言い訳もまた、同じくらいの害をもたらす。そして悲しいことに、我々が思う以上に常態化してもいるのだ。

次に紹介する話は、皆さんも多少なり身に覚えがあるのではないだろうか。むしろ身に覚えがない人のほうが少ないのではないかと思う。

2015年、160億ドル（約1兆6000億円）の収益を上げる世界的なアメリカの消費財メーカーに新たなCEOが就任した。名前をブレイク氏としよう。彼は助けを求めて私に連絡してきた。

「毎日仕事に来ては、刃傷沙汰か路上の喧嘩かのような争いでレフェリーをしている気分になる。かといってみんなを銃で撃って黙らせるわけにもいかない。どうすれば人間らしい職場にできるのか、ほとほと困ってしまっている」とのことだった。

新たな商品やよりよい商品がどんどん出てくる市場において、同社のホームケア商品は売上が低迷していた。原因の大半は自業自得だったと言える。というのもその3年前、ブレイク氏が就任する前の経営陣はなんとか打開策を講じようと必死で、当時は称賛されていたジャック・ウェルチ的な取り組みを採用したのだ。競争力に焦点を当て、市場で1位もしくは2位を獲得するのだ、と。残念なことに、この1位や2位といった言葉の定義はきわめて不明瞭だった。

キャリアを守るためにこの曖昧な目標を達成しようとした従業員は、だんだんと利己的になっていった。会社のアイデンティティがますます不明瞭になるにつれ、社内の競争もやがて激しくなり、不誠実きわまりない行動や同僚の足を引っ張る行為が常態化した。ライバルの成果を正しく報告しない、問題解決に必要な情報を同僚に教えない、突拍子もない不正をでっち上げる、などの行動が多く見られた。

部長や課長はキャリアを棒に振らないよう、社内競争における優位性を保つために、あるいは優位性があるように見せるために、アグレッシブな手段に訴えた。自分たちは1位もしくは2位であると主張するために、種々のこじつけのデータを用意したのだ。

このようにして殺伐とした環境が生まれてしまったのである。部署のリーダーが財務部長に好かれていなければ、週間売上・収益報告書はなぜか1日2日遅れて出てきた。あるブランドのマーケティング担当者は、ほかのブランドを受け持っている同僚が新たな独自のキャンペーンを行おうとしていると知ったとき、担当の広告代理店に「緊急のプロジェクト」があると連絡して同僚のキャンペーン開始を遅らせようとした。

こうした悪意の波を食い止めようと、ブレイク氏の前任者は新たな経営理念を打ち立て、より協力的で敬意に満ちた社内環境づくりを試みた。

「共に成功を収める」
「違いを尊重する」
「相手を一番に思いやる」
「最大限に誠実でいる」
「組織全体でパートナーシップを構築する」といったものだ。

この取り組みはあらゆる面で驚くほど創造的だった。すべての棟の廊下で「経営理念を実践している」人々の事例が貼り出され、社内パソコンのスクリーンセーバーには「経営理念を守る」というメッセージが表示された。Tシャツ、キャップ、あるいは限られた人にだけ渡されるレザー製リュックといった、社内・顧客向けのノベルティには、キャンペーンのロゴが印字され、至るところに置かれた。上層部は経営理念の重要性を伝えるためにワークショップを開催したりもした。しかしこうした大掛かりな見掛け倒しの取り組みの裏には、過剰な個人主義と競争という有害な文化がまだ潜んでいた。あるビジネスレビュー会議を終えたブレイク氏は、私にこのように言った。

「従業員が経営理念を口にしてくれるようにはなりました。今度はその言葉通りに行動してもらわないといけません。私が会議で耳にした内容の半分は、私にとって信用できるものではありませんでしたし、彼らの本心じゃないことも伝わりました」

なぜそうなってしまったのだろう？　その理由は、同社の方針や予算の策定方法がリソースの共有を促すようなものに変わっていなかったからだ。となると「パートナーシップ」の構築など不可能に近い。

またアカウンタビリティ体制についても、行動の刷新を促進したり称賛したりするような変化は見られなかった。それでは「共に成功を収める」と口で言いつつも、心では「人を貶めても自分は成功する」と思う状況が続いてしまう。さらに、リーダーに自己認識や共感などは求められていなかった。こうした行動なしには「違いを尊重する」ことなど幻想に終わってしまう。

当然のことながら、同社の悪しき習慣はただ形を変えて残り続けることとなった。もし同僚を出し抜きたければ、単に、「あの人は経営理念に沿った行動をしていないですよね」こう言うだけでよくなったのだ。わざとひどく腹を立てた様子でこう口にすれば、その人が村八分にされることもあった。新たな経営理念が健全な環境を生むことはなく、むしろ武器として利用され、従来の悪しき言動を永続させるという破滅的な結果になってしまった。

ブレイク氏の経験からは、新たな理念を掲げても、その理念を果たすために組織を変えようと努めなければどうなるかがよくわかる。私に連絡してきた企業のなかにも、新たなミッションやバリューを設定する手助けをしてほしいと言いながら、ただそれを色鮮やかなポスターにして飾ることしか考えていない企業がいくつもあった。

「変化」の効果

幸い、ブレイク氏の話はよい結末を迎える。

彼は勇気を出してこの複雑な状況を受け止め、先に待つ長い道のりや厳しい決断を恐れることなく進むと決意した。すべてのリーダーに必要とされる、自分がなりたいと言う姿に本気でなるために必要な努力を実践したのだ。

まず、協力的な姿勢や一体感を持てないリーダーを上層部から除いた。さらに組織の改変を進め、そのなかで自社の競争力が市場でどの位置にあるのかを誠実に評価し、現実的な将来目標を定めた。また、組織改変では多くの人の意見を取り入れ、透明性ある包括的なアプローチを行った。複数の部門から成るチームは何カ月もかけて、新たな組織づくりに向けてベストな改善案を模索し、戦略を立てた。すべての部署や部門が明確に定義されたパーパスを掲げ、成果をトラッキングするシンプルな評価基準を用い、意思決定権の範囲を明確に把握できるようにした。

特に注力したのは、従業員ひとりひとりが口では従うと言っている企業のパーパスや経営理念が、実際の彼らの行動と一致しているかを確かめることだった。ブレイク氏は会社の選択、報酬、評価、昇進などの過程に、会社が宣言するパーパスを実現するためのアカウンタビリティを取り入れたのだ。それも、日々の対話の一部としてだ。

企業のトップリーダー300人を集めて毎月タウンホールミーティング（経営陣と従業員の対話集会）も行うようにした。ミーティングのたびに彼は「先月は会社のミッションとバリューを促進するためにどのような意義ある行動を取りましたか」という従業員からの問いに答えられるよう心構えをしていなくてはならなかった。彼もまた、ミーティングに参加するひとりひとりが、その問いに答えられるようにしておくことを求めていた。

リーダーは皆、彼が誠実な答えを期待していることを理解していた。

これこそ組織の言葉と行動における一貫性の真髄だ。

同社の改変にはトータル2年半を要した。

そのあいだにブレイク氏は、以前の経営陣による改革失敗や、失われた市場機会、惜しくも会社を去った有能な人材やその穴を埋めるための人材採用、会社の改変のためにブレイク氏が行った投資などのコスト総額を計算した。その額なんと約3億4000万ドル（約340億円）だった。また彼の試算によれば、会社は改革を行っていなければ5年以内には倒産していた。

決して完璧とは言えなかったが、それでもブレイク氏は、宣言した通りの姿でいるために組織として責任を持って取り組むと決意した。それが彼にできる最大限のことだった。

戦略的アイデンティティをただ言葉で明示することと、言葉と行動の両方によって明確にすることの違いについて、ブレイク氏はこのような鋭い言葉を述べている。「言うは易し、なんてことを言える人は、言葉に頼りすぎた会社を生まれ変わらせた経験などないのでしょう」

あなたならどうする？

もしあなたがブレイク氏の会社で働いていたら、彼の取り組みをどのように支持しただろうか？　あるいは支持しなかっただろうか？　ブレイク氏の行動でお手本にしたいものはあっただろうか？　あなたが彼のコーチングを務めていたとしたら、何かほかのやり方をアドバイスしていただろうか？

皆さんの仕事はブレイク氏ほど広範に及ぶものではないかもしれない。もっと小さなチームや、ひとつの部署に焦点を当てているのではないだろうか。言葉と行動にどの程度の一貫性を持たせるかにかかわらず、ここまでに紹介した話からは以下の教訓が得られる——もしひとりひとりに、実際に行動して理念を守ってほしいのであれば、チームやあなた自身の仕事のあらゆる面にその理念を根付かせなければならないということだ。

ここで大事なのは、**少しの変化にも意味がある**ということだ。我々の統計モデルから次のことがわかった。

宣言した自身の姿とその人の行動の一貫性が25%でも向上すれば、従業員が真実を語り、公正な行動を取り、パーパスドリブンな行動を起こす傾向が10%高くなる。0か100か、というようなものではないのだ。組織全体で少しずつでも徐々に改善があれば、それははっきりと感じられ、評価されるはずだ。

鍵となる教訓 ——第2章のまとめ

□ どれほど巧みに書かれたものであっても、ただミッション、ビジョン、バリューについてのステートメントを掲げるだけではいけない。組織のパーパスは、従業員の日々の行動からはっきりと見て取れなくてはならない。

□ 組織がパーパスを掲げても、実際にそれを実行しているところを見せなければ、従業員はそのパーパスを信用しない。

□ 自身の在り方に誠実な企業は、市場から大きなリターンを得られる。パーパスドリブン企業では、信頼感がありモチベーションの高い従業員が革新的なソリューションを生み出しており、競合他社よりも優れた財務業績を示している。

□ 市場も従業員も偽善に対してますます不寛容になっている。言葉と行動に一貫性がなければ、業績やエンゲージメントの悪化につながる。

□ 「パーパス・ウォッシュ」から生まれる成果はなく、むしろ既存の問題がより深刻になる場合がある。パーパスに対するコミットメントを改める際には、新たなインセンティブ制度、業績評価基準、意思決定プロセスの設定といった構造改革を伴う必要がある。

□ 少しの変化にも意味がある。0か100かというようなものではない。小さな改善を重ねることで誠実さが強化されていく。

□ 言葉と行動に一貫性を持たせるためには、改善点やうまくいっている点、不足している点について、チームではっきり話し合うことを習慣づけ、実践する必要がある。

Connecting My Purpose
to Our Purpose

第 3 章

個のパーパスと組織のパーパスをつなぐ

意識すべきこと

自分のパーパスは、
仕事を通じてどのように達成できるか？

自分のパーパスを見つける

Connecting My Purpose to Our Purpose

しばしばマーク・トウェインによるものと間違えられる、こんな有名な言葉がある。

「人生においてもっとも大切なふたつの日とは、生まれた日と、生まれた理由を知った日である」

これは「なぜ私は生きているのか?」という、いつの時代も存在する問いをうまく言い表している。悲しいことに、我々の多くはその答えを一生かけて探し続けている。幸い私は人生の比較的早い段階で、自分の心の奥深くにあるパーパスに出会うことができた——奇しくも最初に間違ったパーパスを選んだことによって。


もともと私は舞台仕事をしており、腕を磨くためにニューヨークの名門校で学びに励んでいた。私は多くの演者志望とは異なり、勉強しながら舞台で生計を立てられるだけの幸運に恵まれていた。しかし、友人たちから羨望のまなざしを向けられる一方で、心はひそかに不安に蝕まれつつあった。当時ははっきりと自覚していなかったが、退屈さに圧倒されていたのだ。1週間に同じ演目を8回も繰り返すのは、友人の多くにとっては夢であったが、私はこの単調さが生涯続くと思うと終身刑に処されたような気持ちになった。

そこでしばらくニューヨークを離れ、教育媒体として演劇を活用しているNPOに入って世界を旅することにした。多種多様な題材を扱い、多くの観客を前に働いたことで、ここならば一生飽きることはないと確信した。また、キャリアの早い段階で世界中を旅して暮らす機会に恵まれたことは、一生に1回きりの特権のように感じられた。

そのNPOはアメリカ軍や国務省とも契約があった。1980年代半ば、ドイツ再統一や鉄のカーテン崩壊よりも前のこと、私は（西）ドイツで公演を行っていた。観客はアメリカとドイツ双方の軍人や兵士、役人とその家族、その他民間人といった異種混合グループだった。当時は「ダイバーシティ&インクルージョン」などという言葉はなかったが、もしあったとすれば演目名に採用されていただろう。

公演はナチス時代のダッハウ強制収容所跡地に建立された礼拝堂で開催された。憎しみの塊である死の収容所のなかに、愛と思いやりの象徴である礼拝堂があること、そのような場所で演劇を行い、多様性の受容について談話を交わすこと――こうした幾層にも重なった悲痛な皮肉を、参加者の全員が感じていた。

公演後に行ったグループディスカッションの途中で、おそらく私よりほんの少し年上だった若いアメリカ人兵士が立ち上がり、わずかな勇気を振り絞ってこう言った。

「憎しみを教え込まれるのにはもううんざりです」

部屋は静まり返った。ディスカッションのリーダーであった私は呆然とした。最初に思ったのは、「私たちのここでの活動が、いったいどうしてそんなことを思わせたのだろう？」ということだった。ディスカッションの内容は彼の気持ちの整理に移り、私たちは感情や本心をさらけ出して語り合った。

彼のことをもっと知りたいと思った私は、演目が終わったあと、ビールでも飲みに行かないかと声を掛けた——場所もミュンヘンに近く、もうじきオクトーバーフェストということもあって、特におかしなことではないと思った。何時間も語り合い、彼が国のために戦った経験や、なぜ軍に入隊したのか、何を誇りに思い何に苦しんだのか、といったことを尋ねた。彼の心には葛藤があったらしい。自分の価値観に反して人を殺すように訓練され、相手を人として見る以前に敵として見ることを強いられていた、と。私は演劇によって刺激された彼の感情に終始魅了され、興味津々で耳を傾けた。彼もまた我々の演劇や、その内容について話す機会があったことに深く感謝してくれた。

彼と解散したのち、私の心には自身の仕事に対する新たな見方が生まれていた。この若き兵士との会話によって人生が変わったことを感じていた――しかし、少なくともそのときは、どれほど大きく変わることとなるのかは知らなかった。

ただひとつわかっていたのは、「素晴らしい物語を演じるのも面白いが、観客を彼ら自身の物語に引き込むというのも、これまた刺激的でやりがいのあるものだな」ということだった。この仕事には決して飽きることはない、そう確信していた。

そして40年近く経った今も、その気持ちは変わっていない。

誰しもこれからの人生を決定する瞬間に出会ったことがあるはずだ。しかし、そうした人生のサインに気づき、それに従って行動できる場合もあれば、気づかず通り過ぎてしまう場合もある。自己啓発本やビジネス書は人生のパーパスを見つけるための公式やテンプレートで満ちあふれており、パーパスを見つけることはレシピに従ってスフレを作るようなもの――簡単に作れるものではないが、指示に従えば失敗することはない――と暗にほのめかしているが、それは見当違いだ。

自分にとってのパーパスを見つけること、そしてそのパーパスを、自分が属する組織のより大きなパーパスと結びつけることは、すでに決まったレシピがあるようなものではない。厄介な試行錯誤を重ねる必要があるのだ。

最高の仕事ができた、誇りを持てた、自分の才能や努力して磨いた技能を活かして誰かのために何かができた、といった大きな達成をはっきりと感じられる場合もあれば、つらい思いをする場合もある。心が折れるような失敗、恐ろしい上司、どんなに頑張っても向上しないスキル、誰からも注目されないまま自分の情熱や貢献を知ってもらおうと努力し続ける歳月、自分の力不足を感じ、当てもなく、何もかも無駄に思える暗く孤独な夜。

パーパスを見つけ、実現するための旅路は、これらすべてを伴うのだ。何ひとつ欠かせない。充足感と意義のある人生を送りたいのであれば、これらを経験する価値はあるだろう。

ただしひとつ心構えをしておかなくてはならない。

パーパスに満ちた人生を送ろうというあなたの決意は、早い段階で、それもしばしば試されることになる。

パーパスが試されるとき

Connecting My Purpose to Our Purpose

ここで、私自身が過去に働いていた会社での経験を紹介させていただこう。

遅れてきた最後の数人が会議室に駆け込み、参加者約350人で会議室がいっぱいになったところで、「自分事として考える：我々のバリューを推進する方法（Taking It Personally: Learning to embrace our values）」の最終セッションは始まった。

当時の私は脂の乗った29歳、チームに与えられたタスクは社内文化の再定義だった。会社の新たなバリューに沿ってこれからどのように行動すべきか、従業員にはあらかじめ包括的なガイドブックが配布されていた。混迷期にあるエネルギー業界の1社であった我々は、チームワークや革新といったバリューに改めて焦点を当てれば、新たな協力体制が促進され、会社の改変をうまく乗り切ることができると考えていたのだ。

私は配布したガイドブックの使い方についてプレゼンを行った。その他のセッション回と同じように、その日も質疑応答の時間が設けられていた。そこで1人の従業員がこう尋ねた。

「こんなガイドブックで従業員の行動を変えられると本当に思ってますか？　現場でこんな振る舞いをしてる職員はいない――彼らがこんなものを気にすると、本気でお思いなのでしょうか？」

最前列のCEOたちが私の答えを待ち構えているのを見て、私は手に汗を握った。CEOが飛び入ってマイクを掴み、以前のように説得力あるスピーチをしてくれないだろうかと切に願った。

彼は新たなバリューを設定したあと、私たちのチームに向けてこう言っていたのだ。

「これらのバリューを、従業員ひとりひとりに自分事として捉えてもらうつもりです」

そしてその言葉通りに開かれたのがこのセッションだった。質問に答えようとした瞬間、これまで取り組んできたプロジェクトのなかでもっとも大切な瞬間がフラッシュバックした。


私はこの1年にわたるイニシアティブの最中に第1子を授かったのだった――ちょうど重要な仕事の締切が迫っており、間に合わないのではと不安を抱えていた時期だった。子どもが産まれてから数日後、CEOから自宅に電話があった。締切に間に合うかどうかの進捗を確認するためだと思った私は、電話に出ておそるおそる現状や完了予定日などについて拙い説明を始めた。しかし説明もそこそこに、彼は独特の含み笑いで話を遮り、こう言った。

「そんなことを聞くために電話したわけじゃないんだよ。君と、君の奥さんと、君の息子の様子を知りたかったんだ。いろいろ大変だったみたいだから心配してたんだよ」

こんな人格者はこれまでのリーダーにはいなかった。電話の終わりに、彼は仕事の締切を2週間延ばしておいたと言ってくれた。

偶然にも、私がプレゼンしていたガイドブックの範囲は誠実さに関する部分だった。そしてそのタイトルは「言葉と行動に一貫性を持つ」だったのである。答えを待つ聴衆の視線に気づき、私は回想から引き戻された。気を持ち直し、シニカルな従業員の質問にこう答えた。

「この社内文化改革が容易いものだなんて、誰も思ってはいないでしょう。それでもやらなくてはならないのです。この会社に誇りを取り戻したいのであれば、そして変わりゆく業界のなかで差別化を図り競争力を保ちたいのであれば、これらのバリューに沿って行動する必要があるのです。みんなで力を合わせれば、必ず実現できると信じています」

もう一度最前列に目を向けると、CEOたちの笑顔が見え、私はうまく「旗を掲げる」ことができたと安堵の息をついた。しかし同時に心の底では、大きな過ちを犯したことも理解していた。たった今、私は350人に嘘をついたのだ。その場にいる全員がそのことをわかっていた。

CEO自身は道徳的な人格者で、こうしたバリューを実践する価値を心から信じていたが、CEOの周囲の人間はそうではなかった。リップサービスばかりの人もいれば、陰口を叩く人もいた。加えて、こうした改革を実現する能力がある人間は、社内にはCEO以外にはいなかった。私もそのことは理解していた。

会社には9つの工場と2つの本社があったが、それぞれのあいだには大きな隔たりがあった。さらに業界の規制緩和や環境保護面での反発に呼応して顧客基盤は大きく変化しており、それに伴って最善のサービスを提供する方法も変わっていた。にもかかわらず、私たちが推進している社内改革はこうした根本的な変化について触れていなかった。この新たなバリューを展開するにあたり、私たちはただ美辞麗句を並べたガイドブックを作り、大々的な発表会を行っただけだったのだ。1年以上かけて必死に定義した「理想の社内文化」は、まったく意味をなそうとしていなかった。

皆さんはこう思うかもしれない。「別に著者は悪くないだろう。そんな立場に置かれてかわいそうだ。著者にどうにかできることでもなかったし、そんな困難な状況でできる限りの回答をしたのでは」と。それも一理ある。私が嘘をついてしまった理由にはなるだろう。しかし、言い訳にはならないのだ。

この出来事があった1、2カ月前に、私は「自分自身の行動指針を策定する」というワークショップに参加していた。私の人生形成に大きく関わったメンターに促されてのことだった。彼女にせっつかれて参加を決めたが、心のなかでは時間の無駄だと感じていた。自分自身の行動指針を策定するなどというのは、弱者のためのニューエイジ的な策略だろうと。しかしこれは、私の傲慢さと未熟さによる誤りだった。ワークショップが終わる頃、私のノートの最後にはこのような行動指針が記されていた。

「変化をもたらす偉大な力となる。そして、そのような偉大な力を生み出す手助けをする」

当時の私は知らず知らずのうちに、今後30年の人生の軸をノートに刻み込んでいた。自分の将来について不安を抱えたとき、あるいは重要な分岐点に立たされたとき、この2文はいつも私の進むべき道をはっきりと示してくれた。

あなたならどうする？
もしあなたが私の立場だったらどうしただろうか？　あるいは当時の私を見て、どのようなアドバイスを与えただろうか？　こうすべきだった、と思う点はあっただろうか？

どっちの道を選ぶ？

会議室いっぱいの人々の前で自分の軸に嘘をついてしまった私は、これから自分が取るべき行動を理解していた。もし私自身のパーパスに忠実でありたければ、もうこの会社で働くことはできない——会社が善意で掲げたバリューは、結局は二枚舌にすぎず、私の不誠実な行動を生んでしまった。

本書のために行った統計では、企業の言葉と行動に一貫性がない場合、従業員が不誠実で不公正な行動を取る確率が3倍も高くなることがわかっている。私はまさにその実例となってしまったのだ。これを良しとして、このまま働き続ければ、また同じ過ちを繰り返してしまう。

そう思った私は、すぐに退社を決意した。


私のこの経験は、人間に生来備わっている2つの根源的な、かつ対立することの多い欲求を明らかにしている。

1つ目は、重要な存在でありたいという心の奥深くにある欲求である。人は、自分という存在には重要な意義があると感じたいのだ。2つ目は、そのような欲求が満たされなかったときに耽りがちな、重要な存在であるように見せかけたいという欲求である。

1つ目の欲求が満たされなかったとき、我々は、頭がよくしっかり者で有能な「よい人」に見られたい、という欲求に迎合してしまう。この2つを混同してしまうと、いとも簡単に妥協するようになり、足元の滑りやすい下り坂に踏み込んでしまう。

そこで引き返さなければどうなるだろう？　ただその下り坂を滑り落ちていくだけだ。

「環境」が持つ影響力

Connecting My Purpose to Our Purpose

著名な行動科学研究者であるダン・アリエリー氏は、人が不誠実な行動を取りやすくなる状況を解明しようと長年研究している。2012年に発表した著書『ずる——嘘とごまかしの行動経済学』（早川書房）のなかで、彼は以下のような実験を紹介している。

被験者を3つのグループに分け、1・82や2・63といった数の中から、合計すると10になる組み合わせを探すという数学的問題を解かせたものだ。このタスクには、ある3つのグループに取り組んでもらった。

グループ1：ハイブランドの偽物商品を着用させ、本人にそれを知らせる

グループ2：同じブランドの本物の商品を着用させ、本人にそれを知らせる

グループ3：彼らが着用しているのが本物か偽物かを知らせない

そして各グループの被験者に何問正解したかを自己申告させたところ、驚くような結果が得られた。偽物商品の着用を自覚していたグループ1は、実際の正答数よりも71％多い数の報告があった。一方、本物を着用していたグループ2では30％、本物か偽物かを知らされていなかったグループでは42％の報告しかなかったのだ。

アリエリー氏は、人を騙すような行動を取っていると自覚した人は倫理観が緩くなり、ますます不誠実な行動を取りやすくなると結論づけ、以下のように説明している。

社会科学者たちはこれを自己シグナリングと呼んでいる。自己シグナリングの裏にある基本的な考えはこうだ。私たちは自分のことをよく理解していると考えがちだが、実際にはそうではない。……私たちは、他者を観察し、他者の行動を判断するときと同じように、自分のことを観察している——自分自身の行動から、自分がどのような人間であるか、何を好んでいるかを判断しているのである。(注53)

つまり、自分が嘘をついている自覚があれば、自分のことを不誠実な人間だとみなすということである。そうするとますます、必要あらば不誠実な行動を取りやすくなる。自分の実力を出しきらない、ミスが目立たないようにごまかす、顧客に不利な取引を交渉する、さらには賄賂を受け取るといったことまでもが「問題なく」思えてしまうのだ。(注54) ほとんどの人は最初からそのような不誠実な行動を取っているわけではない。時間をかけて徐々に倫理観が緩み、最終的にこうした域に至ってしまうのである。アリエリー氏に行ったインタビューのなかで、彼はこう語った。

「滑りやすい下り坂はあっても、滑りやすい上り坂はありません。不誠実な環境は、ひとたび生まれてしまえば、それが当たり前となって浸透してしまうものです」

従業員を蝕む「どうにでもなれ」効果

組織のバリューと、上司や同僚の日々の行動との矛盾を目にした従業員は、自然とそうした欺瞞に加担している気持ちになる。さらにこうした気持ちは、組織だけでなく自分自身のバリューにも背いていると自覚することで一層強まる。

例えばカスタマーサービス窓口の職員が、クレームに対してマニュアル通りの回答を繰り返すよう指示されれば、彼らは自分が（よい）サービスを提供するという会社のプロミスに反する行動を取っていると感じる。誰しも顧客として、コールセンターのオペレーターに腹立たしい対応をされたことがあるだろう。彼らは失礼にもこんな風に返してくるのだ。

「私には権限がないのでどうにもできません。これは規則で決められています。私はそれに従わざるを得ないのです。申し訳ありませんが、それが弊社の方針なんです」

皆さんが欠陥商品や不快なサービスを受け取ったとき、こうした対応をする無力なオペレーターの気持ちに寄り添うのは難しいだろう。しかし彼らの立場になって考えてみよう。来る日も来る日もこうしたマニュアル通りの回答を繰り返しながら、壁に貼られたポスターの「お客様第一、お客様に貢献することは光栄である」という文言を目にしなくてはならないのだ。

組織が公言している内容と実際の行動に齟齬があれば、従業員は自分が詐欺師であるかのような気持ちになる。その気持ちが滑りやすい下り坂となって、彼らはますます詐欺師のような行動を取るようになってしまうのだ。アリエリー氏はこのように述べている。

「普段は誠実な人物を、汚職を働いている人が回しているシステムに入れると、その誠実な人物も同調するようになる。よりたくさん嘘をつくようになり、盗みを働くようになる。ここからわかるのは、人が置かれた環境や状況には大きな影響力があるということだ」

そのことは私自身の研究結果からも証明されている。私がコンサルティングを担当した専門サービス企業では、面談を行った複数の社員から、上級管理職の男性社員が社内の女性と常習的に不倫を行っていること、その女性たちが実力に見合わない昇進をしていることを聞いた。業界では非常に優れた業績を収めている会社だったが、内部の状況は悲惨だった。
ある上級管理職員は、私にこのように打ち明けてくれた。

我々はお客様に対し、弊社は信用に値する企業であると、お客様が頼ってくれる弊社の分析サービスは業界でもっとも誠実かつ信頼性のあるものだと、強く訴えています。しかし、実際には分析データを捏造し、そうした信頼をリスクに晒している部門もあります。社内で起きていることを知ってもなおお顧客が信用し続けてくれるとは思えません。この会社で昇進するためには、上司と寝るか、上司と寝た人を裏で脅すしかないと思っています。
私が去年昇進したときもそうでした。CEOが夜遅くに私の同僚とオフィスを出ていくところを目にした、と上司にさりげなく伝えたのです。自分が何をしたのかはわかっていましたし、そんなことをした自分に嫌気がさしました。ただそれも、増えた給料を見るとどうでもよくなりました。私は自分が絶対に渡らないと決めていた道を渡ってしまったのです。こんなことが蔓延し続ければ、いつか会社は崩壊してしまうでしょう。

アリエリー氏はこうした状況を「どうにでもなれ」効果と呼んでいる。欺瞞に加担してしまったと感じた従業員は、やがて「どうにでもなれ。何にせよ私はもうずるをしてしまったのだから。それなら得られるだけのものを得てやったほうがましだ」と結論づけるようになるのだ。

人は誰かを欺くような行動を取り、恥を上塗りするほど、ますます不誠実な行動を重ねるようになる。隠し事が好きな人などいない。我々は生まれつき、隠し事をすると恥を感じるようにできているのだ。先ほどのインタビューでの発言を思い出してみよう。

「そんなことをした自分に嫌気がさしました。ただそれも……どうでもよくなりました」

多くの行動学的調査からわかったのは、人は恥を感じたとき、そのような恥じるべき言動をさらに取る傾向が高まるということだ。自分の信念や主義が試されるような環境を乗り切るには、自分自身に対する確固たる誠実さ――自分の信念や主義への忠実さ――を養うことが必要不可欠となる。また、皆が自分の仕事に意義を感じ、会社に貢献しようという誇らしい目的意識を持てる環境こそ、人を欺きたくなる気持ちを衰退させる唯一の環境である。そうした環境では、不誠実な行動によるメリットがほとんど魅力を持たないのだ。

では、自分や周囲の人々のためにこうした環境を整えるにはどうすればよいだろうか？

個のパーパスに火をつける

Connecting My Purpose to Our Purpose

2014年、サティア・ナデラ氏はマイクロソフトのCEOに着任した。当時の社内は分裂状態にあり、競争も激しく、従業員はひどく個人主義的で熱意に欠けていた。債券の利回り曲線は何年も平坦化しており、同社は競争力を失いつつあった。彼はCEOとして壇上で挨拶を行ったときのことをこう述べている。

> 私のプレゼンテーションを待つ従業員数百人の目を見つめたときのことを、今も鮮明に覚えている。彼らの表情からは希望と期待と熱意、そしてそこに織り交ぜられた不安やわずかなフラストレーションが見て取れた。彼らも私と同じように、世界を変えたいと思ってマイクロソフトに入社したのだ。だが今は業績が伸び悩み、フラストレーションを抱えている。競合他社

から引き抜きのオファーを受けている従業員もいる。何より悲しかったのは、多くの従業員がこの会社はもう魂を失っていると感じていることだった。(注55)

CEOに着任してから最初の1年間、ナデラ氏は多くの時間を費やして、世界中に10万人以上いるマイクロソフト社員の多くに深く話を聞いた。彼らのフラストレーションや夢について耳を傾け、会社の何を変えるべきか、変えずに守りたいものは何かを尋ねた。

上級管理職のリーダー陣には、以下のような挑戦的な問いも投げかけた。

例えば来年末に裁判にかけられ、会社のミッションを追求できていない罪に問われたとしよう。

我々は、有罪判決が下るほどの証拠を揃えてしまっているのではないだろうか？ただ関心を引くようなことを口にするだけでは意味がないのだ。私を含め、全員がその言葉を行動に移さなくてはならない。我々の行動のひとつひとつが、会社のミッション、大志、文化を支えているのだと従業員に示さなくてはならない。

そして彼らにも同じように行動しはじめてもらわなくてはならないのだ。(注56)

ここで着目したいのは、ナデラ氏の目標が、会社だけでなく、従業員ひとりひとりにもミッションやパーパスを実現してもらうことだという点だ。彼は以下のように、社内一斉配信メールで「我々」という単語を用いて社員を一体化させている。

イノベーションを推進するためには、我々はもう一度、魂を――つまり我々の核となるものを――取り戻さなければならない。マイクロソフトだけが世界に与えられるもの、我々が再び世界を変えるためにできることを、ひとりひとりが考え、行動に取り入れなくてはならない。いま我々の目の前にある仕事は、かつてないほど壮大で野心に満ちたものである。(注57)

ナデラ氏は、こうした壮大なパーパスを従業員ひとりひとりに自分事として捉えてもらうには、意図的に働きかける必要があると理解していた。CEOにとっては明確に描ける理想も、ヨーロッパにいるエンジニアやアジアにいるマーケティング担当者にとっては遠く他人事に感じられるとわかっていたからだ。マイクロソフトのグローバルセールス会議にて、彼はスピーチの終わりに従業員にこう語りかけた。

自分の心の奥深くにある情熱を見つけ出し、我々の新たなミッションとカルチャーになんらかの形で結びつけてください。そうすれば、この会社に改革をもたらし、世界を変えることができます。

プレゼンテーションが終わった頃には、多くの従業員が涙を拭っていた。その瞬間、「我々は大切なことに気づけたと感じた」とナデラ氏は述べている。(注58)

「誰かのため」の効果

私は2019年に、マイクロソフトのチーフ・ピープル・オフィサー(最高人材活用責任者)であり、ナデラ氏のパートナーとして社内文化改革に取り組んでいるキャスリーン・ホーガン氏に話を伺った。彼女はナデラ氏が初期にチームメンバーと行ったオフサイトミーティング(現場を離れて非日常的な場所で行われる会議)について話してくれた。

参加者は皆会議室のテーブルを囲むのではなく、ふかふかのソファに腰かけて気楽にしていた。会話のなかでナデラ氏はひとりひとりにこう伝えた。彼らがマイクロソフトのために働いているのではなく、マイクロソフトが彼らのために働いていると考えてほしいと。そして「皆さんがこの世界で成し遂げたいパーパスを実現する基盤として、マイクロソフトには何ができるでしょうか?」と尋ね、ひとりひとりに答えを求めた。彼らは回答のなかで、自分の専門的技術、リーダーとしての役割、マイクロソフトの革新技術を活用して世界に影響を与えたいと望んでいることを、個人的な話を交えつつ共有した。

この経験についてホーガン氏は、自分自身のパーパスがマイクロソフトのミッションに結びついていると感じられる心強さを語っている。特に日々の大変な業務にあたっているときには、一歩引いて、会社として生み出しているインパクト（影響）に目を向けることで活力を得られるという。彼女はこのように話してくれた。

私たちはチームとして、かつてないほどの一体感を感じています。

戦略が変化していくなかでも、企業文化やパーパスというのは永続的なものであるべきです。パーパスドリブンなミッションを掲げている企業においては、従業員は会社を基盤として活用し、彼ら自身の願望や情熱に沿って生きることができるのです。(注59)

マイクロソフトが意識的に行った、（現在は14万人を超える）従業員個人のパーパスを会社全体のパーパスに結びつけようという取り組みは、その方法を知りたがっているリーダーにとっての指針となるだろう。組織の大きさは関係ない。単調なタスクを行っている小さなチームでも、パーパスに火をつけることはできる。大切なのは、個人のパーパスが組織の業務に反映されるとどうなるか、従業員自身にその目で見てもらうことだ。

ハーバード・ビジネス・スクールの研究者たちが２０１６年に行ったカフェテリアでの実験を紹介しよう。ほとんどのカフェテリアにおいては、食事を作る側の人間と食べる側の人間が直接関わることはない。そこでライアン・ビューエル准教授は、もし料理人が食事に来た人と顔を合わせることになった場合、彼らの行動に変化があるかどうかを調べることにした。実験の内容はこうだ。

利用者は通常のカフェテリアと同じように、調理場の近くに行って注文をする。注文は奥のキッチンに通され、そこで準備される。ただし実験の一環として、利用者が注文を行う調理場付近と、料理を用意するキッチンは、音声なしのビデオでつながれる。

実験は3つの方法で行われた。

・最初の実験では、利用者が注文する様子を料理人に見せた
・2つ目の実験では利用者に料理人の姿を見せた
・そして最後の実験では利用者と料理人双方に互いの様子を見せた

結果はこうだ。利用者の姿を見せた場合に、料理人の行動がすぐさま変化した。卵をまとめて準備しておくといったことをやめ、注文ごとに新鮮な状態で、より効率的に調理し始めたのだ。利用者の姿を見せた場合の料理人は、キッチンの映像を見せた場合の利用者と同じく、満足度が約15％向上した。利用者の姿を目にすることによって、料理人は自分の仕事に対してより意義と充足を感じられたのだ。（注60）

ビューエル氏の実験結果からわかるように、どんなに単調な仕事をルーティン的にこなしてい

る人であっても、その仕事が誰かのためになっているとはっきり感じられれば、パーパスを持てるようになる。

仕事を通じて従業員自身のパーパスを実現させるためには、リーダーは彼らの業務と、その業務によって達成されるより大きなパーパスを、目に見える形で直結させなくてはならない。

皆さんのチームメンバーは、自分の仕事が、会社が為そうとしている善にどう貢献しているかを理解しているだろうか？

自分の仕事が誰にどのような影響を与えているかが「見えて」いるだろうか？

というのも、「自分がどのように貢献したいか」と「実際にどのように貢献しているか」が、あなたにもチームメンバーにも結びついて見えていなければ、我々の根源的な欲求が満たされず苦しむ可能性があるのだ。

人がパーパスを求める理由

Connecting My Purpose to Our Purpose

ダニエル・ケイブル氏は著書『脳科学に基づく働き方革命／Alive at Work──社員の熱意とエンゲージメントを高める3つの魔法』（日経ＢＰ）のなかで、本能的に意義を求める脳の機能について以下のように述べている。

> 我々の探求脳は、世界を開拓し、周囲の環境について知り、自分の置かれた状況に意義を見出したいという本能的な欲求を生み出している。探求脳の欲求に従うと、ドーパミン──モチベーションや幸福を司る神経伝達物質──が放出され、さらなる開拓心が刺激される。……探求脳が活性化すると、我々のモチベーションや目的意識、熱意が高まり、より活気が溢れるのだ。（注61）

人間は意義を探し求める機械であると言える。我々の脳は何事にも意味を求めており、自分が取るに足りない存在だと感じてしまうと、魂がしなびてしまうのだ。

第1章で述べた通り、エンゲージメントの欠如は組織におけるあきらめ症候群につながる。従業員が仕事に対する意義を感じられなければ、こうしたエンゲージメントの欠如をもたらすウイルスが蔓延するのだ。

以下のような行動にも、我々が自分の人生に強く意味を求めていることが表れている。

お風呂場で1人、ヘアブラシをマイク代わりにして音楽を流しながら熱唱すること。オリンピックの時期になると、鳴り響く国歌とはためく国旗をバックグラウンドにソファ脇の小さなテーブルを表彰台に見立ててのぼり、金メダルが首に掛けられるところを想像しながら涙を流すこと。アカデミー賞授賞式を見ながら、自分が受賞したときを想像してスピーチを考えること。

こうした行動を取る理由は、**自分の人生をより壮大なものとして想像する能力が人間に備わっているから**なのである。**探求脳**の働きは、そうした壮大な人生を追求したいという気持ちにさせるのだ。

それが部下にとってどれほど重要なことであるか、リーダーは理解に努めたほうがよいだろう。

リンクトインが2016年に発表した、職場におけるパーパスに関するグローバルレポートによると、求職中のリンクトインメンバーのうち74％がパーパスを持って働ける仕事を重視している。[注62]スペインのカトリカ・デ・バレンシア大学が２０１５年に１８０人以上の学生を対象に行った調査では、自分の人生に意義を感じているかどうかは、心理的な幸福度と直接的な相関関係にあることがわかった。つまり、パーパスを抱いている人ほど精神衛生が保たれるということだ。[注63]

また、２０１７年の「働きがいのある会社」レポートによると、自分の仕事は「ただの仕事」ではなく、「特別な意味」を持つものだと回答した従業員は、同業他社の従業員と比較して、時間外労働をする傾向が４倍高く、会社の方針に従うという責任感が11倍強く、仕事に来るのを楽しみに感じる傾向が14倍も高かった。[注64]

自分の仕事に満足している従業員の生産性レベルを１００％とすると、エンゲージメントの高い従業員の生産性は１４４％であり、さらに驚くことに、パーパスによって深い刺激を受けている従業員の生産性は２２５％であった。[注65]

残念ながら、従業員がパーパスを抱いて活躍できるような環境づくりは簡単ではなく、そのような環境づくりを成功させるまでには長い道のりがある。

プライスウォーターハウスクーパースが２０１９年に行った調査によると、会社のパーパスを心から自分事として捉えていると回答した人はわずか28％だった。

また、自分が生み出しているバリューを明確に感じていると回答した人は39％、今の仕事で自分の強みを最大限に活かせていると回答した人は22％とかなり低く、自分の仕事に「多かれ少なかれ」モチベーションや情熱を持って楽しんでいると回答した人は半数に満たなかった。[注66]

こうした非常に残念な状況は見られるものの、どんなに絶望的な状況であっても、心の奥深くにあるパーパスに火をつけ、解放することは決して不可能ではない。

絶望的な状況を脱してパーパスに満ちた環境を生み出すには何が必要なのか、最後にひとつ例を紹介しよう。

パーパスに命を吹き込む

Connecting My Purpose to Our Purpose

2012年、ユベール・ジョリー氏はベストバイのCEOに就任した。当時、同社はアマゾンなどのオンライン小売業者との価格競争に苦しみ、会社の存続が危ぶまれる状態にあった。その状態でCEOを引き受けた彼のことを、多くの人はどうかしていると感じており、なかには「自殺行為だ」と言う人までいた。離職率も高く、同社の士気は完全に下がっていた。

しかしそれから8年後には、ジョリー氏が主導した同社の転換は小売業史上もっとも素晴らしいものになったと言っても過言ではないだろう。現在では多くの小売業者がベストバイに倣おうと奮闘している。私はジョリー氏にインタビューを行った。フランス語訛りの魅力的な話し方には、彼の優しく温かい人柄がきらめいていた。彼はこのように語った。

最初の数週間は、ひたすら話を聞いていました。学ぶべきことが多くあると思ったからです。たくさんの店舗に足を運んで様子を伺うなかで、お客様が店員と30分ほど話し込んだあと、何も買わずに店を去っていくのを何度も目にしました。その理由を突き止めたことで、従業員に値引きの権限を与えようという決定をすることができました。これが重要な突破口となって、業績回復の兆しが見え始めたのです。

ジョリー氏が店舗を訪問しているとき、1人のマネージャーから商品の検索システムをどうにかしてほしいと頼まれた。『シンデレラ』というキーワードで商品を検索すると、まったく無関係のニコンのカメラが表示されるなどの不具合があったからだ。オンラインでの売上が競合他社に奪われていることを大きな脅威と感じていた同社は、すぐに商品検索システムの修正を行った。また別の店舗では、店長がジョリー氏にこう愚痴をこぼした。40〜50のKPI（重要業績評価指標）を達成するよう本社から詰められているが、そんな目標にはついていけない、達成できる見込みもない、と。従業員の苦境を知ったときのことを、ジョリー氏は以下のように述べている。

こうした経験から、我々はもっとシンプルに考えなければいけないと感じました。

そこで、業績回復に向けて解決すべき最初の事柄を、売上低下と売上総利益の低下という2つに落とし込んだのです。「たった2つの問題が解決できないことはないだろう」と考えました。

5つもあれば大変かもしれませんが、たった2つですから。それに、当時の従業員にベストバイが抱える2つの問題は何かと尋ねたとしても、皆この2つを挙げたでしょう。

ジョリー氏はパーパスドリブンな業績回復に向けた最初の行動として、焦点を当てるべきステークホルダーを列挙した。顧客、従業員、技術供給会社や専門分野のパートナー、株主などだ。

さらにその後、会社の業績が安定すると、パーパスについても熟考して焦点を当てた。ジョリー氏は株主に宛てた手紙のなかで、「我々は善を為すことで功を成す」「技術を通じて生活を豊かにする」と述べている。また、私とのインタビューでは「商品価格を下げたのは、市場競争への参加費を払うようなものでした。私たちは価格ではなく、アドバイス、便利さ、サービスで勝ちに行きたいと思ったのです」と語ってくれた。そのゴールを達成するために、ジョリー氏は店舗のスタッフ教育に全力を注いだ。

かなり単純な言い方になりますが、お客様と関わる従業員には人間らしくあってほしかったのです。彼らにはこう伝えました。「自分らしさを大事にしてください。お客様と関わるとき、彼らのことを知ろうとしてください。機械的に接したり、買わせようと必死になったりするのはやめましょう。お客様を自分のおばあちゃんや親友と同じように扱ってほしいのです」

人間らしさや自分らしさとは何かを実感してもらうために、同社は多くの店舗でワークショップを開催し、従業員自身が人間らしさを感じたときの経験を語ってもらった。つらく悲しい話もあれば、刺激を受けるような話もあった。ジョリー氏はこう語っている。

ひとりひとりの経験に価値があります。彼らの人間らしさをベストな状態で引き出すには、まずは安心感を抱いてもらう必要があります。そして、安心感を抱いてもらうには、「この人なら私の気持ちをわかってくれる」という信頼感が欠かせないのです。

ジョリー氏は社内の役職レベルが異なるリーダーを集めたミーティングについても話してくれた。ある回では、互いに「あなたの原動力は？」と尋ね、モチベーションを深く理解し合おうとした。「好きな慈善団体は？」「家族や交友関係について教えてください」といった質問も交わされ、回答は全員が見えるようにスクリーンに映し出された。ジョリー氏は以下のように語る。

まず大切にすべきは、企業のパーパスではなく、従業員ひとりひとりの原動力です。多くの企業がその点をはき違えています。皆、パーパスという流行りの概念に乗っかろうとしていますが、組織において「パーパスの強要」はできません。まずは従業員ひとりひとりに、「我々のパーパスは、あなたにとってどんな意味を持ちますか？」と尋ねなくてはならないのです。

ベストバイは「新たな領域展開（Building the New Blue）」という新たなブランド戦略を掲げた際も、店舗で一連のワークショップを開催した。このとき従業員に問われたもっとも重要な質問は、「ベストな自分とはどのような状態か？」というものだった。ジョリー氏はこのように語る。

いたってシンプルではありますが、聡明な問いだったと思います。その問いに答えることで、従業員は自分に誇りを感じ、ほかのみんなが真似したいと思えるような規範を示すことができたのですから。さらにそこから「自分の可能性について語ろう」という新たな問いも促されました。こうした対話によってこそ、ひとりひとりのパーパスに命が吹き込まれるのです。

この取り組みは同社の隅々まで浸透したという。例えばボストンにある店舗では、マネージャーが部下に「君の夢は？」と尋ね、部下の答えを聞いてこう返すそうだ。「紙に書いて、みんなが見えるよう休憩室に貼っておいてくれ。私の使命は君がその夢を叶える手助けをすることだ」

ベストバイは地域に貢献するというコミットメント達成のために、アメリカ全土でティーン・テック（Teen Tech）センターを設立し、貧しい地域に住む子どもたちがより高度な職や教育を得られるよう、技術力を身につける手助けをしている。ジョリー氏は「技術を通じて生活を豊かにし、かつ我々がビジネスを展開している地域を支援するには、こうした活動をパーパスの一環として行うことが大事だった」と述べている。

ジョリー氏のリーダーシップと方向転換がどのような結果をもたらしたかは、その後のベストバイを見れば明白である。彼が在任していた8年間で、ベストバイの株価は1株当たり11ドル（約1100円）から約100ドル（約1万円）まで上昇した。従業員の離職率は当初の50％から30％まで下がった。これは小売業においては相当な割合である。顧客満足度も過去最高を叩き出し、2021年の収益目標はほぼ1年前倒しで達成された。(注67・68)

ジョリー氏のエピソードは、従業員ひとりひとりのパーパスと組織のパーパスを結びつけることの大切さをよく示した素晴らしい一例である。彼は実践的かつシンプルな方法で、従業員に自身のベストを引き出すための方法を発掘させ、より大きな善を為せるよう導いたのだ。

あなたならどうする？

もしあなたがベストバイの従業員であり、のちに右記のような成果がもたらされることを知らなかったとしたら、ユベール・ジョリー氏の取り組みに対してどのような反応をしていただろうか？　どんな不安や懸念を抱いただろうか？

鍵となる教訓

――第3章のまとめ

□「パーパス」はドーパミンを放出する脳の報酬系に結びついている。自分自身のゴールと組織のゴールに結びつきを見出すことで、心理的な充足感と組織のゴール達成が同時に得られる。

□皆が自分の仕事に意義を感じ、会社に貢献しようという誇らしい目的意識を持てる環境こそ、人を欺きたくなる気持ちを衰退させる唯一の環境である。

□社内の風潮にそそのかされ、自覚しつつも人を欺いてしまった従業員は、自分のことを不誠実な人間だとみなす。そうするとますます、自分の実力を出しきらない、ミスが目立たないようにごまかす、顧客に不利な取引を交渉する、さらには賄賂を受け取るといった不誠実な行動を取るようになる。

□ビジネス戦略は変化していくものだが、情熱やパーパスは変わることなく存在し続け、組織の移行期の不安を和らげてくれる。

□

パーパスは個人の経験と結びついている必要がある。自分の仕事によって人生のパーパスがどのように達成されているか、従業員に尋ねてみよう。あなたが答えをつくってはいけない。彼らが答えを見つける手助けをしよう。

2

アカウンタビリティにおける公正

Justice in Accountability

Nurturing Dignity in Accountability

第4章

アカウンタビリティにおける尊厳を養う

意識すべきこと

周囲の貢献を公正かつ
平等に評価するには？

アカウンタビリティの悲惨な状況

Nurturing Dignity in Accountability

マネジメント用語でとりわけ眉をひそめたくなるのが「アカウンタビリティ（自身の行動やその結果に対する説明責任）」だ。

それも無理はない。この数十年間、企業やリーダーは「アカウンタビリティ」が具体的に何を指すのか掴みきれておらず、効果的な取り組みについて頭を悩ませ続けているのだ。

エイチアール・ダイブ（HR Dive）が2015年に行った、職場におけるアカウンタビリティに関する調査によると、従業員にアカウンタビリティを「ほとんど、あるいはまったく」持たせられていないと回答したマネージャーは82%、上層リーダー陣の改善項目のひとつとして「従業員にアカウンタビリティを持たせること」を挙げた従業員は91%であった。(注69) さまざまな企業やリーダーが、成長を促す高尚な実践としてアカウンタビリティに懸命に取り組もうとしているにもかかわらず、現在のアカウンタビリティの概念は、人々を自己防衛や緊張感に導くような、非難、批判、辱めのプロセスへと退化している。パフォーマンス評価や上司との月次進捗確認を心待ちにしているかと尋ねられれば、ほとんどの従業員が語気を強めて「ノー」と答えるだろう。

昨今のアカウンタビリティ制度がどれほど従業員の自己肯定感を低下させているかは、種々の調査結果を見れば一目瞭然である。

ギャラップ社の2017年のレポートによれば、パフォーマンスマネジメントによって自己改善が促されていると回答した従業員はわずか14%、1年に1回もフィードバックが得られないと回答したのは26%、パフォーマンス評価は自分の努力でコントロールできると感じているのはわずか21%、設定した目標に対してアカウンタビリティを持てるように上司が手助けしてくれていると感じているのはわずか40%であった。(注70) また、リフレクティブが2019年に行った調査では、上司によるパフォーマンス評価基準が不明瞭であると回答した従業員は70%にのぼった。(注71) さらに2017年のある調査では、69%もの従業員が職場で自分のポテンシャルを発揮できていないと回答した。(注72)

過去数年間にわたってさまざまな企業と協同してきたが、そこで多くの従業員から耳にした内容とほとんどまったく同じことを、研究にあたってインタビューを行ったうちの1人も何度も口にしていた。

「正直、どうしてこんなに頑張って働いているのかわからない。私がどんな仕事をしているのか、どれだけ努力しているのか、上司はまったくわかっていない。年度末になると、ばかばかしいパフォーマンス評価表を入力して上司に手渡して、上司はそれにサインして人事部に送る。毎年その繰り返しだ。結果も最初から決まっている。でも今は転職する気力も金銭的余裕もない。だからただ媚びを売るしかないんだ」

こうした悲観は彼に限ったものではない。

ガートナーグループ傘下でマネジメントリソースを提供しているコーポレート・エグゼクティブ・ボード（Corporate Executive Board）が、２０１４年に１０００社を対象に調査を行ったところ、多くの従業員が同じような気持ちを抱いていた。会社のアカウンタビリティ制度によって生産性が妨げられていると回答した従業員は66％、パフォーマンスマネジメントが自分の仕事と結びついていないと回答したのは65％だった。さらに、従業員に提供するパフォーマンス評価において、従業員の貢献度を正確に評価できていないと回答した人事担当者――アカウンタビリティ制度を主導する立場の人間である――は90％だった。(注73) 私のインタビューに応じたまた別の女性は、自身が経験した「アカウンタビリティ」の不安定な性質について、大きなフラストレーションを抱えながらこう語った。

上司が求めるものがいつも変わるんです。彼女の一連の期待についてやっと理解できたかと思えば、すぐに方向性が変わって足をすくわれてしまう。典型的な「石を持ってこい」ゲーム（部下にタスクを与えつつ、どんな結果を提供しても満足しない上司の言動）を続けているうちに締切が迫ってきて、上司はパニックになるわ、私たちは何日か徹夜仕事をする羽目になるわ。その繰り返しなんです。彼女の尻拭いをしてあげて感謝される日もあれば、私を辞めさせるために入念に仕組んでいるんじゃないかと思うような日もある。自分の立ち位置もよくわからないし、自分の仕事に意味があるのかとさえ思えてきます。

多くの人がこうした経験をしている。

先ほど紹介したギャラップ社のレポートによると、自分に期待されているものを明確に理解している従業員はわずか50％、タスクの優先順位をつけるにあたって上司から常にサポートを得られていると回答したのはわずか26％だった。(注74)

こうした反応は悲しいことに、組織のアカウンタビリティに関するあまりに多くの人の経験を忠実に描写している。加えて、公正さを見出さない状況というのはただ腹立たしいだけでなく、精神衛生にも影響を及ぼすという。

デンマークが２０１４年に４２３７人の公務員を対象に行った調査では、組織における不公正は、鬱、不安、燃え尽き症候群につながることが判明した。(注75) １日の活動時間のほとんどが仕事に費やされるなかで、自分の貢献や価値が明確に感じられない、不公正な状況に気が滅入る、というのは一番避けたい感情だ。

しかしアカウンタビリティ関連のいざこざは、まさにそうした感情を生み出してしまっている。建設的で尊厳のあるアカウンタビリティを提供するとなると、ほとんどの企業がてんで駄目なのだ。

では、どうしてこれほど悲惨な状況が生まれてしまったのだろう？　多くの時代遅れの制度と同じように、アカウンタビリティの制度もまた、最初は善意から始まったことだった。

アカウンタビリティの起源

Nurturing Dignity in Accountability

一部の歴史学者は、パフォーマンスマネジメントの起源を西暦221年まで遡っている。中国の三国時代の魏王朝で、皇帝が一族ひとりひとりのパフォーマンス評価を行っていたそうだ。より近代的な例が1800年代のスコットランドにも見られる。紡績工場の経営者であったロバート・オウエン氏が、労働者のパフォーマンスを監視・精査するためにこっそり監視員を雇ったというものだ。その後、20世紀末に産業革命が起きると、経営者らは労働者を最大限活用することによって投資利益を最大化させようとした。さらに、科学的管理法の父と呼ばれるフレデリック・ウィンズロー・テイラー氏が行ったタスク管理と生産性向上への取り組みや、その後1950年代にピーター・ドラッカー氏が提唱した「目標管理」によって、米国企業の理念には投資対効果（ROI）の重要性が確立された。(注76)

ここで意図されていたのは、大規模で複雑な企業へと成長していく過程で、従業員管理の効率性と生産性を確保することだった。

こうした流れのなかで、従業員を公平に扱おうという善意から生まれたのがアカウンタビリティの概念だった。当時のアカウンタビリティは上司個々の判断に委ねられるようなものではなく、会社も不満を抱えた従業員による訴訟を恐れたり、従業員によって異なる努力や成果の影響を受けたりすることはなかった。従業員にアカウンタビリティを持たせ、彼らの貢献を測る方法を「標準化」することによって、皆が同等に、つまり「公平に」扱われるようにしようとしたのだ。

この取り組みは、多くの従業員が同じような成果を上げることを求められていた時代にはうまくいっていたかもしれないが、現代の状況にはそぐわない。産業革命の時代は終わり、今の経済は生産性ではなく、創意工夫、独創性、洞察力といったものに重きを置いている。今日の従業員に求められるのは、スタンダードとは真逆の、個々の従業員にしか出せない独自の成果なのだ。

標準化されたパフォーマンスマネジメントでは成果が得られづらくなっている状況を受け、正式な評価プロセスを丸ごと廃止する企業も出てきた。(注7) しかし、実行可能な代替案がなければ、こうした動きはかえって裏目に出る。従業員は、信頼できるフィードバックなしには、どのように方向性を見出したらよいかわからないと不満を抱えているのだ。

リーダーと従業員間の進捗確認を月次や四半期ごとに設定するなど、より頻繁な対話の機会を設けている企業もいるが、こうした対話において従業員が尊重されていなければ、本来年に1回で済む我慢ならない瞬間が1年中続いてしまうという悲惨な状況になる。

実際のところ、従業員はアカウンタビリティを必要とし、持ちたがっているのだ。ただしここで必要とされているのは、従業員を1人の人間、貢献者として扱ってくれる、尊厳のあるプロセスだ。そのプロセスを実行するにあたっては、同等性を重視すべきではない。一貫性や中立を求めれば、個性が相殺され、アカウンタビリティにおける人間性が喪失されてしまうからだ。

皮肉なことに、アカウンタビリティとは本来、会社においてもっともインスパイアリングなものであるはずだった——従業員独自の貢献を称え、より成長を促すものとして。残念ながら昨今のアカウンタビリティへの取り組みは、記録を残すことで訴訟問題を避け、法的責任を問われる可能性をなくすためのものとなっている。多様性を持つどころか、個性を殺すものとなってしまっているのだ。

不公正さが生まれる原因はまさにそこにある。

さらに悪いことに、職場での訴訟問題が増え、一部の人々の利己心が想像を絶するほどに高まった結果、企業は違法行為（あるいは度を超えた行為）を取らせないために、倫理ホットラインや社内広報部門といった従業員に対する監視機能や内部告発機能を設けなくてはならなくなった。不満が報告されれば入念な調査が行われるが、ほとんどの場合、告発された側の人間は誰に告発されたのかわからない。

残念ながらこうした仕組みは、あくどい不正行為や、上司が自分以外の人を昇進させたことに対する報復行為に利用されている。つまり、自分や周囲にアカウンタビリティを持たせようとした結果、そのプロセスは、誰かを責め立てるため、あるいは非難を避けるためだけの、訴訟問題で自分の立場を守ること以外には何も生まない、柔軟性のない杓子定規のものに成り下がってしまったのだ。

しかし安心してほしい。そうした状況を変える方法もちゃんと用意されている。

「恐れ」の制度にしないためにアカウンタビリティを

Nurturing Dignity in Accountability

尊厳と公平をアカウンタビリティ制度の中心に置くことで、2つの重要な変化を起こすことができる。

まず、「貢献」と「貢献者」を改めて結びつけられるようになる。アイデアや洞察力が重視される経済においては、「個人的な話をしているんじゃない、ビジネスの話をしているんだ」や「評価すべきは仕事と成果だ」といった発言はもはやできなくなっている。従業員の貢献は、彼ら自身の個性——独創性、分析、創造力あふれるアイデア——とより一層結びついたものとなっており、そのため主体性の価値が飛躍的に向上しているからだ。つまり、公平なアカウンタビリティを構築するためには、上司は部下が1人の人間として持つ独自の才能を育てなくてはならない。

個人の能力を伸ばすことは、その能力から生まれる成果と同じくらい重要なものだと理解しなくてはならないのだ。

アカウンタビリティにおける尊厳には、個々の貢献とその貢献者を結びつけた「評価と称賛」が必要である。こうなるともはや、同等性と公平性を同じものとみなすことはできない。尊厳あるアカウンタビリティの核にあるのは、リーダーと部下のあいだの誠実かつ思いやりある関係性だ。そうした関係性においては、従業員やチームの性質に応じて何を求めるかが考慮され、大切にされる。残念ながらあまりに多くの場合、従業員の個性は融通の利かないプロセスによって抑圧されてしまっている。従業員の貢献やパフォーマンスを最大化するために必要な独自性が無効化されているのだ。では、尊厳あるアカウンタビリティとはどのようなものか？

私の顧客の例をひとつ紹介しよう。

傾聴の輪

アンジェラ氏は、売上250億ドル（約2兆5000億円）のアパレル企業において、60億ドル（約6000億円）というもっとも大きな売上を占める部署の本部長を務めている。絶えず混迷期にあるアパレル業界において、彼女の部署もまた常に成果を上げるようプレッシャーを掛けられていた。彼女の陽気でエネルギーにあふれるモチベーションをもってしても、求められる水準はますます達成困難なものとなっていた。

同社は2年ごとに従業員エンゲージメント調査を行って、従業員の満足度や仕事に対する姿勢を評価している。この調査に対して真剣に取り組んでもらうために、すべての管理職員のボーナス割り当ての一部が、調査によって測られた部署ごとあるいは担当地域ごとのパフォーマンス、および2年前の調査からの改善度合いと結びつけられている。

2019年の調査において、これまでずっと高いエンゲージメントスコアを上げていたアンジェラ氏の部署でパフォーマンスの落ち込みが見られた。特にスコアが低かったのは、「学習機会・成長機会」というキャリア開発の側面だった。当惑したアンジェラ氏が最初に取った行動は、反論材料となるデータを探すことだった。彼女は自分の部署の昇進、研修・人材開発、キャリアに関する過去4年間分のデータをすべて提供するよう人事部に頼んだ。今回の調査結果と過去の調査結果を比較しようとしたのだ。なぜ今回の調査結果で急激な低下が見られたのか、過去4年間分の人事関連の取り組みを見ても、その理由となるような大きな変化は見られなかった。アンジェラ氏はこうした状況に誠実に向き合おうと、調査結果の原因をとことん調べることを決意した。

このタイミングで彼女と共に働くようになった私は、残念なエンゲージメントスコアの原因を「調査」する別のアプローチ方法を考えてみてはどうかと提案した。調査結果からわかる従業員の本音を、責任を持って理解するよう、リーダー陣ひとりひとりに指示してはどうかとアドバイスしたのだ。そのための具体的な方策は設けず、ひとりひとりのやり方に任せるとよい、とも伝えた。アンジェラ氏は私のアドバイスに従って、得られた知見を責任を持って3週間以内に報告するようリーダー陣に伝えた。

チームに所属していた5人の部長は早速このミッションに乗り出し、調査結果をより深く理解しようとした。

うち2人は、階層が1つから2つ下の管理職員とカジュアルな対話を行ったが、データが示すような結果に関する有益な知見はほとんど得られなかった。対話のなかで聞けたのは「こんなフィードバックになるなんて、私も部下もただただ驚いていますよ」や、「私が話を聞いた人は皆、キャリア関連のことについては満足しているようでした」といったことばかりだった。また別の2人は、アンジェラ氏が最初に集めた人事データを活用して、自分たちの担当地域における大々的な「説明会」に乗り出した。まるで壮行会のようなタウンホール形式の会議を開いて、データを示しながら自信満々に、「我々は実のところ能力開発や学習の機会を効果的に提供できている」とした。つまり調査結果を実質的に否定したのだ。オフィスに戻ってきた2人は誇らしげにこう言った。「どんな誤解があったのかわからないが、その誤解は彼らのグループにおいては解消された。人材開発や能力開発に関する機会提供という点で彼らの部署がどれだけうまくいっているか、従業員に再確認してもらうことができた」

残りの1人、ヘレナ氏は、ほかの4人とはまったく異なるアプローチを取った。「傾聴の輪」

と名付けた少人数のフォーカスグループを14回にわたって招集したのだ。各回の初めに彼女はこう言った。「皆さんのキャリアを向上させるつもりでさまざまな取り組みを行っていますが、どうにもうまくいかず、皆さんが望む機会を提供できていないようです。皆さんの気持ちをもっとよく知って、改善に努めたいので、詳しく話を聞かせてもらえないでしょうか」。そうしてヘレナ氏は従業員からたくさんの話を聞いた。アイデアが上司に却下されたり無視されたりしたこと。研修を受けている途中でどうでもいい問題のために呼び出されたこと。社内文化が概して、従業員を犠牲にして成果を称えるようなものであること。

つまり、従業員がマネジメント陣に伝えたかったのは、「成長や学びの機会が与えられていない」ということではなかった。「成果を出せ、あれをしろこれをしろ、と言われるばかりでは、自分の能力開発やキャリアについて考える余裕もエネルギーも気持ちもなくなってしまう。それに、キャリアプランについて尋ねてさえくれない」ということだったのだ。

ヘレナ氏がこれらの調査結果をチームに共有するなか、アンジェラ氏の表情は曇っていた。ほかの4人はヘレナ氏の調査結果を否定して、自分たちの立場を守ろうとしていたが、アンジェラ氏はそれを遮った。そして彼女自身の当初の行動を丸ごと無に帰すような発言で皆を驚かせた。

「ヘレナ、勇気を出してこうした調査を行ってくれて、本当にありがとう。あなたには大きな借りができた。もしこの結果が得られていなければ、社内文化の諸悪の根源を育ててしまっていることに気づかないまま、私たちは進み続けていたでしょう」

タウンホール形式の会議で人事データを使い、懸念を振り払おうとした2人に向かってはこう言った。「あなたたちのフィードバックを聞いて、複雑な気持ちになりました。ひとつには、部下の『考えを改めさせる』イニシアティブを取ったあなたがたは、なんと勇敢なリーダーシップを持っているのだろうと感じました。一方で、彼らの気持ちが反映されたデータをあなたたちが真っ向から否定したことで、参加者のみんながどれほどひどく侮辱された気持ちになったか、どれほど蔑ろにされたと感じたかを思うと、とても嫌な気持ちになりました。でもあなたがたを責めることはできません。あなたがたは私のやり方を真似しただけですから」。そして、チーム全体に向けてこう伝えた。

私たちは素晴らしいセカンドチャンスを与えてもらいました。

次の従業員エンゲージメント調査まで放置していたら、状況はもっと悪化していたでしょうし、その影響は私たちのパフォーマンスにも表れたはずです。私はああしろこうしろと押し付けるばかりで、思いやりを持って話を聞くことをしていなかった。

私たちの部署がいつも「従業員にとって必要だ」と言っていることを、ヘレナは実践したのです。私たちに対するアカウンタビリティを持ってほしいのであれば、私たちも彼らに対するアカウンタビリティを持たなくてはいけない。

彼らの話に耳を傾けなくてはなりません。思いやりがないと感じさせてしまったのであれば、謝らなくてはいけません。

ヘレナが行ったことを、私たち全員で行いましょう。私も皆さんに同行します。それからわかったことを持ち寄って、この部署や組織全体を変えるためにひとりひとりが何をすべきかを話し合いましょう。

それからの1カ月、アンジェラ氏はほかの4人と共に「傾聴の輪」に参加した。そこではヘレナ氏が報告していたような不満が同じく語られた。

修復的アプローチ

アンジェラ氏はさらに勇敢な行動を取った。

自分自身や従業員エンゲージメント調査結果、それに対する彼女の部署の対応などに関して対話から得られた知見を、上司（CEO）や同僚にも共有したのだ。アンジェラ氏は実質的に、修復的アプローチを取って自分自身やチームにアカウンタビリティを持たせた。

彼らが行ったのは以下のようなことだ。

1　自分たちに都合の悪い調査結果が得られても、そこから従業員の真意を理解しようとした。

2　従業員ひとりひとりの経験と真摯に向き合い、従業員が抱いた感情について、なぜそのような気持ちになったのか耳を傾けた。

3　担当部署を本当の意味で「導く」ための方法をチーム全体で再考した。

4　これまでのリーダーシップの在り方や今後の改善方法について責任を持ち、部署内の信頼を回復した。

5　アンジェラ氏のチームより1つから2つ下の役職のリーダーたちが、安心して自分自身の行動の非を認めて責任を取れるよう、また大切に扱われていないと感じさせてしまった従業員に謝れるようにした。

ただしこうした軌道修正には困難や苦痛も伴った。アンジェラ氏は翌年、変わることができなかった、あるいは変わる気がなかったリーダーを9人部署から外した。自分のチームにいた1人も含まれていた。もしアンジェラ氏がヘレナ氏の報告を即座に退け、ほかの4人と一緒になって「そんなデータは取るに足らない」と結論づけていたら、まったく異なる結果になっていただろう。部署の在り方を変えなくてはならない深刻な状況であることに気づかないまま、悪循環が続いてしまっていたはずだ。

あなたならどうする？

もしあなたがアンジェラ氏のチームメンバーだったとしたら、彼女の取り組みにどのような反応をしただろうか？　従業員エンゲージメント調査結果への対応方法について、アンジェラ氏にアドバイスしたい点はあっただろうか？　また、真似したいと思う点はあっただろうか？

実際のところ、アンジェラ氏が取った修復的アプローチは、あらゆる場面で効果的に活用されている。修復的司法のアプローチは、アメリカにおいては教育現場でも活用され、子どもたちが争いを解決する方法を学ぶ手助けとなっている。また伝統的な司法制度においても、残虐な犯罪被害に遭った多くの人が精神衛生を回復する際に役立っている。例えば元ワイオミング州警察官・州議会議員であるスティーブン・ワット氏は、1982年に逃走中の銀行強盗によって数発の銃弾を受けた。その後の和解に向けた取り組みは困難なものであったが、犯人と対面したスティーブン氏は当時の経験について語り、最終的には彼を許した。それ以来、2人は平和的な友好関係を築くまでに至っている。(注78)

法律専門家のあいだでは、報復的司法を支持する人々も含めて、以下のような見解が広く受け入れられているようだ。(注79) ほとんどの文化はなんらかの形で修復的実践を確立しており、そこには共通の原理がある、と。その共通原理とは以下のようなものだ。

1 真実――当事者全員がその出来事について正直に語らなくてはならない。

2 責任感――過ちを犯した人は、それが他者にどのような影響を及ぼしたのかを考え、自らの意思でそのような過ちを犯したことを認めなくてはならない。

3 傾聴――過ちによって傷を負った人々は、過ちを犯した本人にその経験を語り聞かせる。

4 更生――過ちを犯した人は、学びを得て自分を変えることを約束しなくてはならない。また、そのための機会や資源を与えられなくてはならない。

5 和解――アカウンタビリティとは、ただ過ちに対して報いること（報復的司法）ではない。過ちによって崩壊した関係やコミュニティを回復させることが重要である。ときには和解が赦しにつながることもある。

6 修復――過ちを犯した人は適切な道に導かれなくてはならない。また、傷を負った人はその

傷に対する償いを受けなくてはならない。(注80・81)

修復的司法の核にあるのは、当事者すべての尊厳を重んじることである。修復的司法を通じてコミュニティは維持され、さらには強化されることも多い。過ちを犯した人は、自分の間違いから教訓を得て、同じ過ちを繰り返して恥を上塗りしないよう努める。

世界中のあらゆる司法制度がアカウンタビリティにおける修復的アプローチの利点を認めているにもかかわらず、企業はその流れに遅れを取っている。ほとんどの企業が、批判や粗探しといった懲罰的なシステムによって「アカウンタビリティ」を維持しているのだ。このプロセスには思いやりも人間味もなく、判断基準も緩すぎたり厳しすぎたりと一貫性がない。そうなると従業員は、自分のミスを隠したり、成果を脚色したり、何か問題があると犯人探しをするようにそそのかされてしまう。強い不安や自己防衛心を抱き、自分たちに害を及ぼす権力者を悪とみなし、自分の行動を絶えず正当化・擁護し、他人は自分のものを奪いに来た敵だと無意識のうちに考え、悪化しつつある暗黙の緊張関係が今にも爆発するのではと恐れているのだ。

不信、拒絶、葛藤、怒り

Nurturing Dignity in Accountability

複数の研究者が「手続き的公正」を組織的公正における主要な要素として詳しく研究している。手続き的公正とは、意思決定やリソース配分のプロセスが、その影響を受ける従業員からどの程度公平だと認識されているかを測るものだ。

研究結果からは多くの知見が得られたが、なかでもほぼすべての研究に共通して顕著だったのが、従業員が不公平さを感じた場合に、企業活動を妨害したり倫理的な不正を行ったりする傾向があるということだ。(注82)自分の仕事に対する評価やリソース配分のプロセスが公平ではないと感じた場合――つまり、上司の気まぐれによって決められる、相手によって変わる、透明性がない、なんらかの形で成功が阻害されるなどの場合――従業員が上司や組織に対して報復する傾向が格段に高くなるのである。(注83)

このことは私の研究結果からも明らかになっている。アカウンタビリティプロセスに不公平さが見られると、従業員が嘘をつく、倫理的に不適切な行動を取る、自分の損得を一番に考えるといった傾向が4倍近く高くなるのだ。

マッキンゼーが2018年に行った、パフォーマンスマネジメントにおける公平性に関する調査にも、こうした重要な相関性が示されている。公平なパフォーマンスマネジメント体制が取られていると感じている従業員のうち60%が、その体制は効果的であるとも感じているのだ。

マッキンゼーは公平性の要素を以下の3つに落とし込んでいる。

1　従業員に求めるものが常に組織の最優先事項と明確に結びつけられている。優先事項に変更が生じた場合には、従業員に求めるものもそれに応じて変えられる。

2　指導者、および日常的に公平性を監督する者として、上司を効果的に教育する。

3　きわめて高い成果を出した従業員に対しては、適切な形で報酬を与える。

マッキンゼーの調査結果によると、これら3つの要素が実践されている環境においては、84%のリーダーが効果的なパフォーマンスマネジメント体制を発揮できていると回答した。

さらに、これらの要素のどれも実践されていない企業のリーダーと比較して、自分たちのパフォーマンスマネジメントがよい成果をもたらしていると報告する傾向が12倍も高かった。(注84) 前の章では個人のパーパスと組織のパーパスを一致させる重要性について述べたが、アカウンタビリティ制度はまさにそれに打って付けの方法だ（次の章では、リーダーがよりうまく公平性を保つためにどうすればよいか、さらに詳しく紹介する）。

ここで、パナソニック・アビオニクス・コーポレーションの倫理・コンプライアンス担当兼顧問弁護士であるティファニー・アーチャー氏の話を紹介しよう。彼女は人間行動・倫理分野における長年の経験を持つソートリーダーでもある。２０２０年に行ったインタビューで、彼女は機能不全のアカウンタビリティがなぜ企業のリスクにつながるのか、鋭い見解を述べてくれた。

パフォーマンスというのは非常に主観的なものだと皆理解しています。ですから仕事の質を定量的に評価しようとしたとき、数字を用いて「客観的」なものに見せようとするのですが、これを公平だと言ってしまえば厄介なことになります。こうしたプロセスは従業員のモチベーションを下げるだけなのです。従業員は不安な気持ちで同僚と自分を比べて、こう考えます。「どうして私が4点中の3点なのに、あの人が4点満点を取っているの？　私のほうが遅くまで残って仕事を終わらせて、一番大事なプロジェクトに取り組んで、あの人は成果を上げてないと叱られてさえいたのに。こんなに頑張っても満点をもらえないなら、これ以上頑張る意味なんてないんじゃない？」と。このように従業員が怒りと不信感に満ちあふれてしまえば、悪事を働くリスクが高まってしまうのです。

アカウンタビリティと生存本能

私が過去数年にわたって協同しているバイオ医薬品メーカーの役員、ティム氏の例を紹介しよう。ある日のコーチングセッションに姿を現した彼は、それまで見たことがないほど怒り狂っていた。その週はティム氏の年次業績評価があり、彼は昇進の知らせを聞けると思っていた。後任者として最有力候補に挙げられていたからだ。彼はこぶしで机を叩き、声を荒げてこう言った。

上司からたったの3点しかもらえなかったんですよ！　入社以来ずっと4点満点だったのに。前の会社では最高評価が5点でしたが、そこでも私はずっと5点を取り続けていました。これまでずっと最高評価をもらい続けてきていたんですよ。なのに、4点満点を得られる人数を制限するなんていう馬鹿らしいルールを人事部が導入したせいで、私の評価が3点に下げられてしまったんです。まったくもって理解できない。しかも上司は被害者面でこんなことを言ってきたんです。「申し訳ない、どうしようもなかったんだ。縛りがあったから。でもこの評価で、私や会社のあなたに対する見方が変わるわけじゃないからね」と。正気か、と思いました。僕のほうはあなたたちに対する見方が180度変わったがね、と。本当に、これまでのキャリアでこんなにも屈辱的な思いをしたことはありませんよ。

それからの2時間、私はなんとかティム氏の気持ちを落ち着かせようとした。彼と話していると、驚くようなことがいくつかあった。

1つ目は、彼が自分自身や上司――いつも彼の強い味方であった存在だ――、そして会社に対して、客観的な視点を完全に失っていたことだった。2つ目は、彼が点数を見た瞬間に、上司との会話に耳を貸さなくなり、ほとんど何も心に留めていなかったことだった。

彼に対する評価に目を通して、私はあっけにとられた。ティム氏の貢献はしっかりと認められており、改善項目についてのコメントも至って正確で納得のいくものだったのだ。さらに、これまで共に一生懸命準備してきた昇進後の役職に関しても、彼は依然として最有力の後任候補とされており、順調にいけば1年から1年半後にはその座につける予定となっていた。

しかしあのときの彼は、そんなことにかまってはいられなかった。自分自身、上司、会社に対する軽蔑心に飲み込まれていたのだ。努力が足りなかったという強迫観念、皆が羨む4点満点は自分じゃなく誰に与えられたのかという疑心暗鬼、今後また上司を信頼してよいのかどうかという葛藤。彼はこうした感情の板挟みになっていた。

ティム氏の経験は、同等性と公平性の相容れない性質を色濃く描いている。今回の強制的な点数評価によって、以前の4点満点から3点に下がってしまった人は彼以外にもいた。

しかしティム氏にとっては、そうしたほかの人々と「同じ」扱いを受けることはあまりにも不公平なことに思えた。彼はこの経験によって極度の羞恥を感じ、自分のことしか考えられなくなってしまったのだ。侮辱されたという気持ちで消耗しきった彼が冷静さを取り戻すまでには1週間近くかかった。

実際のところ、ティム氏の反応は極端なものでもおかしなものでもない。ティム氏の激昂は神経科学の観点から十分に説明がつくのだ。ニューロリーダーシップ・インスティテュート（NeuroLeadership Institute）の研究によると、脳の脅威を感じ取る部位である扁桃体は、危険を察知すると、闘争的あるいは逃避的な反応を示すという。

我々は評価の対象にされると、文字通り生命の危機を感じ、身の危険に晒されたときと同じ生存本能が刺激されるのである。さらに、数字による固定的な評価は永続的なものに感じられ、これが自分の能力の限界である、これ以上の成長はない、と思わせてしまったり、成長に向けて努力する気を失わせてしまったりする。(注85)

また、カリフォルニア大学ロサンゼルス校の神経科学研究からは以下のようなこともわかっている。不当な評価や批判を受けたときに感じる、拒絶された、あるいは除け者にされたという気持ちは、痛みを司る脳の部位に結びついている。
つまり、**ティム氏が経験したことは、実際に誰かに叩かれたときと同じ感覚**だったわけだ。(注86)
従業員に羞恥、不信、拒絶、葛藤、怒りを感じさせ、自分のことしか考えられない状態にさせてしまうアカウンタビリティ制度では、従業員は決して最大限に力を発揮できない。学びを得て成長することも、自分のミスや実力不足に向き合って責任を持つことも、自分の貢献や会社に対する誇りを持つこともできない。
制度を変えようとしなければ、そこで終わりなのだ。

尊厳に関する脳の働き

Nurturing Dignity in Accountability

神経科学はアカウンタビリティ制度における失敗の要因を理解する鍵となるだけでなく、生産的に働くことで人間の潜在能力が最大限に解放される理由も明らかにしている。神経科学者によると、自己肯定感を司る脳の部位は、自己認識を司る部位と、モチベーションや報酬を司る部位をつなぐ刺激伝達回路にあるというのだ。この神経回路が強化されると、それに応じて自己肯定感も高まるという。(注87)

また、この神経回路の強度は他者からの評価に強く影響されることもわかっている。(注88) 興味深いことに、この神経回路が弱まると、不安や鬱といった気分障害を患いやすくなるという。

昨今の経済においては、かつてないほど貢献と貢献者自身が結びつけられている、という話を先ほど紹介した。つまり、従業員の仕事を評価するということは、従業員自身が評価されるということだ。したがって、上司がどれほど思慮深いフィードバックを与えるか――評価の的確さ、伝える際の思いやりや配慮、従業員自身の姿が仕事に反映されているという認識――によって、従業員の自己認識が形成され、ベストを尽くすモチベーションが生まれるのである。

アカウンタビリティ制度を通じて、上司は部下の自尊心を高めることも、尊厳を傷つけて鬱や不安といった問題を加速することもできてしまう。マイケル・ジャーヴェイス博士とシアトル・シーホークスのヘッドコーチを務めるピート・キャロル氏は、著書『Compete to Create』（未邦訳）のなかでこう述べている。

> 何かを経験するとき、まずそこに尊厳があれば、人は自分が生み出すものだけでなく、自分自身に価値があるのだと感じることができる。従業員を替えが効く部品のひとつとしてではなく、ひとりの人間として扱っている職場では、従業員は自分の潜在能力がどこまで発揮できるか試したいという気持ちになるのである。（注89）

マイクロソフトのような洞察力に満ちた会社はすでにこうした事実に気づいており、それに倣ってアカウンタビリティ制度を構築している。サティア・ナデラ氏が取り組んだ文化改革は、「何もかもわかった気でいる」会社から「あらゆることを理解しようとする」会社へと変わるためのものだった。

マイクロソフトは昔から、各自の分野でトップの輝かしい成績を収めてきた名門校出身の人ばかりを採用していた。その結果、はからずもひどく競争的な文化が生まれてしまい、失敗を認めて学ぼうとする姿勢が失われていた。この状況がアカウンタビリティ体制の重大な問題につながったことは想像に難くない――フィードバックに耳を傾けて学びを得る、自分に足りない部分を認めて改善に努める、同僚の目標達成をサポートする、といった力が抑圧されてしまったのだ。

2019年に行った、マイクロソフトのチーフ・ピープル・オフィサーであるキャスリーン・ホーガン氏へのインタビューで、彼女は同社が「成功」の定義を拡大するためにどのようなアカウンタビリティ制度の再構築を行ったかを話してくれた。

かつて同社のパフォーマンスマネジメントは、主に個人の貢献に焦点を当てたものだったが、そのせいで個人主義や競争的な文化が助長されてしまっていた。現在のマイクロソフトにおける「成功」の定義には、「同僚に対する貢献」という指標も含まれている。従業員がどれほど協力的な姿勢を示しているか、同僚の手助けをしているかを測ることが目的だ。また、どれほど彼らを頼って自分のアイデアを膨らませているかを評価するために、「仲間と助け合って成長する」という指標も含まれている。ホーガン氏は以下のように語る。

団結力のある行動を評価し、それに対する報酬を与えることで、従業員は互いに協力して働くことを学びつつあります。自分の知識不足を認めるのが難しい社内文化では、リスクについて考えを巡らせることも難しくなってしまうものです。失敗を認められれば、成長に向けた心構えとアカウンタビリティのバランスが取れるようになります。私たちは今、成功だけを称えるのではなく、失敗も大事にし、絆を深めることを学んでいます。自分を有能に見せるためだけに、何ページ分も資料を覚えてミーティングに参加することは求めていません。「その資料は今は持っていませんが、これから入手します」と言っても許されるような環境をつくりたいのです。

失敗から学ぶことで、理想の結果に近づくことができる——それが私たちにとっての新たなアカウンタビリティの在り方です。(注90)

パフォーマンス評価の焦点を切り替えたことで、マイクロソフトのリーダーや従業員は、新たな貢献の形を見つけることができるようになった。また、互いを尊重し、敬意を払う姿勢もより見られるようになった——従業員を何よりもまず1人の人間として考え、達成項目と改善項目の両方に価値があるという考えを尊重できるようになったのだ。ナデラ氏は、アカウンタビリティ制度の変更はまずトップダウン形式で始まると考えており、このように述べた。

役職レベルで実践したことのひとつで、もっとも大きな効果があったのは、評価基準の共有の徹底です。「パフォーマンス指標」と「戦力指標」の2つを分けて設定しました。

パフォーマンス指標では、その1年の売上や収益といったものを評価します。一方、戦力指標において評価されるのは、翌年以降のパフォーマンス見込みです。
私を含むリーダー陣の報酬の大部分は、基本的にこれらの指標に基づいています。(注91)

昨今の世界では、職場以外の場でも尊厳が強く求められている。2020年、ハーバード・ロー・スクールの教授であり政治哲学者でもあるマイケル・サンデル氏に、彼の著書『実力も運のうち：能力主義は正義か？』(早川書房)についてインタビューを行ったところ、以下のように語ってくれた。

過去40年間にわたって、グローバリゼーションの加速に伴い、勝者と敗者の格差はより大きなものとなっています。この新たな経済で取り残された人々にとってとりわけ腹立たしいのが、勝者が自分の成功を、自分の実力のおかげ、ふさわしい努力の末に勝ち取ったものだと考えていることです。こうした態度は暗に、成功できない人にはそれなりの理由がある、自業自得だ、彼らの仕事は社会に大した価値をもたらさない、自分の能力を磨くための投資(つまり4年制大学を卒業すること)を怠った自分の責任だ、と示唆しているからです。

その結果労働階級の人々の仕事は、それが重要な仕事であっても、社会において評価されなくなってしまった。収入によって仕事の価値が判断されるようになってしまったのだ。

サンデル氏の考えでは、２０１６年のアメリカ合衆国大統領選挙で実力主義のエリートに対する大衆の反発があったのは、単に経済的な機会から取り残されているという感情のみによるものではなく、自分も一般市民にとって価値ある仕事をしているという尊厳に基づくものでもあるという。サンデル氏は著書のなかでこう述べている。


……我々がもっとも人間らしくいられるのは、公共の善に貢献し、その貢献が一般市民から称えられたときである。この教えにしたがえば、人間の根源的な欲求とは、共に社会に暮らす人々から必要とされることだと言える。仕事における尊厳とは、自分の能力を発揮してそうした欲求を満たしたときに得られるのだ。(注92)

職場や地域社会において、我々は互いを、そして互いの貢献を、尊厳と敬意をもって扱わなくてはならない。どんな相手や仕事であってもだ。我々がコロナ禍から学んだことがあるとすれば、それは従来軽視されていた「エッセンシャルワーカー」の仕事が、我々の生活において必要不可欠なものであり、尊敬と敬意に値するものだということだろう。

こうした尊敬の念を、同僚や近隣住民に対しても持つべきだ。

アカウンタビリティを成長のコアエンジンに

Nurturing Dignity in Accountability

ここからは、組織においてそうした尊厳あるアカウンタビリティ制度を実践する方法について紹介しよう。

以前私の顧客にエリアス氏という、従業員約450人を抱えるデンマークのテクノロジー企業の専務がいた。大企業にありがちな、自分の品位が傷つけられるような環境でかつて働いていた彼は、テクノロジー分野のベンチャー企業で自分の腕を試そうと決心した。そして会社と共に成長し、ついにはトップの座にのぼり詰めたのだ。

エリアス氏は、会社がこのまま順調に成長し続けるためには、優れたパフォーマンスを促すようなアカウンタビリティ体制を構築しなければならないと考えていた。しかし、どのベンチャー企業の拡大においてもそうであるように、大規模なアカウンタビリティプロセスを構築しつつ、起業家精神や人の心が失われないような、複雑で官僚的でない環境を維持するのは相当な困難を伴った。

そこで彼が導き出した解決策はこうだ。階層の異なる従業員25人を社内全体から集めてチームをつくり、「この会社で働くことに誇りを持てる、かつ自ら進んでアカウンタビリティを持てる」ようなプロセスをリーダー陣に向けて提案させたのだ。

テクノロジー企業である彼らが最初に取り組んだ項目の1つは、同社の技術力を活用し、「決まった様式や書類をなくす」ことだった。すべてのデータをデジタルに収集・共有し、それによって上司・部下間の意義ある対話を促進しようと考えたのだ。また、テクノロジーの活用をより広く浸透させるというコミットメントを掲げたパーパスドリブン企業として、考案するプロセスを同社のミッションにしっかりと結びつけることも重視していた。

発案されたのは以下のようなものだった。

従業員はまず1年の最初に上司と面談を行い、その年の「ミッション・インパクト・ステートメント」（行動影響指針）を掲げる。このステートメントは、企業としての成長やミッションに貢献し、かつ個人の能力開発を促進するための達成目標を設定したものだ。次に、自分がアカウンタビリティを持ちたい評価基準を選択する。最後に、チーム全体で集まって個々のミッション・インパクト・ステートメントを共有し、互いをサポートするための具体的な方法を設定して、個々のコミットメントや努力項目を統合した共通の「チーム・ミッション・インパクト」として確立する。

エリアス氏が求めていたのは、どんなアカウンタビリティプロセスを構築するにせよ、1年の終わりには従業員と会社が共に成長できるようにしてほしいということだった。従業員と上司は、同社が独自に開発したアプリを使って定期的にフィードバックを交わしている。従業員の仕事の貢献度合いや、「コミュニティ」つまりチームへの協力度合いについて、上司や同僚は前向きで建設的なフィードバックを行う。反対に従業員は上司に対し、アドバイスが役に立ったか、役に立たなかった場合はどのように改善すればよいかを直接的にフィードバックする。従業員は日常的にこのアプリを活用して、「今日のプロダクトアップデート会議で苛立っているように見えましたが大丈夫ですか？　何か手伝いましょうか？」など自分が気づいたことを同僚に報告する。このようにリアルタイムで継続的にチェックを行うことで、信頼が保たれ、誤解をすぐに解消することができるようになった。

さらに、誰かがミスをしてしまった場合には、改善に向けた「レベルアップ」という特別なプロセスを実践する。常に革新的であることが求められる同社においては、失敗は新たな考えを促進する機会として捉えられているのだ。

失敗してしまった社員は（締切を誤っていた、予算をオーバーした、コードを誤ってプログラムが動作しなかった、作るべき製品仕様を勘違いしていた、など）、その失敗による影響を受けた全社員を集めて「レベルアップ」セッションを行う。そこで失敗の原因について自分の考えを述べ、原因がわからないときにはグループに意見を求める。セッションの最後には、失敗から得た教訓を全員の「レベルアップ」にどう活かせるかを話し合う。大抵は失敗した本人が一番自分を責めてしまいやすいため、チーム全体で時間をかけてその人を安心させる。

こうした方法によって、コミュニティ（チーム）の絆や、失敗した本人の自信とチームのサポートに対する信頼を修復しているのである。多角的に働くアカウンタビリティとはまさにこのようなものだ。加えて同社では、成功から教訓を得ることも促している。プロジェクトがとりわけうまくいった場合には、「リープアップ」（飛躍）セッションを招集するのだ。このセッションは、同僚、上司、あるいはチームの誰かが主導し、成功を称えるものである。

ここでもまた、「成功の原因」について意見を交わすことで、全員が「リープアップ」できるように促されている。従業員の報酬は主に会社全体のパフォーマンスによって決定されており、設定したミッション・インパクト・ステートメントを上回る特に優れたパフォーマンスを収めたチームや個人に対しては、プラスで少額の報酬が与えられる。エリアス氏は、このアカウンタビリティプロセスは同社がもっとも誇るものの1つであり、会社の成長のコアエンジンであると言う。同社のソリューションやサービスに貢献しようという従業員の努力は顧客にも伝わっており、同社に業務を委託した顧客のネット・プロモーター・スコア（顧客ロイヤルティや継続利用意向を測る指標）は10点満点を獲得している。エリアス氏はこのように語る。

どんなに大変な1日でも、従業員みんなが仕事を終えて帰宅したときに、自分の仕事に誇りを感じ、その仕事に共に取り組む仲間を愛し、次の日の仕事を楽しみにしてくれれば、私の任務は果たせたと言えます。どんなアカウンタビリティ制度を敷くにしろ、もっとも重要なのは、従業員の仕事や彼ら自身が持つ価値を知ってもらうことです。

あなたならどうする？

エリアス氏の取り組みにおいてリスキーな点はあっただろうか？

従業員からの反発を受けそうな点はあっただろうか？

あなた自身にも適用できる教訓は得られただろうか？

鍵となる教訓

――第4章のまとめ

□ 修復的司法の実践例からは、我々のアカウンタビリティ制度に関する知見が得られる。こうした取り組みにおいては、過ちを犯した人も傷を修復しようと積極的に努めることで、失敗から学ぶことができるという点が強調され、当事者すべての尊厳が保たれている。修復的司法は過ちを犯した人を抹消するのではなく、コミュニティを強化し、長期的に持続させることを促している。

□ 今日の知識経済においては、貢献は貢献者自身と密接に結びつけられている。つまり、これまで「客観的」と思われていた従来の指標は、人々を「同等に」扱うことで公平性を保っていたが、貢献者ひとりひとりの個性が重視される昨今の社会においては、全員を同等に扱うことが公平性ではなくなっている。

□ アカウンタビリティプロセスは、個々の独自の才能や貢献を尊重するものでなくてはならない。また、上司は部下の仕事を本当の意味で称えられるような、信頼に満ちた関係を築く必要がある。

□ 公平性を促す3つの方法とは、
(1) 従業員に求めるものを組織の最優先事項と明確に結びつけること、
(2) 上司を指導者として効果的に教育すること、
(3) きわめて高いパフォーマンスについては適切な形で報酬を与えること、である。

□ 企業における「成功」の定義を改めることで、これまで意図せず抑圧されていた「失敗を認めて改善する」「新たなスキルを獲得する」「イノベーションを促進する」といった能力を解放することができる。

第 5 章

日常のなかの公正さ

意識すべきこと

皆が成功できる
フラットな環境を整えるには？

不正の根絶

Everyday Justice

２０２０年、私はエド・タウンリー氏にインタビューを行った。

ニューイングランドの有名な酪農業協同組合、キャボット・クリーマリー（Cabot Creamery）で２０１５年からＣＥＯを務めていた人物だ。彼は「組織のトップに立つということを甘く見すぎていたかもしれません」と語った。彼はＣＥＯになる前は同組合のＣＦＯ（最高財務責任者）だった。酪農業協同組合というのは、経営が非常に難しいビジネスと言える。とりわけ大変なのが、公正な価格で市場に牛乳を供給しようとする酪農家と、原材料や製造のコスト、価格規制、多様で複雑な顧客層などに対応しようとする乳製品メーカー、双方のニーズのバランスを取ることだ。

ちょうどタウンリー氏がＣＥＯに就任するタイミングで、同組合の取締役会はＣＥＯの採用基準を設けることとした。「特に重視されていたのは誠実さと品位だった」と彼は述べている。つまり、彼はこの2つの側面に関してすぐに試されることとなったのだ。

タウンリー氏はCEOとしての仕事を始めてすぐに、経営チームの人員を一部入れ替える必要があると気づいた。彼らが「組織に必要な文化を育てようとしていなかった」からだ。

しかし、問題は思った以上に深刻だった。タウンリー氏は、当時のことをこう語った。「想像もしていませんでしたが、詐欺行為を働いている人がいたのです。そのうち2つはリーダー職の人間によるものでした」。1つはメンテナンス部門のマネージャーが、会社の経費で購入した高価な製造機器を私的に転売していたというものだ。もう1つは技術部門の部長が不要な機器を購入して私的流用した、あるいは転売してポケットマネーを得ていたというものだった。

こうした事例にどう対応すべきか、タウンリー氏は重要な決断を迫られていた。ここでの対応が、今後何年にもわたって同組合の方向性を定めることになるからだ。「2人をクビにして、何もなかったことにしてもよかったのかもしれませんが、それは間違っていると考えました。そこで2人を起訴することとしたのです」

後者の事例が発覚したあと、タウンリー氏は年次会議で約300人の酪農家の前に立ち、事態を説明しなくてはならなかった。酪農家は皆、なぜCEOの鼻の先で何百万ドルもの製品(注93)を盗むことができたのか、ほかにもそういった事例が起きているのではないか、とひどく憤った。

バーモントは小さな州ですから、このことはバーモント中で噂になりました。酪農家たちは恥をかかされ、当然、裏切られた気持ちになりました。こんなことが二度と起きないように約束してほしいと言われましたが、まだCEOに就いたばかりの私には、確かな約束はできませんでした。そこで私は言いました。「こうした犯罪行為を見過ごすつもりはありません。もしまた同じことがあれば、毅然として対処するつもりです。そのときには、残念ながら皆さんの耳にも入ることになるでしょう」

タウンリー氏は、自分が望む組織文化を築き上げるためには、自分の真剣さを知ってもらう必要があると理解し、「こうした不正を許すのかと疑問を抱かれたり、もっとひどければ、リーダー職の人間が不正を行っているのであれば自分も行ってよいだろうと思われる可能性がありましたが、絶対にそう思わせるわけにはいきませんでした」と語っていた。

そこで彼は強硬路線をとった。相手がどの立場の人間であれ、少しでも不適切と思われる行動は一切許容しない、という姿勢だ。実際、家族へのクリスマスプレゼントとして300ドル（約3万円）分の商品を横領した工場長（「かなり上級の役職」だったそうだ）が解雇された。「従業員は皆、私が品位ある文化づくりにコミットしていることをきちんと理解してくれました」とタウンリー氏は語る。

彼のリーダーシップのもと、同組合は乳製品業界でもっとも称賛される企業のひとつにのぼり詰め、Bコープ認証も取得した（本書後半の第8章では、彼の素晴らしいリーダーシップ談の続きと、彼のCEO在任初期から現在に至るまでのあいだに、同組合がどれほど優れた組織に成長したかを紹介する）。

あなたならどうする？

もしあなたがタウンリー氏と同じように不正を発見していたら、どのような行動を取っただろうか？　彼に与えたいアドバイスはあっただろうか？

日常にある不平等

組織の公正にコミットするためには、タウンリー氏のような確固たる誠実さと公平さをリーダー全員が持っていなくてはならない。以下は私が顧客から耳にした、あるいは私自身が目にした実際の事例だ。こうした状況をどのように乗り切るかを考えてみよう。

・職員会議で、財務担当の同僚が提出必須のビジネスレビューを作成し忘れたため、みんなの前で上司に厳しく叱られている。同席しているあなたのチームの営業リーダーもそのレビューを作成していなかったが、その人は叱責を受けなかった。売上成績がよいという理由で、ほかの人なら見逃してもらえないことも普段から許されているのだ。リーダーは上司が目を逸らした隙に、ニヤニヤとこちらを見てウインクをしてきた。

・会社の食堂で支払いの列に並んでいると、あなたの親しい同僚である黒人従業員がレジの人に止められている。その人は何年もこの会社に勤めているにもかかわらず、レジ係は丁寧な口調で従業員バッヂを見せるよう頼んでいる。ほかの白人従業員には一度も声を掛けていなかった。歩き去っていく同僚は少し俯いて肩を落としていた。

・予算審査会議にて、各部署のリーダーが、翌年の予算配分を決める審査委員会の前で予算請求のプレゼンを行っている。この会議を何度も経験しているあなたは、完璧なプレゼンを披露してすぐに承認を得た。あなたに続いてプレゼンを行ったのは、部長になったばかりの若い女性で、見るからに緊張していた。言葉に詰まりながらプレゼンを行う彼女を見て、審査委員らは笑いをこらえながら呆れた表情をしている。彼女が引き継ぐこととなった部署はひどい状態にあり、ほかのどの部署よりも予算を必要としているのは明らかだった。にもかかわらず、ほとんどが男性から成る審査委員会は、プレゼンを終えた彼女に対して、請求された予算の75％しか承認しなかった。その後彼女のオフィスを通りかかると、目を真っ赤にしてこちらと顔を合わせないようにしている彼女の姿があった。

・マネージャーのポジションに空きが出て、誰を昇進させるか決めることとなった。チームには候補者が複数おり、それぞれ強みや弱みは異なるものの、皆同レベルの能力を持っている。ダイバーシティ&インクルージョンチームからは、社内や業界内で少数派のアイデンティティを持つ人を選ぶように言われている。上司は上司で、自分が思う適任者を周りに公言している――以前昇進が不当に見送られた人だったため、今回選んであげたい気持ちもあるが、上司と親しい関係にあることが気がかりだ。しかし、あなたが思う適任者もまた、偶然にもあなたが数年一緒に働いてきた親しい仲の相手である。

上記に挙げた4つのシナリオはどれも、世界中の職場で見られる日常的な問題である。どれほど些細なことに思えても、こうした状況に見て見ぬふりをしてしまえば、あなたはそのたびに不公正に加担していることになるのだ。

組織では日々たくさんの選択が行われているが、公正さという観点から見ると、それらが複雑な問題をはらんでいることも多い。誰かが「それはフェアじゃない！」と主張しているのを耳にしたら、どれほど小さな問題に見えたとしても、組織で不正が起きているのではないかと注意しよう。誠実なリーダーになりたいのであれば、黙って傍観しているだけではいけない。

1歩踏み出して、公正な結果が得られるように積極的に変化を起こしていかなくてはならないのだ。では、先ほど紹介したような場面に遭遇したとき、どうすればそのような変化を起こせるのだろう？

「権力」をどう使うか?

Everyday Justice

権力は組織に影響をもたらすものであるが、扱い方が少々厄介だ。ニュースの見出しではあらゆる形の職権濫用が大々的に報じられ、権力がネガティブなものと捉えられることも多い。

しかし、権力は組織の不正を正すためにまず必要なものでもある。公正な組織づくりは、「公正とは自分たちの手で生み出すものだ」というリーダーの信念から生まれるからだ。「妖精の粉」のような不思議な力がおのずと組織に降ってくるわけではない。リーダーが確信と勇気を持って、リーダーシップという権力を発揮しなくてはならないのである。

そのためには、権力とは具体的に何なのか、どのように働くのかをしっかりと理解する必要がある。

私は過去に著書『Rising to Power: The Journey of Exceptional Executives』（未邦訳）のために行った調査で、より上級の役職に昇進したリーダーが、その役職で成功するか失敗するかを決定する要因を探ろうとした。過去何十年にもわたって、そうしたリーダーの約50～60％が、昇進後の1年半で仕事がうまくいかなくなっている。

調査結果でもっとも驚きだったことの1つは、彼らのきわめて深刻な職権の悪用が、スキャンダル記事の見出しにあるような、倫理に反してでも利益を得ようという利己心によるものではなかったことだ。

もっとも深刻な職権の悪用とは、権力を行使することを恐れるあまり、あるいは権力を保ちたがるあまり、かえってその**権力を放棄してしまうこと**だったのである。批判を恐れてか周囲に好かれたがってか、そうしたリーダーは「イエスマン」になって人の意見に従うばかりとなり、自分の権力を放棄してしまった。しかしそうなると、従業員が得られるリソースは少なくなり、組織のフォーカスはぼやけてしまう。

彼らはそうした失態の原因をこう正当化していた。

部下に平等さをもたらそうと――自分は大切にされている、自分もチームや会社の一員である、と感じてもらおうと――した結果だと。それゆえ優柔不断になり、意思決定に多くの人を巻き込みすぎて身動きがとれなくなってしまったのだ。彼らは部下のパフォーマンスが悪くても改善に努めず、えこひいきをし、秘密を打ち明けてロイヤルティを稼ぐなどして、言わば組織に大惨事をもたらしたのである。

データからは、ほとんどのリーダーが自分の権力を効果的に活用する心構えができていなかったことがわかる。

調査対象者のうち、67%が昇進前の仕事からなかなか離れられていないと回答した――これは過去の成功にしがみつき、先行きの見えない挑戦を避けている証拠だ。また60%が、実際に自分が持っている以上の権力があると思われている事実に悩んでいた。さらに50%が、より上の役職における政治的なしがらみによって、仲間を信頼して共に働くことが一層難しくなっていると回答した。(注94)

組織内ヒエラルキーにおける今の立場では、自分の力は限られているとお思いだろうか。

それはよくある誤解だ。

組織における権力というのは、会社が定めた権限や役職以外にもさまざまな形で存在している。我々の調査結果からは実際、どの階級のマネージャーであっても、主に以下の3つのような形で影響力を持てることがわかっている。これらの力は、不正を正し、誰かの活躍を手助けする際に役立つものだ。

【地位の力】

これはあなたの役職に正式に与えられた意思決定権限を指す。予算管理、部下のパフォーマンスマネジメントやキャリア形成、管理体制の構築、組織の重要な会議や意思決定プロセスへの参加、といった権限だ。

ほとんどのリーダーが、自分の役職が持つ地位の力を過小評価している。何人ものCEOが「組織で一番権力を持たないのが自分であるように感じる」と言っているのを耳にしてきた。このように感じてしまう原因の大半は、協力関係が強く求められる昨今の職場においては、地位の力が及ぶ範囲に限界があるためだ。

組織の不正を正すもっとも効果的な方法の1つは、変化を起こせるだけの権力を持つことである。決してそれが唯一の方法ではないが、自分がリーダーを務めるチームや部署において公正を為すには、地位の力は強力な基盤となるだろう。

【関係性の力】

コネや交友関係も大きな影響力を持っている。あなたが築き上げた信頼や、誰かの成功に貢献して公正を為したこと、そしてあなたの信頼性、聡明さ、仕事のしやすさ、サービス精神、善意といった評判は、どれも必要な変化を起こす際に活用できる重要な力となる。

【情報の力】

多くの企業では現在もまだ情報が力に比例すると考えられている——情報を持っている者は力があり、情報を持っていなければ力がない、といった具合だ。しかし最近では、ほとんどの情報はいつどこでも手に入るため、多くの情報を持つことには意味がなくなってきている。大量のデータが存在するこの時代においては、情報だけでなく、洞察力も併せ持っていることが重視されるのだ。情報の解釈という新たな力の形が、山のような情報のノイズを切り分けて進む手助けとなる。

こうした3つの力を備えれば、あらゆる場における不公正を正す準備ができたと言える——あとはただ、どこでそうした問題が起きているのかアンテナを張るだけだ。

組織内の不公正を見つける手助けとなる問いを以下に挙げよう。

■活躍やスキル研鑽の機会がないと感じているメンバーがいたら■

どんなプロジェクト課題があれば、彼らは学びを得られ、活躍を認めてもらえるだろうか。

地位の力を活かしてそうした課題をつくろう。

関係性の力を活かし、手助けしてくれそうな人物に引き合わせよう。

情報の力を活かし、チームメンバーの才能が組織のどの部門でもっとも発揮できそうかを伝えてあげよう。

■自分の声やアイデアに耳を傾けてもらえないと悩むメンバーがいたら■

肩身が狭い、自分たちは重要な存在ではないと感じているグループはいないだろうか。

地位の力を活かして彼らの悩みを聞き出し、彼らに代わって上層部に訴えよう。

関係性の力を活かして彼らに寄り添い、意見を軽視された経験について話を聞こう。

情報の力を活かし、彼らの声の重要性・耳を傾けないと取りこぼす組織への価値を伝えよう。

■成果に対するアカウンタビリティを求められているにもかかわらず、そのための環境やリソースが与えられていないと感じているメンバーがいたら■

「初めから失敗が決まっている」と感じているチームや従業員はいないだろうか。どの組織も、部下や従業員に対して「達成できなくても大丈夫」と言いながら実力以上の成果を求め、実際にそのような成果が出せないとペナルティを与えている。

地位の力を活かし、上層部のリーダーにこうした状況に対する疑念を呈そう。

関係性の力を活かし、リソース不足のグループや従業員がサポートを得られる手助けをしよう。

情報の力を活かし、なぜ成功できないのか、どうすれば現況を改善できるかアドバイスしよう。

■組織でハラスメントを行っている人がいたら■

周囲に対する敬意に欠け、過剰なまでに厳しく、自分の利害のために部下や同僚を利用しているリーダーや従業員はいないだろうか。

地位の力を活かし、人事制度を使って彼らに自分の行動に対する責任を持たせよう。もしそのプロセスがうまくいかなかったら、直接フィードバックを与えるとよい――相手が自分より上の人間であってもだ。

関係性の力を活かして彼らと親密になろう。そして信頼を得て、ハラスメントを行う背景理由を深く知り、彼らの言動が周囲にどのような影響を与えているかを話せる立場になろう。

情報の力を活かして、ハラスメントを受けている側の従業員に対し、ハラスメントを行っている人をより深く理解する、あるいは効果的に立ち向かう方法をアドバイスしよう。

公正さというレンズを通して、従業員が不公平に扱われていると感じてしまう原因に目を向ければ、組織のどこで不平等さが生まれているのかを見つけることができる。

あとは自ら進んでそうした状況に目を向け、行動を起こすだけだ。あなたもまた、不公正さの根源とその影響を受けている人々のあいだに立ちはだからなくてはならない。「完璧な組織などない」「どうせ変わらないことに首を突っ込んでキャリアを棒に振りたくはない」「それは私の仕事でも担当でも責任でもない」などの言い訳は通用しない。

あなたの目に入る範囲で何か不公正なことが行われていたら、それを解決しなくてはならないのだ。許容できない状況があるのなら、行動を起こさなくてはならない。

ひとりひとりがこうした行動を取り始めれば、社内、業界内、さらにはもっと広い範囲で、より公平なアカウンタビリティ制度がもたらされ、人々のベストな働きを解放できるだろう。さらに、非倫理的な問題行動のリスクを大幅に減らすことができれば、組織の誠実さも強化される。

漸進的な改善でもかまわない。

私の調査で得られた統計からは、アカウンタビリティにおける公平性、つまり自分の貢献が尊厳をもって公正に評価されていると感じる従業員の割合が20%でも向上すれば、組織の誠実さも12%高まるということが明らかになっている。

フラットな環境を整える

Everyday Justice

2020年5月25日、ミネアポリスに住む黒人男性ジョージ・フロイド氏が、同じくミネアポリスの白人警官デレク・ショービン氏によって殺害された。彼の死をきっかけに、世界中で人種差別に対する強い憤りが巻き起こった。何百万人もの人がデモに参加し、彼の死を捉えた恐ろしい映像が至るところでスクリーンに映し出された。長らく待ち望んでいた最後の審判がついにもたらされ、世界中の人々が、我々を苦しませてきた根深い人種差別に立ち向かう心構えができたかのように思えた。多くの企業は使命感から、人種差別を非難する声明を出した。

しかし、ただデモに参加したり声明を出したりするだけでは、決して具体的な行動を起こしたとは言えない。怒りは最初のきっかけにすぎないのだ。本当の意味で平等な環境を整えるためには、我々の周りの体制や関係性における不平等を根絶しなければならない。

私は組織に不公正をもたらす体系的な不平等がどのように生まれているのか、そして何より、どうすればその不平等をなくすことができるのかを理解しようとした。

そこで、ダイバーシティ、エクイティ&インクルージョン分野で名高い専門家であり、2018年に『Erasing Institutional Bias: How to create systemic change for organizational inclusion』(未邦訳、アシュリー・ディアス・メヒアス氏と共著)を出版したティファニー・ジャナ博士に、バイアスや特権がアカウンタビリティ制度に与える影響について聞いた。アカウンタビリティのあるべき姿を説明するにあたって、彼女はこの問題の核心に迫る2つの挑発的な疑問を呈した。

私が皆さんの組織にいたとして、見た目にかかわらず、ほかの人と同じように成功するチャンスを与えてもらえるでしょうか? 男性、女性、白人、黒人、ヒスパニック、アジア人、LGBTQ、身体的障害、見た目にはわからない障害、出身校に関係なく、皆同じようにサポートやチャンスが得られ、成長に向けて人から注目されるような課題が与えられ、ほかの従業員と等しい昇進の機会が与えられているでしょうか?

アカウンタビリティにおける公平性を為すとは、こうした問いに、あなた個人としてだけではなく、組織として「イエス」と答えられるようにすることです。しかし体制というのは人の手で作られたものである以上、そこにはすでにバイアスが存在しています。

例えば従業員の採用プロセスにもしばしばバイアスがかかっている。権力者の母校やつながりに基づく採用が多いからだ。同じ出身校やつながりの輪にいる人ばかりを採用し、昇進させ続けていると、このループはさらに助長されてしまう。ジャナ博士はこう述べている。「採用担当者は少数派の人々を、昇進にあたって『特別な支援』が必要な存在として扱うべきではない。彼らの個性は会社全体に利益をもたらしうる付加価値と考えるべきだ」。

少数派の人だから雇いなさい、とは言いません。まずはその仕事に適した能力、もっと言えば、ほかの候補者よりも優れた能力を持っている必要があります。

しかし、候補者が何人かいて、そのうち3人は現在の社内で圧倒的多数派のアイデンティティを持ち、1人か2人だけが今の会社であまり見られないアイデンティティを持つ人であれば、こうしたアイデンティティは彼らの経験に加えて、修士号や博士号のような付加価値を持つものとなります。つまり、アジア人や黒人、女性やLGBTQというアイデンティティは、組織にずっと大きな広がり、深み、価値をもたらすものであり、彼らの経歴のひとつとして捉える必要があるのです。こうしたアイデンティティは、会社の多様性ノルマを満たすものとしてではなく、組織に唯一無二の価値をもたらしてくれるものとして優遇すべきなのです。

権力は自分の手で獲得するものだが、特権は勝ち取るものではなく与えられるものだ。肌の色やジェンダーといったアイデンティティも特権と言えるだろう――それによってほかの人が手にできない利益を享受できるからだ。

ただし、特権を持っているからといって悪意ある人間になることはなくとも、周囲にどのような影響が及んでいるかは理解しておかなくてはならない。強く健康な体であること、ある程度名の通った大学を卒業していること、特定の宗教を信仰していること、なども特権となりうるが、こうした特権を持つ人は「多数派」グループに属していることが多く、それゆえ自分が特権を手にしていることに気づきづらい。

こうした特権について人から何か言われると、途端に自己防衛心が働き、「今私が手にしているものはすべて努力で勝ち取ってきたものだ」と主張してしまいがちだ。しかしその結論はあまりに短絡的と言える。特権階級にいる人は、それが自分にとっての「標準」となっているがゆえに、自分が特権階級の人間であることに気づけない。標準になるということは、彼らにとって「当たり前」のものになるということだ。多くの企業でも職業的特権が見られる。例えばハイテク企業ではエンジニアが、有名ブランドを展開する企業ではマーケティング担当者が、急成長中の企業では営業担当者が、ヒエラルキーの強い会社では上層部の人間が特権的な立場となる。

重要なのは、そうした特権を持っているからといって、必ずしもエリート主義、階級差別主義、レイシスト、セクシストといった何かしらの主義者になるわけではないということだ。

あなたの特権が問題となるとすれば、その特権による想定外の影響を――自分が利益を享受する一方で、誰かにしわ寄せがいっていることを――認識できていないためである。

ジャナ博士は著書『Erasing Institutional Bias: How to create systemic change for organizational inclusion』（未邦訳）のなかで、組織における特権とバイアスに対処するにあたって、以下のことを自問して内省することを推奨している。

1　問題となっているのは、具体的にどの特権あるいはバイアスか？
2　そうした特権やバイアスによって、どんな影響を受けているか？
3　そうした特権やバイアスから享受している利益はあるか？
4　そうした特権やバイアスから傷つけられた経験、力を発揮できなくなった経験はあるか？
5　そうした特権やバイアスは、同僚や組織のステークホルダーにどんな影響を与えているか？
6　そうした特権やバイアスによって、利益を享受する特定の集団はいるか？
7　そうした特権やバイアスによって、傷つけられている、あるいは力を発揮できていない集団はいるか？
8　そうした特権やバイアスをなくすことは、その集団の助けとなるか？
9　そうした特権やバイアスをなくす試みに不安を抱く人はいるか？（注95）

問題が特定できたら、変化を起こすために自分はどんな役割を務めたいか、仲間に引き込める人はいるか、皆にとってフラットな環境を整えるためのムーブメントを起こすにはどうすればよいかを考えてみよう。

ジャナ博士は変化を起こそうとする志の高い人に激励を送り、次のことを推奨している。

……この旅路に乗り出す自分を愛しましょう。

組織におけるバイアスというのは、ときに非常に醜いものです。その影響に気づき、深く掘り下げていくと、もはや「目を背ける」ことはできなくなります。起きているすべてのことに対し、怒りや辛さ、疲弊も感じざるを得ないでしょう。

しかし、そんななかでも目標を見失わないことが何より大切です。この旅路におけるあなたのパーパスは、従業員みんなにとってよりよい機会をもたらすことです。強い気持ちでフォーカスを保ち、できる限り前向きでい続けなくてはなりません。(注96)

ジャナ博士の上記の言葉を裏付けるのが、アムステルダム大学が行った公正に関する綿密な心理学研究だ。研究から明らかになったのは、人間には「仲間であるほかの人間のために公正を求めようとする強い本能的欲求」が備わっているということだ。(注97)

組織はそうした欲求を満たす環境をつくらなければならない。

ここまで述べてきた通り、権力や特権は、実のところ組織に公正をもたらす手段なのだ。

次からはリーダーが影響力を持つもう１つの項目、失敗の扱い方について見ていこう。

失敗から生まれる公正

Everyday Justice

「失敗から教訓を得るべきだ」「イノベーションのために失敗は早いほうがいい」こう言うリーダーには数えきれないほど出会ってきた。こうした発言が本心であれ、いくら聞こえのよい決まり文句であれ、私はこう断言しよう――組織の誰も、あなたが本気でそんなことを言っているとは思わない。あなたの見えないところで呆れた顔をしているぞ、と。とはいえ、失敗は大なり小なり組織のなかで日々起こっている。その価値を活かす方法を知れば、驚くような形で公正と誠実さがもたらされる。

１９５０年代にＩＢＭ社のＣＥＯであった、トーマス・ワトソン・シニア氏の伝説的な話を紹介しよう。

彼は戦後の経済急成長に賭けて、需要もないのに大量生産を続けた。販売パイプラインが確定していない状態で商品の製造や保管を続ければ、売上がないまま資金を消耗する一方だ。取締役会はワトソン氏のやり方に異論を唱え、退任を求めさえした。

ひとつひとつの取引が会社を左右する状況だった——同社のキャッシュフローを健全に保つためには、在庫を減らさなくてはならなかった。そのような状況下で、100万ドル（約1億円）近い政府契約の一般競争入札があった。残念ながら、その件を担当していた若手の営業員は競争に負けてしまった。彼は辞表を手にワトソン氏の執務室を訪れた。何があったのかと尋ねるワトソン氏に、彼はすべてを説明した。話し終えると、説明する機会をくれたことに礼を言って立ち去ろうとした。そこでワトソン氏は彼に辞表を返してこう言ったそうだ。

「こんなものを受け取る理由はない。君の教育に100万ドル投資しただけの話だろう」（注98）

ワトソン氏は失敗が持つ計り知れない力をしっかりと理解していたのだ。このストーリーは同社で語り継がれることとなった。誰かが失敗したとき、ワトソン氏のような不屈の精神を持って対応できたらいいのに、とほとんどの人が思うだろう。しかし、実際に彼のような行動を取ることができる人がどれだけいるだろうか？

私は2020年半ばに、ハーバード・ビジネス・スクールの教授であり、『恐れのない組織——「心理的安全性」が学習・イノベーション・成長をもたらす』（英治出版）の著者であるエイミー・エドモンドソン氏にインタビューを行い、心理的安全性と失敗から得られる教訓の関連性について話を聞いた。彼女は自身の研究結果から得られた知見について、こう語った。「組織における失敗のうち、実際に叱責に値する失敗――避けられるはずだった失敗――はどれくらいあるかと役員に尋ねると、ほとんどの場合、4～5％といった低い値が返ってきます。しかし、実際に叱責されている失敗はどれくらいあるかと尋ねると、彼らはばつが悪そうに笑いながら、『8～9割』と答えるのです」。

エドモンドソン氏は、失敗から学びを得てほしいというリーダーの言葉のほとんどが本心だろうと認めてはいる。失敗が起きたあとに、入念な、しばしば費用もかかる調査を行っている会社が多いことからも、彼らが学びや改善の機会をもたらしたいと強く願っていることがわかる。ただし彼女はこのように述べている。

「失敗が二度と起きないように」と、粗探しをして責めることばかりに目を向けてしまえば、従業員が安心して失敗を認められない、ましてや学びを得ることもできない状況が知らず知らずのうちに生まれてしまいます。さらに、アカウンタビリティ制度が適切に機能しておらず、従業員に求めるもの、報酬、ペナルティなどから、この組織では努力しても相応の評価が得られないと感じさせてしまえば、彼らの不安を煽り、無力感を抱かせてしまいます。

そのような環境では、誰も自分の失敗を正直に認めようとはしなくなります。

エドモンドソン氏の話は第7章、従業員が難しい問題やリスキーなアイデアについて自由に口にできる環境をつくるにあたって、心理的安全性が果たす役割について述べた章でより詳しく紹介する。

先ほど少し触れたように、失敗することが「初めから決まっている」と従業員が感じている場合、そうした失敗はとりわけ不愉快なものとなる。多くのリーダーが、高い水準を設ければ従業員のパフォーマンスが向上すると考えている。しかし、達成できないほど高い水準を設けると、従業員のパフォーマンスや士気はかえって下がってしまうのだ。

私が過去に行ったインタビューの1つにまさにそのような事例があった。

「完璧さ」の呪縛

ある大手企業で働くリーダーに、彼の上司、つまりCEOについてどう思うか話を聞いたところ、彼は「私が何をどうしても、CEOは絶対に満足しません。みんな頑張っても意味がないと思い始めています」と語った。一方、当のCEOがどう考えているのか話を聞いたところ、「部下にはがっかりさせられてばかりです。いつもそう。私が求める基準は高いんです。だからこそ今この結果が出せているんです」と答えていた。そうした高い基準が意図せぬ結果を生んでいることを彼女に伝えたところ、部下が自分の期待に応えてくれない原因が、まさか自分にあるとは思いもしなかったと言っていた。

過剰なまでに高い水準を求める完璧主義の経営者は、何も彼女だけではない。ある調査によると、高いパフォーマンスを発揮している役員の35%が、自身の完璧主義的な傾向によってうまくいかなくなることがわかっている。(注99) リーダーが抱える不満を燃料にして、自身や部下をより大きな達成に焚き付けることもできるだろう。しかし、不満をよい方向に活用するためには、伝えるタイミングや程度をわきまえなくてはならない。また、高い基準を設ける際には、そこに到達するためのサポートも提供する必要がある。

部下の能力を信頼していることを伝えよう。彼らが取るべき行動を明確に示し、あなたの求めるものは至って現実的であることを理解してもらおう。成功したか失敗したかにかかわらず、あなたに認めてもらいたいという彼らの気持ちを尊重しよう。あなたにどう評価されているか、部下が不安を感じているようであれば、それはあなたが完璧さを求めるあまり、彼らを継続的に批判、軽視しているからである。

部下と部下の貢献、両方を大切に考えているのだと伝えよう。

完璧主義が生んだ失敗にもっとも苦しんだ組織の1つがアメリカ軍だ。

ここでは海軍上級士官であり、特殊部隊チームの司令官であるエリック・ニーハイム少佐の例を取り上げよう。彼は『The U.S. Naval Institute on Leadership Ethics』(未邦訳)のなかで自身の失敗談について記した。以下は彼が寄稿した「完璧を求めるリーダーシップの問題（Zero-defect leadership is the problem）」という章からの抜粋だ。

> 2つの戦争における作戦のプレッシャーと、完璧な人間でいなければというプレッシャーが相まって、軍服を脱いでいるときには判断力が乏しくなりました。大量飲酒などの問題行動を取るようになり、今の地位を失ってもおかしくない状態となりました。
> リーダーたちが私にしっかりと目を向けて、倫理・行動に関する教育を提供し、精神衛生や情緒の安定に関するリソース提供を会議で決定していなければ、私は自分が破滅の道を歩みつつあることに気づかないままだったでしょう。(注100)

ニーハイム氏は、失敗について話し、自分の行動を反省し、そこから学びを得る「安全な空間」があったことで、失敗を克服して成功につなげることができたと述べている。また、自分も完璧さよりも誠実さや向上心を称えるリーダーになってはじめて、自身の信念や価値観、仲間に対するコミットメントを深めることができたとも示唆している。

彼の素晴らしいところは、勇敢にも自分が直面した組織文化の問題を指摘し、自身のリーダーシップを通じて、失敗が汚名と捉えられる環境を変えようとしている点だ。

失敗を排除しようという軍全体での努力が、パフォーマンスの低下や個性喪失といった意図せぬ結果を生んでしまいました。より具体的にいうと、軍の誰もが失敗を恐れていたために、リーダーは部下に「失敗から学びを得て成長しなさい」と教えることができなくなったのです。誠実さに重きを置き、失敗を成功につなげるような文化は築かれず、部下は完璧を求められるプレッシャーにしばしば押し潰されていました。

こうした威圧的なプレッシャーによって、史上最高の海軍になろうという我々のゴールは挫かれてしまったのです。(注101)

上記でニーハイム氏は、アカウンタビリティと誠実さの直接的な相関性を示している――この2つはセットなのだ。

さらに彼は、失敗を許さない過剰な完璧主義を克服するために必要なプロセスについても述べている。まず必要なのは、失敗は恥じるべきものではなく、成長や改善を促す独自の価値を持つものだと再定義することだ。求めるべきは完璧さではない。

次に、失敗を成功につなげられるような安全な空間づくりに努めなくてはならない。失敗は反省を促し、反省は自己認識を促し、自己認識は状況への適応を促し、適応によってパフォーマンスの改善がもたらされる、と伝えることが大切だ。

ニーハイム氏はさらに、こうした改革によってもたらされた重要な変化についても触れている。

トップの成績を収めていたある下士官は、隊のパフォーマンスを完璧にしなければと必死になるあまり、非常に悪い状況に陥ってしまった。アルコール関連の問題行動を含む違反行為をいくつか行い、司令官としての立場を追われてしまったのだ。彼は、完璧さを追い求めなければというプレッシャーが、自身の失敗につながったことに気づいていなかった。

その後の訓戒プロセスのなかで、彼は自分が必要としていた助けを得ることができ、失敗から学びを得て成功につなげ、状況を180度変えるための旅路に乗り出した。自身の行動によって危うくキャリアを棒に振るところだった彼は、地位を取り戻して新たな司令官の役職に就くことができた。ニーハイム氏はこのように述べている。

「彼が再び活躍できるようになったのは、リーダー陣が彼の失敗を、成功に向けた踏み台として捉えてあげたからだ(注102)」

不公平は日常的。だから変える機会にあふれている

残念なことに、多くの企業が失敗に対して両極端な反応を示している。特段影響がない失敗として無視するか、致命的な失敗と捉えるかだ。そこから学びを得るよう促される機会はほとんどない。ニーハイム氏の経験やアプローチは、過剰なまでに高い水準が求められるリスキーな状況であっても、失敗をアカウンタビリティにおける公正につなげられる環境づくりの方法を示して

いる。

デューク大学フクア・スクール・オブ・ビジネスでコーチ・K・センター・オン・リーダーシップ・アンド・エシックス（Coach K Center on Leadership and Ethics）の理事を務め、世界中の経営者やスポーツ指導者・軍事指導者と共に働いているサンイン・シアン氏にインタビューを行ったところ、彼女は失敗の重要性に関する深い見解を語ってくれた。

失敗をどう扱うかというのは、リーダーと部下の関係性と切っても切り離せません。リーダーが部下を成功に導けるかどうかは、部下にベストを発揮してほしいと望んでいるか、そのことを口にせずとも部下が理解しているかにかかっています。そのように望むリーダーは、部下に力を与えるようなフィードバックを定期的に提供し、大惨事になる前に歯止めをきかせること、かつ成長を促すことができます。大幅な軌道修正よりも、少しずつ軌道修正していくほうが簡単なのです。とはいえ、深刻な失敗が本当に大惨事となるのは、そこから何も学ばなかったときだけです。我々はリーダーとして、部下の失敗の原因が自分にもないか、誠実に向き合わなくてはなりません。求めるものを明確に示せていたか。適切なリソースを与えられていたか。部下がまた前を向いて頑張れるように思いやりを示せているか。

ほとんどの場合、失敗の原因は本人だけにあるものではありません。失敗を生んだすべての要因に目を向けなくてはならないのです。子どもが失敗したときにパフォーマンス改善計画書を作成するような親はいないでしょう。子どもと向かい合って座り、何があったのか、そこからどんな学びを得て成長できるか、優しく話し合うはずです。リーダーも部下に対して同じように接し、失敗を成功への第一歩と捉えるべきです。厳しさと優しさの両方を持ちましょう。高い水準を求めつつも、思うように物事が進まないときには思いやりを持って寄り添いましょう。イノベーションや試行錯誤、新たなアプローチを試す積極性、挫折したあとのレジリエンスを求めるのであれば、失敗を尊重することが必要不可欠です。

皆さんはこう思われるかもしれない。失敗に対して思いやりを示してしまうと、求める基準を下げることや低いパフォーマンスを許容することになってしまうのではないかと。

しかし実のところ、そうした思いやりはむしろパフォーマンスの水準を高めるのだ。失敗した人をただ責めることは簡単だが、そうすればほぼ確実に自信を失わせてしまう。あなたの反応に対する恐怖や怒りを抱かせてしまえば、次回の改善はほとんど見込めないだろう。

失敗を許して成長を促すことは決して簡単ではないが、そのような行動を取ることができれば、今後のより一層高いパフォーマンスは約束されたも同然だ。過ちを正す際、あるいは不平等に立ち向かう際に力を行使するのと同じように、思いやりを持って失敗を扱うことも勇気が必要だ。日々の公正につながる道は、型破りなリーダーシップによってしか生まれないからである。

組織における不公正は、あまりに日常的なものであるがゆえに、きっかけがなければその不公正を正す必要性に気づけないことも多い。意識的に探して見つけなくてはならないのだ。

本当のリーダーは、誰かが肩身の狭い思いをしたり不当に扱われたりしているような状況に気づいたとき、自ら進んで立ち向かい、そうした過ちを正そうとする。全員が等しく成功のチャンスを得られるようにする。自分の力を活用して、全員がベストを発揮して活躍できるよう手助けする機会を積極的に探し求める。知らず知らずのうちに誰かを不利な立場に追いやってしまうような特権をなくそうとする。そして、誰もミスを隠さなくて済むように、失敗から学びを得るための安全な空間づくりをパーパスとして掲げている。

あなたに会社全体のアカウンタビリティ体制を変える権限がなくとも、周囲の環境をより公正なものにする機会はあるはずだ。

鍵となる教訓

——第5章のまとめ

□ 組織の公正においてもっとも大切なのは、ミスを隠したり人を貶したりすることではなく、過ちを正し、失敗から学びを得ることである。

□ 尊厳ある公正な組織づくりのためには、ひとりひとりが互いにアカウンタビリティを持たせられるように行動しなくてはならない。

□ 組織のリーダーは、公正に向けたコミットメントの証として、誠実さと公平性への確固たる信念を表明しなくてはならない。

□ 誠実なリーダーでいるためには、組織で起きている不正について積極的に話し合い、日々の問題行動に目を光らせることが必要である。

□ 50〜60%のリーダーは、昇進後1年半以内に仕事がうまくいかなくなっている。こうした失敗は意外なことに、権力の行使を恐れるあまり、あるいは権力を保ちたがるあまり、結果的にその権力を放棄してしまうことによるものである。

□ 組織における権力とは、必ずしもヒエラルキーによって生まれるものではない。地位によって得られる力もあるが、関係性の力や情報の力もまた、より公正な組織づくりのために活用できる重要な力である。

□ 組織のどこで不平等さが生まれているかを知るためには、公正さというレンズを通して、従業員が不当な扱いを受けていると感じる原因にフォーカスする必要がある。

□ 組織内の公正を成し遂げる手段として権力や特権を活用するには、まずは問題を特定し、変化を起こすために自分はどんな役割を務めたいか、仲間に引き込める人はいるか、皆にとってフラットな環境を整えるためのムーブメントを起こすにはどうすればよいかを考えるところから始まる。

□ 組織内の失敗は、特段影響がない失敗として無視されるか、キャリアに影響を与える致命的なものと扱われるかのどちらかである。しかし、エリック・ニーハイム氏のようなリーダーは、失敗をアカウンタビリティにおける公正につなげられるような環境を整えている。

3

ガバナンスにおける透明性

Transparency in Governance

Trustworthy Decision Making

第 6 章

信頼感ある意思決定

意識すべきこと

透明性を向上させることで、
チームの意思決定プロセスは
どのように改善するか?

透明性のあるガバナンスとは?

Trustworthy Decision Making

アウトドアウェアを取り扱うアパレル企業、パタゴニアは、熱心な登山家であるイヴォン・シュイナード氏によって1973年に創業された。

彼は若い頃に鍛冶のスキルを学び、自分用にピトン（登山の際、岩壁に打ち込む金属製のくさび）を作った。するとのちにほかの登山者から、彼ら用のピトンも作ってほしいと依頼が入るようになった。シュイナード氏と彼のビジネスパートナーは、自分たちの作るピトンは何度もハンマーで岩壁に打ち込んだり抜いたりを繰り返さなければならないため、岩を破壊してしまっていることに気づいた。

そこで持続性のある代替案として思いついたのが、ハンマーを使って岩壁に抜き差しする代わりに、手で押し込むことができるアルミ製のチョックだ。チョック事業はじきに成長し、ピトン事業の売上を上回るようになった。このピトンからチョックへの移行は――すでに成功していたビジネスをあえて廃止し、まだ真価が問われていないビジネスに乗り換えたことは――「困難であっても正しいことをする」という、企業としてのコミットメント実現に向けたシュイナード氏の第一歩であった。(注103) こうした企業精神と高品質な製品が功を奏し、パタゴニアは長年にわたり世界でもっとも称賛される企業のひとつとなった。(注104)

創業当時から同社に勤め、さまざまな重役を務めてきた同社の企業理念ディレクターが、ヴィンセント・スタンリー氏だ。彼はシュイナード氏と共著で『レスポンシブル・カンパニー：パタゴニアが40年かけて学んだ企業の責任とは』(ダイヤモンド社)を出版している。(注105)

私は彼にインタビューを行い、パタゴニアについての話、特に彼が同社の歩みにおいてもっとも困難な転換点として挙げた、オーガニックコットンへの移行について詳しく伺った。事の始まりはボストン店のオープンだった。従業員が原因不明の頭痛を訴え始め、開店の祝賀ムードから一転、暗雲が立ち込めたのだ。スタンリー氏は先の著書のなかで次のように述べている。

店内の空気を調べたところ、空調システムから排出されるホルムアルデヒドによる中毒症状が発生していることがわかった。当時の我々には、ホルムアルデヒドといえば「生物の授業で見た、羊の心臓と一緒に瓶づめされていた化学物質」くらいの認識しかなかった。通常なら、頭痛を無くすために空調システムを修理するという対応を取っただろう。ところが店内で確認されたホルムアルデヒドのそもそもの発生源は、コットン製品の生地の縮みやシワを防ぐために工場で加えられる仕上げ工程にあることが判明したのだった。(注106)

同社が調査を行ったところ、ホルムアルデヒドは癌などの健康被害をもたらすことが判明した。そこで同社はコットン製品の製造工程を部分的に変更して、ホルムアルデヒドの使用を大幅に抑える方法で防縮加工を行った。

大抵の企業はこれで「企業としての責任は果たした」とするだろう。しかしスタンリー氏によると、同社はこの件をきっかけに、仕上げ工程だけでなく製造工程全体を見直すことにしたという。「正直なところ我々は、製品に使用されているコットンがどこで生産されているのか、どのように紡績されているのか、まったく認識できていませんでした」。そこでこれらを調べることとしたのである。

１９８０年代後半から環境問題に真剣に取り組み始めていた同社ではあったが、このホルムアルデヒドの一件でその動きは一層加速した。１９９１年には衣料製品に使用するすべての繊維が環境に及ぼす影響を測るため、大規模な調査を委託した。

調査結果は以下のような壊滅的なものだった。

コットン栽培用の土壌を用意するにあたっては、コットン以外の有機生物を死滅させるため、リン酸エステル（人体の中枢神経系に害を及ぼしうる）が散布される。1度そのような処理を行った土壌は完全に死んだ状態となる（殺虫剤無使用で5年間が経過するまでは、健全な土壌であることを示すミミズが戻ってこない）。このような土壌でコットン栽培を行うには、化学肥料を大量に使用する必要があり、コットン畑から流れ出した雨水はデッドゾーン海域を大幅に拡大する。コットン栽培に使われる畑は世界中の耕地面積全体のわずか2・5％だが、農業全体で使用される殺虫剤の15％、農薬の10％を吸収している。こうした化学薬品のうち、実際に害虫に効果を及ぼすのは約0・1％である。

……コットン畑から排出される温室効果ガスは二酸化炭素換算で年間1億6500万トンにのぼる。コットン畑は一般的に悪臭を放ち、化学物質によって焼けるような目の痛みと胃のむかつきを引き起こす。カリフォルニアのような霜の降りない地域でコットン栽培を行うには、あらかじめ農業機で除草剤のパラコートを空中散布しておかなくてはならない。しかし、狙った通り自分のコットン畑に噴霧されるのはその約半量である。残りは隣接する農地に降りかかって堆積し、川に流れ込む。(注107)

コットンが人体や地球に及ぼしている害を知ってしまった以上、製品に使用するコットンをすべてオーガニックに切り替える以外の選択肢はなかったとスタンリー氏は語る。

1つには、単純に自分たちの行いについて誠実でいなければと思ったのです。

こうした恐ろしい化学薬品の25％が耕地全体のわずか8％で消費されているというのは、割合としても不釣り合いですし、不必要だと認めなくてはと。第二次世界大戦以前は、このような方法でコットン栽培が行われていたわけではありませんでした。しかし今では、バスの車内で窓を開けていなくても、ホルムアルデヒドの匂いを感じ取り、焼けるように目が痛む（社員らは調査のため実際にコットン畑の見学ツアーに出向いている）。

それが我々の行動を変えるきっかけとなったもう1つの理由です。人は自分の価値観に反する事実を提示されると、より一層自分の価値観を固持して、そうした事実から目を背けがちです。しかし、経験は人を変えます。ここで言う経験とは、あなたの世界に対する見識を広げ、世界観を変え、なんらかの形であなたのマインドを成長させてくれるもののこと。

我々の場合、社員など重要なステークホルダーが実際にコットン畑を訪れた経験によって変わることができました。この経験は我々にとって重要な転換点となったのです。

1994年の秋、パタゴニアは同社の衣料製品に使用するコットンを、1年半以内にすべてオーガニックコットンに切り替えるというコミットメントを掲げた。(注108)

素晴らしい取り組みに思えるが、1つ問題があった。既存の仲介業者は十分な量のオーガニックコットンを供給することができなかったため、同社はオーガニックコットンを栽培している数少ない農家を世界中から探して直接やりとりしなくてはならなかったのだ。さらに、繊維工場や紡績工場といったコットンの加工業者を説得して、同社の製品用コットン――比較的少量の取り扱いであった――の加工前後には機械の洗浄を行ってもらうことも必要だった。同社やパートナー企業は、コットン生産のサプライチェーン全体に変革を起こさなくてはならなかった。

しかし1996年にはこれを達成した――パタゴニアで扱うコットン製の衣服は、すべてオーガニックコットンを使用したものに置き換えられたのだ。

現在のパタゴニアは、生産過程における意思決定の透明性と持続可能性もコミットメントに掲げており、2007年から「フットプリント・クロニクル」という双方向コミュニケーション型のオンラインポータルを活用している。ありきたりな、もはやただの定型表現と化してしまった「企業の社会的責任」にとどまらない取り組みを行いたいという思いで、デザインから繊維の選択、染色、製織、倉庫への配送に至るまで、同社製品のライフサイクル全体を顧客やパートナー企業に知ってもらおうとこのプロジェクトを立ち上げたのだ。今日に至るまで、フットプリント・クロニクルでは約150製品のライフサイクルが追跡・公開されている。さらにフットプリント・クロニクルの始動には、ガバナンスにおける真の権限移譲の在り方が示されている。スタンリー氏はこう語った。

フットプリント・クロニクルには、予算もなければ「担当」部署もありませんでした。弊社の環境部門にはあえて2名しか人員を配置していません。従業員全員に、自分の仕事としてサステナビリティに取り組んでほしかったからです。

そういうわけで、ただたくさんの従業員が集まって、「素晴らしいアイデアだ、ぜひやろう」と始めたのがフットプリント・クロニクルでした。ほとんどボランティアみたいなものでしたが、参加者全員のバリューが反映されたプロジェクトだったからこそ、公開に至ることができました。従業員全員がバリューを見出すものは、会社もより全面的に押し出すようになります。パタゴニアで重視されているのは権限の分担です。従業員に影響がある意思決定を行う場合には、従業員自身もその決定に責任を持てるよう、意思決定プロセスに携わる必要があります。こうしてフットプリント・クロニクルは始動したのです。

ここまで見てきた通り、パタゴニアは創業当初から透明性と責任感を培ってきた。『レスポンシブル・カンパニー』からの以下の引用は、同社の企業精神を端的に表している。

責任ある企業《レスポンシブル・カンパニー》は、従業員に対し、手際がよく思いやりあるマネジメントを提供し、業績について率直に伝えなくてはならない。また、同一部門内だけでなく、必要に応じてほかの部門との協力も促し、常にプロセス改善に努めなくてはならない。さらに、上層部からの干渉やスケジュールの遅延を極力生じさせることなく、従業員が自由にワークフローを組めるようにしなくてはならない。加えて、過ちを起こした人に対しては、まずペナルティを与えずに注意しなくてはならない。(注109)

あなたならどうする？
もしあなたの会社の製品にパタゴニアと同じような問題が起きたら、あなたはどのような行動を取るだろうか？　パタゴニアの選択にリスキーな点はあっただろうか？

パタゴニアは透明性、ガバナンス、危機に直面した際に取るべき正しい行動の素晴らしい手本を示している。しかし残念なことに、すべての企業がそのような手本となれるわけではない。多くの企業が、自社商品が人体に害を及ぼしている、あるいは死に至らせているとわかったあとにも、パタゴニアのような行動を取れずにいるのが実情だ。そうした企業は、いとも簡単に逃げ道に走ってしまう場合がほとんどで、何十年も事実を隠蔽して、傲慢にも「自分たちは捕まるような企業ではない」と考えている。

そうした逃げ道を選んでしまうとどうなるのか、ある企業の例を紹介しよう（ネタバレになるが、この企業が取ったきわめて悪質な戦略は、最終的に壮大なブーメラン効果をもたらすこととなる）。

「目の前の真実」の重み

ウェストバージニア州ワシントンに、アール・テナント氏という酪農家がいた。

1996年7月、彼の飼っていた牛の半数が謎の死を遂げ、新たに産まれてきた子牛も奇形または死産であった。おかしなことに、ハゲタカすらもその死体を食べようとしなかった。原因不明の死に至っていたのはテナント氏の家畜だけではなかった――テナント氏が住んでいたドライ・ラン川近辺の地域では、鳥やシカ、ウサギといった野生動物の死骸も見つかっていた。

テナント氏はこれらの原因が毒によるものではないかと疑った。

最初のきっかけは、川の水面に泡立った緑のスライム状のものが浮いていたのを見つけたことだ。状況を訴えようと政府の保健機関をいくつかあたってみたが、どこも真剣に取り合ってはくれなかった。

そこで彼はビデオカメラを使って牛の死を詳細に記録した。病理学研究所で行われる実験のように牛の内臓を取り出したり、奇形で産まれてきた牛を撮影したりした。

こうして記録された数十のビデオテープとノートを箱詰めし、1998年10月、環境法を専門とするシンシナティの弁護士、ロブ・ビロット氏のもとを訪れて手渡した。ビロット氏は調査を行ったうえで改めて報告すると請け負った。(注110)

そのときのテナント氏は、まさかこれが世界最大手の有名企業との20年以上にわたる闘いの始まりになるとは予想もしていなかった。

調査に着手したビロット氏は、テナント氏の家と酪農場があるワシントンから約11キロメートル地点のウェストバージニア州パーカーズバーグに、デュポン社の工場があることを知った。その工場では多くの家庭用調理器具に使用されている、こびりつきを防ぐコーティング剤、テフロンが製造されていた。テフロンが発見されたのは1938年だったが、その撥水性や撥油性がさまざまな製品に適用できること、調理器具へのこびりつきも防げることがわかってから、1960年代になって商用に一般的に使用されるようになった。工場施設は巨大で、ペンタゴン（アメリカ国防総省の本庁舎の通称）約35個分の大きさだった。(注11)

ビロット氏が調査を進めたところ、オハイオ川の支流でありテナント氏の家畜が飲み水としていたドライ・ラン川は、テフロンの主な材料の1つであるペルフルオロオクタン酸（PFOA）、通称C8によって汚染されていたことが判明した。デュポンは何年間にもわたり、大量のC8を川に廃棄していた。

デュポン社内の研究者たちがこうした同社の問題を何度か告発しようと試みたが、そのたびに口を封じられていたこともわかった。デュポンは研究者の調査結果を環境保護庁に報告しなかった。報告は必須であったにもかかわらずだ。

しかし社内資料には1950年代まで遡る科学的調査が記録されており、C8の危険性や、研究所内の動物実験で発がん性が確認されたことが記されていた。1980年代後半には、C8が人体においても癌を引き起こした証拠が見つかっていた。これらの資料には、C8の製造工程から生じた廃水は決して公共用の水源に廃棄してはならないと訴える社内報告書も含まれていた。

熱心な環境問題専門家であるビロット氏は、ワシントン地域住民の窮状に心を痛め、テナント氏に代わって1999年の夏にデュポンに対する訴訟を起こしたが、すぐに困難に見舞われることとなった。

環境保護庁とデュポンに調査を任命された獣医らは、テナント氏の家畜の死因を、彼の「飼育方法」に問題があったためだと結論づけた——牛は栄養不足の状態にあり、獣医の診察や害虫管理が十分になされていなかったとの調査結果を出したのだ。(注112) 加えてデュポン社はパーカーズバーグにおける主要な働き口であったため、テナント氏一家は地域住民から「自分たちの生活を左右する会社を訴えるとは何事だ」と反発を受けた。

しかし、こうした悲惨な状況に晒されても彼らは屈しなかった。

包括的な医学調査、自身の健康危機、原告の死などを経て、報酬もないまま闘い続けたビロット氏は、15年以上の歳月が過ぎてから、2017年についに勝訴した。裁判で支払われた、約3500人に及ぼした被害に対する補償金は6億7100万ドル（約671億円）にのぼった。

また、デュポンはC8に関する調査結果を隠蔽していたことにより、環境保護庁にも罰金を支払ったが、その額はわずか1650万ドル（約16億5000万円）だった。

現在C8は世界人口の98％もの体内に存在すると推定されている。[注113] このスキャンダルを基にしたネットフリックスのドキュメンタリー『The Devil We Know』（未邦訳）のなかで、環境ワーキング・グループのケン・クック氏が語った言葉はまさに的を射ている。

「人類を汚染したことに対する適切な罰金の額はわかりませんが、1650万ドル以上であることだけは確かでしょう」

ウェストバージニア州の町で失われた命と生活は、金に代えられるものではない。補償金によって被害者の痛みと苦しみが癒されることも、数えきれないほど多くの人々が味わった長年の苦労が埋め合わされることもない。それでもこうした結果が得られたことは、公正のために情熱を尽くす人がいれば、不正の隠蔽は決してまかり通ることはないと証明している。

この企業ぐるみの不法行為を暴くための闘いがきっかけとなり、ビロット氏は『Exposure: Poisoned water, corporate greed, and one lawyer's twenty-year battle against DuPont』（未邦訳）を執筆するに至った。また、先ほど紹介したネットフリックスのドキュメンタリーに加え、このストーリーが基となった『ダーク・ウォーターズ　巨大企業が恐れた男』という映画も公開され、ヒットした（ビロット氏役は俳優マーク・ラファロ氏が演じている）。

私はビロット氏にインタビューを行い、なぜデュポン社の悪質な行為がこれほど長きにわたって続いたのか、長期化した困難な法廷争いのなかでも正義感を失わずにいられたのはなぜか、詳しく話を伺った。彼は以下のように語った。

さまざまな理由が組み合わさってのことです。テナント氏に出会えたことは光栄でした。彼は強い熱意を持って、何かとてつもなくおかしなことが起きていると訴えていました。実際、その問題は勘違いやグレーゾーンなどではなく、明確に存在するものでした。対処や入念な調査が必要不可欠でした。こうした事情が私自身の考えと結びついたのだと思います。

みんな事実を目にすれば、きっとわかってくれる、理解してくれると。私がデュポンのCEOを失脚させたシーンが映画に描かれていますが、そのときでさえ、私のゴールはただ彼に事実を突きつけることでした。彼のファイルに記されていた内容を――実際に起きたことなのだと――現実のものとして受け止めてほしかったのです。

ここ数十年は、それが挫けずにいられた理由でした。事実を公表して、私が資料のなかで、医学調査のなかで、科学のなかで目にしたものを、すべての人の目に晒すことができればと思ったのです。しかし、そうしたひどい事実に直面しても、町民はまだ反発しました。このプロセスには何か間違いがある、もしくは仕組まれていると。彼らはこの種の医学調査としては最大規模の7年にわたる調査結果を否定し、こんなことは一度も起きたことがないと言ってのけたのです。

事実を前にしてもまだ、これほど必死で否定しようとする人々の姿に、私はただ驚くばかりでした。

加えて、なぜ彼の闘いがここまで厳しいものとなったのか、企業のリーダーがこのスキャンダルから得るべき教訓は何かを尋ねた。彼は当時を冷静に振り返り、こう答えた。

デュポンには科学企業としての誇りがありました。優れた科学力を持つことで名が知られていたのです。規制当局で採用されていた科学的プロセスも、多くはデュポンが発明したものでした。環境保護庁が設立されるずっと前から同社は活躍していたのです。環境保護庁の設立は1970年ですが、同社のハスケル研究所はその何十年も前から存在しており、世界トップクラスの科学者を何千人も採用していました。実際、毒性学という研究分野を確立させたのはハスケル研究所です――動物を使ったサンプリング方法、試験の実施方法、実験結果を適切に読み取る方法などは、同研究所が発明したものでした。ですから環境保護庁の設立当時、デュポンは庁の科学者に研修を行うメンターのように捉えられていました。

このような歩みの中で「我々こそが科学企業である」という過剰な自信が培われた結果、彼らはこう考えるようになりました。「科学に関することで、我々の発言を疑う余地などあるわけがない」と。ですから、同社の科学者が下した結論、あるいは科学者の見解に基づいて社員が下した結論に対し、一般人が疑問を呈するというのが、彼らにとっては理解不能だったのです。「この分野を確立したのは我々だ。その我々の見解が誤っているなどと、よく言えたものだな」と。基準や試験方法など、ひとたび体制が構築され、その体制に沿って運用や判断が行われるようになると、「あなたがたの見解は間違っている」という第三者からの指摘は非常に受け入れがたいものとなるのです。

ただ、時が経つにつれ、初期のデュポンに見られていた科学とビジネスの区分けはぼやけ始め、突如として科学がビジネス上の利益を追い求めるためだけのものとなってしまいました。純粋な科学探究のための科学が、収益追求のための科学となったのです。ですから彼らは、自分たちに都合の悪い結果が出そうな調査はもはや行わなくなりました。

これほどの成功を収めて傲慢になってしまうと、人の意見に進んで耳を傾けることができなくなります。デュポンの顧問弁護士ですら、同社が裁判においてどれほど不利な状況にあるかをメールで忠告し、苛立ちを露わにしましたが、同社は聞く耳を持ちませんでした。

単純な言い方に聞こえるかもしれませんが、リーダーは心を開いて人々の声に進んで耳を傾けなくてはなりません。自分たちに都合のよいデータばかりを集めて、都合の悪いものは無視するようではいけない。必要があれば――正しいと信じているものも含めて――状況全体を進んで見つめ直さなくてはならないのです。

組織に必要なのは、「これまで通り」の体制を維持しなくてはならない、という考えを持たないリーダーです。「これが私たちのやり方だ」というような精神のリーダーは、自らを危険に晒していいます。複雑な問題に対し、リーダーが「もしかしたら見方を変えないといけないのかもしれない」という精神を持って取り組まなければ、深刻な事態に陥りかねません。

また、あなたが目の前の事実を受け入れようとしなければ、誰もあなたの考えと相容れないデータを提示しようとはしなくなります。そうなれば非常に深刻な事態となります。

ウェストバージニア州のたった1人の酪農家が、自分の声やデータに耳を傾けさせることができたということは、声を上げる意思さえあれば、どれほど長い時間がかかったとしても物事は変えられるということだ。そして、状況を変えようとしたビロット氏の正義感と情熱、猛烈な抵抗に遭っても耐え抜いた精神は、すべてのリーダーにとっての手本となる。

このストーリーから得られる教訓はこれだけではない。

デュポンが見境なくもたらした被害は、テフロンに限ったものではなかった。何年間にもわたる同社の重大な過失、彼らがもたらした被害、数々の違反行為による罰金は、すべて詳細に記録されている。(注114) 現在デュポンは企業としては消滅したも同然で、各事業がその他多くの企業に吸収され、デュポンのブランドを保持しているのはそのうち小さな1部門のみとなっている。かつて神聖化されていた企業の遺産は、彼ら自身が世界にもたらした被害によって永久に泥を塗られることとなった。

3つの要素

パタゴニアとデュポンは、透明性あるガバナンスに関する両極端な例を示している。あなたの組織の姿勢は、この2つのどこか中間地点にあるだろう。

しかし、もしもデュポンの傲慢さや、事実から目を背ける姿勢と比較して、自分たちのリスクを小さく見積もっているようであれば――「そこまでのスキャンダルになるようなことは絶対にないな」と考えているのであれば――あなたはすでに下り坂を転がり始めている。

デュポンのような、自分の罪を認めない姿勢は、私たちとも決して無関係ではないのだ。実のところ、我々は成功を収めているときほど自分の過ちに気づけなくなる。強い確信を抱いているときほど、第三者の精査を受けるべきなのだ。

透明性のあるガバナンスとは、ただ意思決定のプロセスを可視化することではない。明確さ、機敏さ、思いやりを伴うものである。これら3つが組み合わさると、意思決定に対する信頼性が生まれ、組織全体で自信を持ってその方針を実行に移すことができる。

では、各自に与えられた権限の範囲を明確にし、ときに対立するさまざまな意見を素早く引き出し、決定事項によって影響を受ける人がその内容に納得して当事者意識を持てるよう、彼らに寄り添いつつ決定事項を伝達するためには、どのような意思決定システムを構築すればよいのだろう？

こうした一見基本的な要素が悲しいほど欠けている状況では、多くの人が苛立ちのあまりこぶしを振り上げ（たい気持ちになっ）てしまう。しかし、こうした要素を備えた意思決定システムを構築できるかどうかはあなた次第なのだ。

明確さ

「誰が、何を、どの程度」を把握

Trustworthy Decision Making

ガバナンス部署には大きな改善の余地があると種々のデータが示している。例えば２０１１年にマッキンゼーが世界中の役員２２０７人を対象に行った調査では、自分たちの戦略的方針は失敗よりも成功が多いと回答したのはわずか28％、失敗と成功の頻度は同じくらいと回答したのは60％であった。また、よい意思決定はほとんどなされていないと回答した人も12％いた。(注115)

意思決定の能力がミーティングに反映されていると考えれば、こうした統計的結果も驚きではない。ミーティング・キング（Meeting King）が２０１４年に行った調査によると、我々はミーティングに年間３７０億ドル（約3兆７０００億円）の資金や労働時間の3分の１以上を費やしているが、従業員の47％がミーティングをもっとも無駄な時間の使い方であると考えているという。その証拠に、70％の従業員がミーティング中にほかの仕事を持ち込み、39％が居眠りをしている。(注116)

幸い、こうした事態を抜け出す方法もある。お察しの通り――明確さと誠実さを持つことだ。先に紹介したマッキンゼーの調査によれば、意思決定の質向上に必要なのは、データ分析能力の改善ではなく、バイアスをなくし、従業員を誠実な対話に巻き込んだ効果的な意思決定プロセスだという。このようなプロセスを構築するには、細かな部分まで目を行き届かせなくてはならない。数えきれないほど多くの意見を1つにまとめ、団結力と透明性のある、効果的な意思決定プロセスを構築するには、相当な努力を重ねなくてはならないのだ。

しかしここまで見てきた通り、そうした努力を怠ってしまうと悲惨な結果がもたらされる。幸いなことに、わずかな進歩でも得られる成果は大きい。我々の統計モデルからわかったことは、ガバナンスの有効性が23%でも向上すれば、つまり、誰がどのように意思決定を行っているのか組織全体が理解できていれば、従業員が誠実な行動を取る傾向が10%高まるということだ。

では、実際に何から始めればよいかを紹介しよう。

効果的なガバナンスを構築するための最初のステップは、あなたがリーダーを務める組織において、実際にどのような意思決定がなされているかを特定することだ。私が顧客と共にガバナンスの健全性を判断する際には、彼らの組織で行われる意思決定を以下の3つのカテゴリーに分類するところから始める。

・企業としての意思決定

これには、会社のビジョンや方向性の設定、社内トップリーダーの任命、会社のバリューや文化の定義、社会的評価の管理などが含まれる。

・戦略上の意思決定

これには、会社が行う投資、サービスの提供対象となる顧客層、技術や設備等への資本的支出、従業員全員が遵守しなければならない経営理念の設定などに関する決定が含まれる。

・業務上の意思決定

これには、予算、商品開発・販売、人材管理（採用、解雇、昇進、能力開発など）、パフォーマンスの評価・管理などに関する決定が含まれる。

あなたの会社、部署、チームの規模や成長度合いによっては、これらの3つ以外のカテゴリーも考えられるかもしれない。重要なのは、どのような意思決定が行われているかを種類ごとに分けて考え、それぞれの意思決定に適切な人間が携われるようにすることだ。

それがまさに次のステップである。

つまり、意思決定を行う際、誰の意見を取り入れる必要があるかを理解することだ。多くの人がミーティングに参加しているのに、誰も発言せず、何も決まらない。重要人物が不在のまま意思決定がなされたせいで、何度も何度も修正が必要となる、あるいは最初から説明し直す羽目になる。皆さんにもこうした経験があるのではないかと思う。

意思決定に携わるすべての人に、部署や自身の責任範囲を明確に認識してもらえるよう、決定権は慎重に分配しなくてはならないのだ。

誰に決定権を与えるかを決めるにあたっては、以下の2つのタスクが役立つだろう。

1つ目は、その意思決定が組織のどのレベルで行われるべきかを考えることだ。企業レベルの決定は、企業の中枢で行われるもので、組織全体で一貫している必要がある。部署・部門レベルの決定は、その部署や部門に応じて個別になされる必要がある。最後に、個人レベルの決定は、個人、チーム、特別な支援を必要とする従業員や顧客など、それぞれが持つ個性を尊重するためのものでなくてはならない。エンパワーメントに真剣に取り組もうとすれば、この点が必要不可欠だ。

2つ目のタスクは、意思決定にあたってどの部署間での連携が必要かを明確にすることだ。意思決定にはさまざまな部署の参加が必要となることも多い。例えば、イノベーションや商品のリリースに向けては、マーケティング部、営業部、研究開発部、製造部の連携が必要になるだろう。あるいは急成長中の企業においては、有能な人材を獲得・保持するために、部門間で人材について会議を行う必要があるかもしれない。重要なことは、こうした部門間協力が必要となる意思決定を、できる限りシームレスで効率的なものにすることだ。

これら2つのタスクが完了したら、次は定期的にミーティングを行っている各グループが、具体的なパーパスに基づく方針を掲げられているか、自分たちに与えられた権限の範囲や使えるリソースを明確に把握できているかを確かめよう。

過去に私の顧客であったある多国籍企業は、経営チーム、事業チーム、地域担当チーム、国担当チームに分かれていたが、残念なことにどのチームも同じような仕事を行っていた。損益管理から従業員採用、顧客関係管理まで、すべての仕事がすべてのチームで重複して行われていたために、従業員は皆苛立ちと混乱を感じており、ミーティングを行えばいつも言い争いになる始末だったのだ。

どのグループの代表者も、本来自分たちの仕事であるはずのものをほかのグループが行って駄目にしている、と文句を垂れてばかりだった。そこで組織改革のために、各グループは自分たちにしかできない独自の業務に集中するよう指示された。ビジネス上の戦略や優先事項の設定は経営チームの担当となった。採用、顧客、マーケティング関連の業務は事業チームの担当となった。地域チームと国チームは、損益管理、顧客関係管理、各地域に合わせた戦略目標の設定を担当することになった。ミーティングにあたっては、各チームのアジェンダは自分たちの担当項目にのみ焦点を絞ったものとなり、必要な決定権やリソースもこれらの担当項目に応じて分配された。

アジェンダはミーティングの数週間前に発表され、各チームのアジェンダに担当項目以外が含まれていた場合には削除された。

ここまで述べた通り、効果的なガバナンスを構築するには、細かな部分まで慎重に考えて体制を練らなくてはならない。

組織の一体化を図りたいのであれば、時間をかけて入念な体制構築に取り組もう。今やらなければあとになって苦しむことになる。今この作業を最優先で行わなければ、そこから生まれるフラストレーションや混乱、反発に後々悩まされることになるのだ。ガバナンス体制が明確なものであれば、組織全体で一貫性のある意思決定プロセスを構築することができる。(注117)

機敏さ——連携と柔軟性

Trustworthy
Decision Making

どのグループが何を決定するのか、そのためにどんな権限やリソースを与えるべきかがわかったら、次はそれらを効果的に結びつけて調整しよう。どのグループも単独で意思決定を行っているわけではなく、多くの場合は互いに協力し合って実行に移している。連携に必要な要素を2つ紹介しよう。

まず、従業員が仕事のリズムを掴みやすくなるよう、ミーティングの頻度を定めなくてはならない。短期的な戦略目標を管理しているチームであれば、短時間のミーティングを頻繁に行う必要があるだろうし、長期的な戦略目標にフォーカスしているチームであれば、頻度を少なくして1回のミーティングにより長い時間を割いたほうがよい。毎週決まった曜日に定例ミーティングを行うことで連携強化を図っている企業もいる。また、企業ガバナンスに関する年間スケジュールを立てて、組織全体のミーティング予定を公開すれば、いつ誰がどんな意思決定を行っているのか、従業員が把握しやすくなる。

先ほど紹介した多国籍企業では、ミーティングのスケジュールは各グループが適切に連携し、情報共有できるように設定されていた。頻度は月1回、時間は2時間。経営チームは第1月曜日、事業チームは第2月曜日、地域担当チームは第3月曜日、国担当チームは第4月曜日にミーティングを行う。各グループが自分たちの仕事に集中できるよう、ほかのグループから意見や情報があった場合にはすぐさま共有された。また、ほかのグループに影響を及ぼす決定がなされた場合には、迅速に決定事項が共有された。

こうした取り組みによって、進捗状況、戦略目標の変更、他グループの業務内容など、最新の情報も把握しやすくなった。

次に、各グループ間の連携に必要な情報共有について考えよう。

各グループのミーティングにおいては、「今後こういった動きや流れになるだろう」という情報が持ち込まれ、それに基づいて決定や結論が出される。これらのインプットやアウトプットは、ほかのグループの意思決定にとっても重要な情報となる。グループ間の情報の受け渡しが、いつ、誰によって、どのように行われるかを明確に決めることで、組織として一貫性を保つことができ、混乱や衝突を避けられる。情報共有の方法には、グループのメンバーにほかのグループへの連絡係を務めてもらう、ミーティング後のアップデート内容を簡潔にまとめて必要な相手に送る、決定事項やミーティングの議事録がリアルタイムで投稿されるオンラインポータルを活用する、などがある。また、共有カレンダーなどガバナンスの透明性を促すテクノロジーを活用して連携を行えば、いつ誰が意思決定を行っているのか、およびその決定に至った背景を組織全体が理解することができる。(注118)

最後に、複数のグループが一堂に会する際は、そこで行われる対話にきわめて柔軟に対応しなくてはならない。

もし彼らが集まった際の対話が「組織的演劇（ミーティングの決定事項は事前に一部の人間のあいだで合意に至っているのに、ミーティングを開くことで情報に透明性を持たせて、全員で決定に至ったかのように見せかけること）」に成り下がってしまえば、従業員は皆、信頼に値する誠実な情報は会議室の外でしか得られないと考えるようになる。こうした社内文化においては、会議室の中で行われる対話は信頼できないという暗黙の了解が生まれてしまうのだ。

私の顧客であったCEOの1人は、こうしたリスクへの対策として、複雑な意思決定を行う際には「ファクトベースの対立意見」を用意するようチームに求めている。想定されるすべての意見に対し、あえて事実に基づく反論を述べさせるのだ。人は事実を自分の都合のいいように解釈して利用することに長けている。であれば、それを陰で話させるのではなく、チームメンバー全員の前で話させればよい、とCEOは考えたのだ。

彼の賭けは成功した。チームは以前よりも熱意（と敬意）を持って対立意見について話し合えるようになり、全員が納得できる意思決定を行えるようになった。またこの取り組みによって、従業員の「自信があるふりをする癖」が改善され、それによる問題も軽減された。この「自信があるふりをする癖」は、多くの組織文化で、とりわけ特定の方針やイニシアティブを支持・擁護するリーダーによって、無意識のうちに助長されているものである。

あなたの組織文化で、自信と確信に満ちた人ほど評価が高くなっていないだろうか？

意思決定の場に競争が持ち込まれていないだろうか？

自分の意見に自信が持てない人間は弱者だとみなされていないだろうか？

戦略立案、予算計画、人材管理などのプロセスにおいては、はからずも「自分に与えられない特権がほかの人に与えられてしまう」という誤解が生じる場合がある。自信のある人間が評価される環境でそのような誤解が生じれば、自信があるふりをすることが生存競争の要となってしまうのだ。競争的な職場に関する調査からわかったことは、競争的なプロセスについて不安を抱えた場合、従業員が非倫理的な言動を取る傾向が高くなり、自分の求めるものを得るために話を脚色する場合もあるということだ。(注119)

思いやり

——綿密なコミュニケーションと傾聴

Trustworthy Decision Making

もしあなたが伝えづらい報告、あるいは重要な決定事項を伝えなくてはならない立場になったら、報告を受けた相手がその内容をどのように解釈するか、あらゆる可能性を想定しておこう。


前向きに受け入れられる点は何だろうか？

心配や怒りの種となりそうな点は何だろうか？

誤解を生みそうな点はあるか、その誤解を避けるためにはどうすればよいだろうか？

あなたが一番伝えづらいと感じているのはどの点だろうか？

その点に関して、動揺させないように曖昧な言い方をする可能性はあるだろうか？

自分もその決定に納得していないからといって、やる気のなさを正当化したり、決定事項に伴う負担から逃れようとしたり、衝突を避けようとしたりしていないだろうか？
意思決定が遅すぎたことや、問題悪化を食い止められたはずの情報を無視したことについて、申し訳ないと感じているだろうか？

もしそうであれば、自分の責任を認め、必要があれば謝罪をしよう。傷つくことを避けて自分を守るよりも、誠実に向き合って信頼性を勝ち取るほうが、はるかに大きな価値があるはずだ。うわべだけを取り繕ったところで、相手にはすぐに見抜かれてしまうのだから。

効果的な情報共有ができたら、次の重要なステップは傾聴だ。驚くほど多くのリーダーが、伝えづらい情報を伝え終えただけで、「これで自分の仕事は終わった」と安心しきっている。ここからが始まりだというのに。彼らは情報を伝えることだけがコミュニケーションだと誤解している。「コミュニケーション」を成立させるには、相手に理解してもらうことが不可欠なのだ。

そのためには、相手がその情報をどのように受け取ったかを知る必要がある。さまざまな性格や考えを持つ相手と積極的に対話を行い、自己防衛心や否定的な態度は出さずに、彼らの苛立ち、非合理的な解釈、理不尽な要求に耳を傾けなくてはならない。

そうすれば、彼らも「あなたに話を聞いてもらえた」と感じられるだろう。彼らの意見に同調したり、すべての要求に応えたり、売られた喧嘩を買ったりする必要はない。ただ彼らの言葉を理解し、寄り添うことが肝要なのだ。

なんだか大変そうだな、とお思いだろうか？　その通りだ。明確さと機敏さと思いやりのあるガバナンス体制を構築するのは決して簡単なことではない。20人から成る部署であっても、2万人の従業員を抱える会社であっても、日々繰り返し行われる意思決定や定例会議でリーダーが直面することは共通しているだろう。

だが希望を手放す必要はない。意思決定に携わる人間ひとりひとりが、自身の正直な意見を口にでき（その対極は全員がひとつの意見に同調してしまう「集団思考」だ）、反対意見を気兼ねなく積極的に表明し、全員が同じ情報源を平等に活用でき、その情報を自由に共有できる環境においては、ガバナンスの質は飛躍的に向上する。(注120)

次の章では、これらすべてを取り入れたプロセスの構築方法をより詳しく紹介する。特に、心理的安全性の重要性と、心理的安全性の活用による「声を上げられる」文化の養い方を重点的に見ていく。このような文化においては、従業員は自信を持って自分の考えを全面的に表現でき、最高のアイデアを推進することができるようになる。

鍵となる教訓

——第6章のまとめ

□ 組織が透明性を確保できれば、どれほど悲惨な状況も乗り切ることができる。パタゴニアはその一例だ。彼らは従来製法のコットンの有害性を認識してすぐ、販売する衣料品にはオーガニックコットンのみを使用するという方向転換を行い、無事にその転換を乗り切ることができた。

□ 透明性のあるガバナンスとは、ただ意思決定のプロセスを可視化することではない。明確さ、機敏さ、思いやりを伴うものである。これら3つが組み合わさると、意思決定に対する信頼性が生まれ、組織全体で自信を持ってその方針を実行に移すことができる。

□ 意思決定プロセスを構築する際には、以下の3点を含める必要がある。

（1）明確さ：意思決定に参加している人が、各自に与えられた権限の範囲を理解していること。

（2）機敏さ：話し合いの場においてさまざまな意見を迅速に取り入れること。

（3）十分な思いやり：決定事項を伝達する際には、その決定により影響を受ける人々が納得し、当事者意識を持てるようにすること。

□（1）の明確さに関しては、まずは組織内でどのような類の意思決定が行われているかを認識し、それぞれの意思決定に応じて、誰の意見を取り入れるべきかを考えよう。また、定期的にミーティングを行っている各グループが、具体的なパーパスに基づく方針を掲げられているか、自分たちに与えられた権限の範囲や使えるリソースを明確に理解できているかを確かめよう。

□（2）の機敏さに関しては、意思決定に必要な権限やリソースが与えられているグループ間の効果的な連携を促進しよう。まずは従業員が仕事のリズムを掴みやすくなるよう、ミーティングの頻度を定めなくてはならない。次に、各グループ間の連携に必要な情報共有について考えよう。最後に、これらのグループが一堂に会する際は、そこで行われる対話にきわめて柔軟に対応しよう。

□（3）の思いやりに関しては、すべての決定事項に関して、報告を受けた相手がどのように受け止めるかをあらかじめ想定しておくべきである。

決定事項をうまく伝えられたあとは、相手の意見に耳を傾け、理解と寄り添いを示そう。

Cultivate Spirited Voices and Welcoming Minds

第 7 章

「活気ある声」と「ウェルカムマインド」を育てる

意識すべきこと

反対意見や厳しいフィードバック、
型破りなアイデアを受け入れるには?

活気ある声に満ちた文化を育てる

Cultivate Spirited Voices and Welcoming Minds

過去数十年にわたって、従業員の声に関する研究が注目を集めている。「従業員の声」とは、行動科学分野の用語で、従業員が自分のアイデアを自由に共有でき、かつ不正行為、ほかの社員の素行の悪さ、差し迫った問題などについて、躊躇なく自分の意見を述べられる状態を指す。こうした研究の多くは、誰かが声を上げていれば、あるいはそのような声に耳を傾ける人がいれば、避けられた可能性がある大惨事に焦点を当てている。

例えば1986年のチャレンジャー号爆発事故や2003年のコロンビア号空中分解事故は、NASA内ですでに認識・提起されていた問題を無視したことによって起きた。(注121)また、2010年にBP社の石油掘削施設、ディープウォーター・ホライズンが起こしたメキシコ湾原油流出事故は、「組織的かつ既知の過失」によるものであり、今日に至るまで史上もっとも深刻な環境災害の1つとされている。(注122) 近年では2019年から、世界中に計387機存在するボーイング737MAX型機の一部で、機材の不具合による墜落事故が相次いで発生した。試験飛行を行った操縦士やボーイング社のエンジニアですら、この新型航空機の問題点を指摘していたにもかかわらず、それらの警告は2つの墜落事故で多数の死者が出るまで無視されていた。(注123)

これらの事例はすべて、問題を把握した際に惨事を防ぐための対処をすべき立場の人間が、そうしなかったことで起きている。情報がうまく伝わっていなかったのだろうか？　それとも目標達成を最優先し、問題が起きる可能性を切り捨ててしまったのだろうか？　本章ではこれらの問いに対する答えを探っていく。

というのも、あまりに多くの組織において、従業員の声が発信されてから受け取られるまでの過程で問題が生じ、悲惨な結果が起きてしまっているからだ。

「声を上げる」ことの現状

これまで従業員は沈黙を貫くことも多かったが、最近では「権力に対して真実を語る」という動きが注目を集めている。これは活動家団体や政治団体、人権擁護団体などが絶対的な信頼を置いている理想のコンセプトであり、勇敢な市民が政治的リーダーたちに対し、彼らが見落としている、あるいは目を背けている、受け入れがたく厳しい真実を伝えるというものだ。このフレーズ自体はもともと、1950年代に出版された『Speak Truth to Power: A Quaker search for an alternative to violence』（未邦訳）に登場するクエーカー教徒に由来しているが、こうした行動は時代を問わず幾度となく見られてきた。しかし悲しいことに、権力に対して真実を語った人々の多くは悲惨な結末を迎えている――不公正や不祥事、さらには犯罪行為に対する注意喚起を試みた結果、彼らは自身のキャリアや評価、さらには生活まで犠牲にすることとなったのだ。一方で権力者たちは、自らの悪行が白日の下に晒されても、腹を立てて報復するか、無視するか、責任を逃れようとするばかりだった。

しかし多くの人が一斉に声を上げ、仲間が増えることで、安心・安全が得られ、状況が飛躍的に改善する場合もある。少し前にあった#MeToo運動を思い出してみよう。これはハリウッドや政界をはじめとする多くの業界で常態化していた性的暴行について、女性が続々と公表し、権力者たちを失脚させたというものだ。また、チェコスロバキアでは1989年、主に学生から成る団体の抗議・交渉活動によって、共産党の一党独裁制が解消され、40年ぶりに誕生した非共産党政権への平和的移行が行われた。わずか6週間のあいだに起きたこの出来事（ビロード革命）は「静かな革命」とも言われている。

ただし、特に組織においては、集団で抗議活動を行っても大した成果が得られない場合も多い。さらに言えば、従業員の考えや活気に満ちた声を促すガバナンス体制が構築されていれば、そうした団体抗議活動は本来不要なはずなのだ。

前章で述べたように、多くの組織が、毎日無数の従業員を集めて会議室やオンラインでミーティングを開き、問題解決、新たなアイデアやコンセプト、重要な決定事項や情報などについて話し合うというガバナンス体制を取っている。こうした対話の場に参加する際に、全員が自分の声を全面的に表明でき、優れたアイデア、批判、課題、懸念点などを共有できるガバナンス体制を構築したいのであれば、まずは組織内のヒエラルキーや部門間の壁を越えて、活発な議論が自由に行われる環境を整えなくてはならない。

ただし忘れてはならないのは、こうした活発な議論においては、意見を聞く側の人間にウェルカムマインド——受容的な心や思考——がなくてはならないということだ。すべての意見に同意・黙従すべきという意味ではない。心を開いて耳を傾けることが重要なのだ。リーダーは、従業員がリスクを恐れずに、安心して真実を語れるようにしなくてはならない。活発な議論と受容的な姿勢という2つの基本が成り立っていなければ、どんなに緻密に設計されたガバナンス体制もいずれ崩壊してしまう。

従業員が声を上げない理由としてもっとも多いのが、「報復が怖い」または「声を上げても意味がない」というものだ。従業員は声を上げるリスクについて考えるとき、「自分のキャリアや生活にどんな影響が及ぶか」(注124)「誰も大して気に留めないであろうことを、あえて自分が指摘する必要はあるのか」と考える。

悲しいことに、こうした問いに前向きな答えが出ることはほとんどない。これは彼らだけでなく、彼らのリーダーの問題でもある。従業員は何かしらのレッテルを貼られることや報復を受けること、除け者にされること、あるいはもっとひどい事態になることを恐れている。こうした懸念はどれも、組織に対する帰属意識が欠けることで生まれる。所属するコミュニティにおける人間関係や立場が危険に晒されることを考えると、誰も本心を語ろうとはしなくなるのだ。そのような危険を取り除くのがあなたの仕事である。

コミュニケーションや人間関係がうまくいっていない組織が大きな壁に直面すると、当然組織内の対立はますます深まり、コミュニティ崩壊の危険性が高まる。まえがきを書いてくれた社会心理学者のジョナサン・ハイト氏にインタビューを行ったところ、彼は人間の協調性と対立性について、以下のような考えを語ってくれた。

私の考えでは、我々はある意味、生物の設計上の制約をはるかに超えた生き方をしていると思います。人間という種族は、30人から、多ければ150人ほどの集団で生きられるように進化を遂げた部族であり、なんでもグループ化することに長けています。だからこそ対立や戦争も絶えず起きてしまうわけですが、グループを作って生活ができるということは、血がつながっていない相手とも協力できるということです。家族以外と大きな群れをなして協力し合える動物は、人間しかいないのです。なんとも奇跡的ですよね。

こうした我々の部族的習性には、良い面も悪い面もあります。何の脅威にも晒されていない調子の良いときには、部族は至ってオープンな性質を持っています。実際の部族も、貿易や金銭の取引、同盟や協力関係といったものに関心があるのです。

一方、彼らはひとたび脅威を感じ取ると、自陣に撤退して防壁を築くようになります。部族主義は、「先の見通しは明るい、皆に分配できるだけの豊富な資源がある」と感じられるときには、大して問題にはなりません。しかし、「ペナルティをくらう、株価が暴落する、規制当局の監査が入る」などといった場合には、途端に部族全体で守りの体制に入るのです。

紀元前5世紀、誰もが人を信用できないような戦乱の時代に、歴史家トゥキディデスはこのようなことを述べました。「1つの問題をあらゆる観点から考えられるようになった結果、人は行動を起こせなくなってしまった」と。これはまるで自分の部隊に対し、「慎重な人間は私のもとを去れ。行動できない人間はいらない。やれと言われたことをただやればいい。考えるな。小さなことを気にして物事をややこしくするな」と言っているようなものです。部族が内輪で団結すると、実際にこのような考えを持つようになります。我々の思考は、心が開かれているか閉ざされているかによって大きく左右されるものです。心を開かせてくれるものに接すると、我々は聡明かつ協力的になれる。

しかし一方、我々が心を閉ざす要因となるものもあります。我々は、脅威を感じれば感じるほど閉鎖的になるのです。

組織において、従業員に心を開かせ、協力させ、真実を語らせることは、普段でさえ非常に難しい。困難な状況に陥ったとなるとなおさらで、皆反射的に心を閉ざしてしまう。これは絶えず変化と技術革新が起きているこの世界において大きな問題だ。ここで、困難な状況に直面した際、従業員の心を開かせることでその逆境を乗り越えた、ある会社の素晴らしい例を紹介しよう。

声を出し合い、聞き合う

現在ボストン・サイエンティフィック社およびアボット社の共有事業部門のひとつとなっているガイダント・コーポレーションは、コミュニケーション不足の組織から「従業員の声」を重視して取り入れる組織へと生まれ変わるための輝かしい手本を示している。

事の始まりは1993年、当時イーライリリー社の1部門であり、1994年に事業分離によってガイダント・コーポレーションとなったアドバンスド・カーディオバスキュラー・システムズ(Advanced Cardiovascular Systems, ACS)の社長兼CEOに、ジンジャー・グラハム氏が任命されたことだった。彼女が会社を引き継いだ当時、業績は悪化の一途を辿っており、各主要部署は会社史上かつてないほど激しい対立状態にあった。研究開発部と製造部は互いに口をきくことすらなかった。経営陣は多くの約束を履行せず、社内の士気は完全に下がりきっていた。グラハム氏は過去5年間で4人目のCEOだった。就任後まもなく、グラハム氏はアメリカ支部の販売員の前で講演をすることになった。この販売員らも、ほかの多くの従業員と同じように大きな不満を抱いていた。彼女は「これから私が講演をする相手は、何の根拠もなく私に対する不信感を抱いている」と理解していた。そのうえで、ただ彼らを適当にあしらうのではなく、きちんと真実を伝える必要があると考えた。そこで彼女はこう語った。

「この会社はかつて、医療機器産業における重要企業の1つとして、素晴らしいイノベーションや評価を重ねてきた。しかし今はもうその面影はない。誰もがそのことをわかっている」、と。彼女の言葉は会場全体をどよめかせた。「これまで何度も、ACSはとても素晴らしい会社だと耳にしてきましたが、正直なところ、私にはそうは思えません。私の目に映るのは、下がりきったモチベーション、幻滅した顧客、責任のなすりつけ合いです。研究開発部と製造部は実質戦争状態にある。あなたがた営業部は製造部が悪いと言う。研究開発部は営業部が悪いと言う。社内の誰もが互いを責めることに必死で、何も成し遂げられない。顧客が腹を立てるのも当然です(注125)」。

驚くことに、こうした厳しい言葉は素晴らしい効果を発揮した。グラハム氏が自ら進んで真実を認めたことで、販売員らは安心感を覚えたのだ。

彼女は、少なくとも当面は彼らの信頼を得ることができたと感じ、この流れを利用して「上層部のマネージャーから貨物搬入担当のスタッフまで、社内の全員が気兼ねなく真実を語れる文化をつくる」というコミットメントを掲げた(注126)。グラハム氏は、会社がいかに情報不足の状態にあるかに気づいた。ヒエラルキーの上層部や下層部で何が起きているのか、従業員はほとんど把握していなかったのである。こうした環境について、彼女は『ハーバード・ビジネス・レビュー』誌の記事でこのように述べている。

何も知らされず置いてけぼりにされた従業員は、事態を把握しようとして、自分なりの――ほとんどの場合ネガティブな――解釈をします。そして「この人が悪い」と思ったら、誰彼かまわず――大抵は経営陣を――責め立てます。何かおかしなことが起きていると、「自分が責められるのではないか」と不安になるからです。誰も現状について気軽に口にできないがゆえに、憶測が広まり、責任のなすりつけ合いが起き、自己防衛的な言動が取られるようになってしまうのです。(注127)

従業員が上層部からのコミュニケーション不足にひどく苛立ちを感じていることや、そうした苛立ちについてこれ以上フィードバックを募って大々的な調査を行っても意味がない（従業員は皆、自分たちのフィードバックにはどうせ対応してもらえないと感じていた）ことを認識した彼女は、抜本的な改革で状況を迅速に改善する必要があると判断した。

そこで彼女は、経営陣ひとりひとりにコーチをつけた……が、そのコーチは彼らより上の立場でもなんでもない、ただの平社員だった。彼らは率直なフィードバックを収集・提供するための研修を受けており、集めた意見をまとめて、自分がコーチングを担当する役員に提出することとなっていた。フィードバックには以下の項目が含まれていた。

・当該役員が発信する情報は、入手しやすかったか、明確か、信頼できるものであったか
・信頼できる意思決定が行われているか
・当該役員は従業員の懸念に耳を傾け、対処しているか

これらのフィードバックは年間を通して収集され、定期的に予定されている会議のなかで当該役員に共有された。自身の行動が従業員にどのような印象を与えているのか、具体的なフィードバックを受け取ったことで、役員の言動にはすぐに変化が見られた。

初めのうち、コーチは匿名でフィードバックを共有していた。しかし経営陣と従業員のあいだに信頼が育ち始めると、財務成績、商品開発の進捗、何が成功して何が失敗しているのか、といったことについて、普段からオープンな対話が行われるようになった。

従業員が多く集まるタウンホールミーティングでは、会社の目標達成の進捗がオープンに話し合われた。目標が達成できなかったときには、なぜ達成できなかったのか、失敗から学べることは何か、軌道修正のために何が必要か、従業員が納得するまで話し合われた。これらのミーティングにおいては、どんな質問も歓迎され、懸念点は議論の中心となり、経営層に対するフィードバックまでも促された。

グラハム氏は、ミーティング以外の場で起きた問題については上司が直接対応するよう指示し

た。どんな状況なのか、何をすべきかを伝えたうえで、部下に手を貸してほしいと頼むということだ。

真実を語り合える組織

グラハム氏が全階層・全従業員にとっての誠実な文化を築くために行ったのはこれだけではない。CEOとしての10年のあいだに、事例共有も彼女の取り組みにおける重要な要素となった。誰かが真実を語った際には、その素晴らしい事例を、年長者が焚き火を囲んで語り聞かせるように、経営陣が下の代の従業員に伝える。そしてその従業員は、またさらに下の代の従業員、特に新入社員に伝える。このようにして同社は、自分たちが今後も語り継いでいきたい社内文化をつなげていった。

加えてグラハム氏は、役員がフィードバックや指摘された欠点を受け止めやすくなるよう、経営チーム内で役員ひとりひとりにフィードバックを与えるプロセスを構築した。このプロセスでは、リーダーは1人ずつ「電気椅子」と呼ばれるものに座らされ、チームのほかのメンバーから、どういった点を改善すべきか、どのように改善すればよいかを伝えられる。これにより経営チームの役員であっても、謙虚かつオープンな姿勢を忘れず、組織の欠点について問いただす前に、まずは自分の欠点を認める必要があると心に留めておけるようになった。

グラハム氏の斬新かつ力強いアプローチの結果は、会社の業績に表れた。彼女の在任期間中、ガイダント社は爆発的な成長を見せ、市場占有率や売上総利益だけでなく、従業員の保持率や士気まで高まった。また、大幅な技術革新により、心臓・血管関連機器の分野で飛躍的な進歩も見せた。1994年には3億ドル（約300億円）だった売上は、2001年には27億ドル（約2700億円）まで成長し、従業員も1万人を超えた。

それ以降のガイダント社には、新たに降りかかる困難も確かにあった。しかし、グラハム氏のリーダーシップのもと行われた10年にわたる改革によって、同社は従業員が声を上げ、リーダーがその声を歓迎する文化を育てる方法を理解していた。

つまり、ヒエラルキーを逆転させて従業員から上層部へのコーチングを行うこと、従業員に真実を包み隠さず伝えること（従業員には「どうしようもない」ことであってもだ）、問題解決に向けて彼らの手助けを仰ぐこと、社内の慣習や事例共有において「真実を語る人」を称えること、真に開かれた対話の場や継続的なフィードバックによって誠実さに対するアカウンタビリティを持たせることだ。

あなたならどうする？

もしあなたがグラハム氏のコーチだったとしたら、彼女のCEO就任時の状況に対し、どのように対処すべきだとアドバイスしただろうか？　あるいはもし彼女の経営チーム

の一員だったとしたら、彼女の急進的な取り組みにどう反応しただろうか？　彼女のストーリーから見習いたい点はあっただろうか？

ここまでは活気ある声を育てることで得られるメリットについて見てきた。

ここからは、実際にそのような文化を育てるために重要な２つの要素、「安全性」と「スキル」について細かく見ていこう。

心理的安全性のなかで養われる活気ある声

Cultivate Spirited Voices and Welcoming Minds

「従業員の声」という概念には逆説的な性質がある。声を上げる責任は声を上げる人間にあるのに、変化を起こせるのは声を聞く側の人間だということだ（しかも、彼らがそうした声を歓迎するとは限らない）。

皮肉なことに、組織のヒエラルキーにおいては、もっとも力のない人間が、もっともビジネスチャンスや現在進行中の問題について指摘できる人間なのである。

先ほど第5章、失敗に関する項目で紹介したエイミー・エドモンドソン氏は、「心理的安全性」という分野を確立させた。心理的安全性とは、皆が自分の考えを自由に口にし、懸念点を指摘し、リスクの高いアイデアも共有し、軌道修正が必要な際や誰かの言動が許容できないものであった際に、率直にフィードバックできるような環境が整えられていることを指す。これは誠実な社内文化を育てる際の基本的な要素だ。

本書で紹介する4つの知見（アイデンティティにおける確実さ、アカウンタビリティにおける公正、ガバナンスにおける透明性、グループ間の一体感）において、我々が特に着目したのが心理的安全性だった。心理的安全性が各要素においてどのような役割を果たすのかを調査したところ、心理的安全性があるかないかによって、従業員が真実を語り、公平な行動を取り、より大きなパーパスを掲げるかどうかに20～35％の差が見られた。つまり心理的安全性がなければ、嘘、ずる、利己的行動のリスクがそれだけ高くなってしまうということだ。

そもそもエドモンドソン氏がこの分野に関心を持ったきっかけは、どうすれば組織が新たな学びを得られるのか――あるいは得られないのか――を知るためだった。彼女はこのように語る。

「もともと伝えたかったのは、物事が絶えずスピーディーに変化する今日の世界において、組織は常に新たな学びを得る必要がある、ということでした。しかし、そもそも組織内に活用できるデータや経験、アイデアがなければ、学びを得ることはできません。ですから、従業員が進んで声を上げなければ、センシティブな話題やパフォーマンスの低さなどについては特に、組織は学びを得る手段をなくしてしまうのです」

エドモンドソン氏が挙げた問題点の1つは、多くの人が「心理的安全性」の本当の意味を誤解していることだった。

もっとも多い誤解の1つが、心理的安全性に重要なのは「良い人」でいることだ、というものです。残念なことに、特に職場においては、「誰かの気に召さないことや誰かの面目を潰すようなことを言わない」のが「良い人」だと解釈されることが多いのですが、これは心理的安全性とは真逆のものです。心理的安全性に重要なのは、率直な発言が許されることですから。

また、心理的安全性とは、誰かが気分を害したり、気まずい思いをしたりしない、「安全な空間」によって生まれるのだ、という誤解もあります。本当の心理的安全性を得るには、ときには不快な思いをすることも必要です。

さらに、「泣き言を言っても許される、愚痴を言えば誰かがどうにかしてくれる」のが心理的安全性だと考える人もいます。しかし本当の心理的安全性を得るには、率直な考えを述べる人間とそれを聞く側の人間、双方が自分の行動に責任やリスクを負わなくてはなりません。

つまり、革新性や仕事の質、優れた洞察力など、自分のパフォーマンスに責任を持つということです。心理的安全性は、決して馴れ合いで得られるものではありません。こうした環境をつくるのは簡単なことではないのです。

エドモンドソン氏は、心理的安全性さえあればすべてうまくいくわけではないと考えている。

パフォーマンスの向上には、確かに心理的安全性もひとつの要素として必要ではあるのだが、それと同時に、高いパフォーマンス水準を維持することも求められるのだ。多くの人がこの点をはき違えており、心理的安全性を得るには、パフォーマンス水準を下げる必要があると考えている。これは完全な誤解だ。

『恐れのない組織――「心理的安全性」が学習・イノベーション・成長をもたらす』（英治出版）のなかで、エドモンドソン氏はこのように述べている。

ルーティン的でありきたりな、単調な作業が減るにつれ、人間の仕事には、判断力、不確実な状況への対応、新たなアイデアの提示、他者との協力やコミュニケーションがますます求められるようになっています。つまり、「声」が業務の遂行に必要不可欠な要素となっているのです。ですから、ほかの業務に影響を与えない仕事やルーティン的な仕事でもない限り、自由に意見を言える心理的安全性が確保されているかどうかは、従業員の仕事の質を高められるかどうかと密接な関係があるのです。(注128)

部下が気兼ねなく声を上げられる、心理的に安全な職場をつくることは、リーダーにとって重要なステップだ。部下が声を上げずに黙り込んでしまう理由のほとんどは、そうさせてしまう体系的な要素が働いているからである。

しかし、活気ある声を促す安全な環境を整えるには、ただ部下からのフィードバックや意見をせがむだけでは不十分だ。ジンジャー・グラハム氏のストーリーからは、部下が自分の声を全面的に表現できる体制をつくるために、リーダーがどれほどの労力を割かなくてはならないのかがわかる。本心から声を上げてほしい、それによってペナルティを受けることはない、と従業員に伝えることは、声を促すことと同じくらい重要なのだ。

なぜそれが重要なのか、企業によくある典型的な例を1つ紹介しよう。

傍観者を当事者に

私の顧客に、大手不動産開発会社のCEOを務めるアンドレア氏という人がいる。

ある日彼女は、先ほど終えたばかりの経営チーム会議について苛立ちを口にした。会議で主に話し合われたのは、これまで同社のなかでとりわけ大きな売上を占めていた事業が最近低迷していることだった。その事業のリーダー（経営チームの一員でもある）は、ほんの半年前に担当となったばかりだったが、すでにマーケティング計画にいくつか変更を加えていた。アンドレア氏はそれが売上低迷の原因であると考えており、経営チームの全員がそう考えていることもわかっていた。しかし、ミーティングでは誰もこの点について指摘しなかった。彼女は苛立ちと困惑から、私にこのように愚痴をこぼした。

「厳しい議論に尻込みするようなメンバーじゃないのに。みんな互いに遠慮せず、言いたいことを率直に言い合えるのに。なのにどうして、うまくいっていない仲間を助けるために知見を貸してあげようとする人がいないのでしょう？　毎回毎回私がそうしないといけないんだったら、何のためにチームがあるんでしょう？」

彼女の言う通りだった。経営チームのメンバーは、普段なら反対意見を口にすることも厭わず、互いに意見が異なるときには、進んで激しい議論をすることもあった。しかし、どうして同僚のマーケティング施策変更については懸念点を指摘しなかったのかと尋ねると、皆戸惑いながらこう答えるのだった。「どうして私が？　私の仕事じゃないですよ」「CMO（最高マーケティング責任者）がこっそり本人に伝えることだと思っていたので、私が何か言おうとは思いつきもしませんでした」「冗談じゃない！　そんなことをしたら、なんでもわかった気でいる嫌な奴と思われるじゃないですか」

これらの返答はどれも、声を上げない理由としてもっともよく使われる言い訳だった。一言で言えば、従業員は、「重要な問題についてはほかの誰かが指摘してくれるだろう」と考えがちなのだ。(注129)

こうした傍観者効果（援助や介入が必要な状況において、目撃者や参加者の数が増えるほどそうした行動が抑制されてしまう心理）については、コペンハーゲンで2018年に行われたものをはじめ、大規模な研究が複数行われている。

研究結果からわかったことは、人はどんなに差し迫った状況でも、ほかの誰かが声を上げてくれるだろうと考えて何も言わずにいる傾向があるということだった。（注130）また、自分の判断や解釈が間違っているのかもしれないと考え直したり、「そこまで悪い状況ではない」と危険性を低く見積もることで、何も言わない自分を正当化して安心しようとしたりするケースも多く見られた。加えて前述の通り、困難な問題について指摘するべきか迷った際には、社会的なつながりが壊れる、あるいは重要な人間関係が揺るがされるといった不安もしばしば強まった。

アンドレア氏のチームは、熱い議論を交わすことや反対意見を述べることには抵抗がなかったが、そうした話を「互いに対して吹っ掛ける」となると話は別だった。私がこれまで何百ものリーダー陣と働いてきた経験から言えることとして、リーダーに「互いの責任領域を侵さない」という暗黙の了解があるのは珍しいことではない。これは、従業員が安心して声を上げられ、リーダーが受容的なフィードバックを心掛けている環境でも当てはまる。

しかし、もし皆が自分に関係のある問題しか指摘しなければ、間接的に個人主義を助長していることとなり、チームワークや団結力が損ねられてしまう。損得にかかわらず、激しい議論を引き起こしそうな問題についても普段から指摘してほしいのであれば、ただ声を上げることが「安全だ」と伝えるだけでは足りない。困難な対話を期待事項とし、それを促すプロセスや言動によって強化しなくてはならない。

そのための方法をいくつか紹介しよう。

【ストレートに伝える必要性を明確にする】

組織全体で成功を共有することで、組織としての一体感や、「ほかの人の問題は自分の問題でもある」という考えを強めることができる。「同僚が抱える問題についてアドバイスや意見があれば、建設的かつ敬意のある形で気軽に本人に共有してほしい」と部下に伝えよう。

もしそうした共有がなされなければ、多くのグループやチームが「ハブアンドスポーク」方式（中心となる大規模拠点に貨物を集約し、そこから各拠点に分散させる輸送方式）で働くようになってしまう。つまり、リーダーが物事を集約して調整する中心拠点《ハブ》となり、ほかのメンバーは自分の「拠点《スポーク》」のことだけを考えるようになる、ということだ。この体制が定着すると、自分以外の人の問題について心配すべきではない、という考えが生まれてしまう。こうした事態はどう考えても避けるべきものだが、部下がそのことに自ら気づいてくれるとは考えないほうがよいだろう。

また、リーダー自身も、組織のなかでの立場が上がれば上がるほど個人主義が色濃くなっていく。その地位につけたのは、個人主義によって周囲と自分が差別化されたからだ。昇進のために孤高を守るリーダーから、仲間と協力して組織全体で成功を収められるリーダーになろう。そうすれば組織内のほかの部署や部門にも手本を示せるはずだ。

これは声を上げないことで招かれる致命的なリスクを排除する際に特に重要となる。不公平な報酬体系、ハラスメントを行う上司、会社がこれまで従業員の声に耳を貸さなかったこと、実際に誰かが声を上げた際に上司や会社から嫌がらせを受けたことなど、従業員に声を上げないことを促している要素があるのであれば、リーダーはそうした要素を取り除くため、細心の注意を払わなくてはならない。

【総当たり戦方式の対話を促す】

私は多くの顧客企業で、チーム内で鋭い意見やフィードバックを交わす練習を導入している。これは婚活パーティーに少し似たもので、2〜3時間のあいだに、1対1で話す時間を20〜30分ずつ設け、いくつかの質問によって対話を促すというものだ。なかには四半期ごとにこの取り組みを行っているチームもいる。

対話の内容は、効果的なリーダーシップが取れているか、戦略の実行状況はどうか、チームメンバーひとりひとりとの関係が良好か、などだ。リーダーは互いに対してあらかじめ用意しておいた意見を交わし、必要に応じてその後の改善に向けたコミットメントを掲げる。

この取り組みによって改革がもたらされたケースとして、いくつかのチームがメンバーひとりひとりの成功を最優先に考えた結果、やがてチーム内だけでなく、組織全体にそのような意識が根付いたこともあった。

【日々の話し合いのなかで、全員で問題解決に取り組む】

パフォーマンスの高いチームは、通常業務の一環として、普段から同僚が直面している問題に対処している。対話の主導権を持つのはフィードバックを受ける側の人間だ。私はこうした取り組みを、新たなチームの発足時、特に上層リーダー陣のチームに活用している。

まず、チームメンバーの1人が、自分が直面しているビジネス上の問題を取り上げ、あらかじめ15分ほど時間を取って状況を説明する。次に、ほかのメンバーは事前に決められたやり方に沿って質問をし、自分の理解や認識を明確にする。質疑応答が終わったら、チームメンバーは問題解決のためのアイデアやフィードバック、ときにはサポートも提供する。

私がこれまで見てきたリーダーは、こうした取り組みによって自分のリーダーシップの問題点に気づいたり、問題についてまったく新たな観点を得たりした。ときには別の部署のリーダーからリソースを分け与えてもらうことさえあった。

この取り組みにおいては、問題提起をする側の人間が自ら周囲の意見を求めるため、ほかの人から厳しい意見が上げられたとしても、自己防衛に走ったり無視したりする可能性が低くなる。(注131)

率直に行動する

Cultivate Spirited Voices and Welcoming Minds

『GREAT BOSS：シリコンバレー式ずけずけ言う力』（東洋経済新報社）の著者であるキム・スコット氏は、この画期的な本のなかで、率直な意見を効果的に活用することで得られるメリットについて、シンプルながらも力強い考えを述べている。彼女によると、大切なのは「徹底的な本音」、つまり相手への思いやりと的確な指摘の2つの組み合わせなのだという。思いやりだけを示して何も指摘しなければ、それは「破滅につながる思いやり」となり、思いやりを持たずに指摘だけをすれば、それはただの「不愉快な攻撃」となる。(注132)

スコット氏にインタビューを行ったところ、彼女は従業員が気軽に問題提起できる体制づくりが非常に重要であるとしつつ、安心してそうした話し合いが行われるようにするには、カジュアルな場で従業員のフィードバックや意見を促すような良好な人間関係も重要であるとした。彼女は以下のように語る。

自分自身を理解するためにまずすべきことは、周りの人に彼らの意見を尋ねることです。「どうすれば私ともっと働きやすくなる？」といった質問を投げかけてみましょう。この質問は誰と話すときもマストにするとよいですね。また、「今の状況は？　私は何かヘマをやらかしてませんか？」といったことも尋ねてみましょう。もちろん、「あなた」らしい言葉遣いで尋ねなくてはなりません。私の友人はよく「俺のいかれてるところを教えてくれ」と尋ねてきます。

それから、質問をしたあとには少なくとも6秒間は何も言わないでください。6秒間黙っていられれば、相手からは素晴らしい意見が得られます。沈黙している時間は永遠にも感じられますが、それでも絶対に口を開かないでください。そうすれば、大抵相手は何か言ってくれます。思っていることすべてを言ってくれるわけではないかもしれませんが、6秒間黙っていられれば、何かしら有益な意見が得られます。こうした緊張感ある対話は、きっと相手も望んではいないでしょう。それでも巻き込んでしまったからには、批判されたときに取ってしまいがちな自己防衛反応をなんとか抑えなくてはなりません。

返事をする際には、共感と傾聴を大切にしましょう。例えば、「いま言われたことは、こういう意味で合ってるかな？」と前置きしたうえで、その内容に同意できなかったとしても、言われた内容を繰り返してちゃんと理解できているかを確かめましょう。

最後に重要なのは、率直なフィードバックをくれた相手にお返しをすることです。「フィードバックをくれてありがとう」と言うだけでは、もう二度とフィードバックはもらえないでしょう。お返しの方法ですが、言われた内容に納得できたなら簡単です。指摘された問題を改善すればいいのです。

大変なのは、フィードバックの内容に同意も納得もできなかったときです。その場合には少し時間を取って、なにか同意できる点がないかよく考えてみましょう。１００％同意できないことを言う人はほとんどいません。ですから、5％でも10％でも同意できる部分を探して、そこに集中しましょう。場合によっては、なぜ同意できないのかを丁寧かつ詳細に説明することが、率直なフィードバックに対する一番のお返しになることもあります。

フィードバックを引き出せるかどうか、そして言うまでもなく、そのフィードバックに応えられるかどうかによって、こちらが頼まずとも部下が自発的に真実を語ってくれるようになるかどうかが決まります。リーダーに向けられる褒め言葉というのは、危険な濃霧のようなものです。その霧を切り分けて進む方法を学ばなくてはなりません。まずは真実を引き出す方法、そしてその真実に思いやりを持って耳を傾ける方法を学びましょう。

ここでスコット氏は、話し合いの場で同僚や部下の声を引き出す際にもっとも重要な点のひとつ、受容的な姿勢について述べている。

従業員は、エンパワーメント、インクルージョン、フィードバックといったマネジメント用語は何度も耳にしており、リーダーがこれらの概念を重視するよう言われていることも、実践すべきであることも理解している。

ただ、従業員の声を促すという義務を果たすことは、実際にそのような声に進んで耳を傾けることとはまったく違う。従業員が、「自分の声はただ義務的に促されているのではない、歓迎されているのだ」と感じられるようにしなくてはならない。リーダーは、彼らの声を快く受け入れてくれる存在でなくてはならないのだ。

しかしまだここで終わりではない。心理的安全性を育て、従業員の声を引き出せるようになったら、次は彼らに「声を活用するスキル」があるかを確かめなくてはならない。

スキルのある声、ただの怒鳴り声

Cultivate Spirited Voices and Welcoming Minds

SNSのタイムラインで過去10分間の投稿を見てみよう。

誰かが何かに怒り狂っているはずだ。もはやこれは重力と同じ自然の摂理となっている。誰も彼もとにかく怒れ、わめき散らせと言わんばかりで、今では口汚い言葉をたくさんの絵文字と一緒に投稿することが、「自分の声を活用すること」を意味する新たなスタンダードとなってしまっている。

その理由の1つは、「声を上げること」と「アクティビズム（積極行動主義、社会的・政治的変化のための行動を起こすこと）」の境界線が、危険なほどに曖昧になってしまっているためだ。つまり、「自分にとっての真実を語ること」と「本当の真実を語ること」が混同されてしまっているのだ。

むやみに人を批判する習慣がついてしまった我々は、何か腹立たしいことがあるとすぐに必死で怒りの対象を攻撃しようとする。「自分と違う考えから得られるメリットもあるかもしれない」という好奇心やオープンさをすっ飛ばして、「気に食わない考えは叩きのめしてやろう、人間性を否定してやろう、こちらの考えに染めてやろう」といった反射的な衝動に屈してしまうのだ。

現在はこうした行動が礼儀正しさや良識もなしに取られることが増えている。

言うまでもないが、活気ある声を促すというのはこういうことではない。しかしそれでも、こうした辛辣な声は束になって上げられている。

ただの怒鳴り声

2019年、従業員アクティビズムはこれまでにない高まりを見せた。

ボストンでは、ウェイフェア社の経営陣が連邦政府の請負業者と契約して、アメリカとメキシコの国境付近にある移民収容施設に家具を販売していたのだが、そのことに反対した従業員によってデモ活動が行われた。(注133) その前年にはグーグル社の従業員2万人が、同社のセクハラ問題への対応に関して抗議活動を行った。これは元副社長であるアンディ・ルービン氏のセクハラ問題が発覚したにもかかわらず、彼に9000万ドル（約90億円）の退職金が支払われたことなどを受けたものである。(注134) 過去にはアマゾンの従業員が、同社が石油・ガス企業に取り入っていることに反対して、あるいは警察への顔認識技術の販売停止を求めて、団体で抗議活動を行った。(注135) グーグルをはじめとする革新的な企業は、社員と経営陣のあいだのオープンな対話を誇りとしている。加えてグーグルはこれまでも、市民権や環境スチュワードシップといった従業員が掲げる大義に関しては、アクティビズムを推進してきていた(注136)(グーグルがかつて企業行動規範に「邪悪になるな」を掲げていたことも忘れてはならない)。

しかし、いざそうした大義が自社の行動に向けられたとき、彼らが自負している「オープンな」文化は、依然としてオープンなものであり続けられるのだろうか？　興味深いことに、自社に抗議した従業員アクティビズムの事例は、ほとんどの場合大した変化を起こせていない。経営陣が若干譲歩することはあっても、従業員の抗議自体が受け入れられることはほとんどないのだ。従業員が不適切だと考える顧客へのサービス提供など、ビジネスの根幹にかかわる決定においては特にそうだ（グーグルの例で言えば、アメリカ国防総省との契約や、中国向けの検閲済み検索エンジンの開発などが挙げられる）。(注137)

こうした一連の流れは多くの疑問を生んでいる。なかでももっとも重要な疑問は、従業員アクティビズムは従業員の声の「1つの形」なのか、それとも従業員が自身の声を聞いてもらう手段がない場合に、その穴を埋めるために登場した「代替手段」なのかということだ。

加えて以下のような疑問も挙げられている。

従業員のエンパワーメントを尊重しようとした結果、「声を上げればこんな成果まで得られる」

と、非現実的な期待を抱かせてしまったのではないか？　従業員は「声に耳を傾けてもらう権利」と「自分の思い通りにすること」を混同しているのではないか？　オンライン上で怒りを発散することで、果たしてストレスは永続的に軽減されるのか、それとも一瞬のカタルシスが得られるだけなのか？　ＳＮＳで匿名で怒りを発散するのは、社内で声を上げたくない・沈黙を貫きたいからか？

スキルのある声

今日の社会においては、「声を上げること」と「不満を爆発させること」の違いが曖昧なこともある。多くの研究結果から示唆されているのは、ネガティブな感情を公に表現することでもたらされる影響は、ポジティブなものよりも有害なものが多いということだ。

インディアナ大学の研究者らが行った研究によると、人はオンライン上で自分と異なるさまざまな考えに晒された場合、より大きな不安と怒りを感じるようになる。加えて、社会的意義のある動きへの積極的な参加（政治への参加など）は促進されなかった一方で、「大した価値のない」会話への参加がより多く見られるようになった――誰かの投稿をリポストしたり、馬鹿にしたり、目にした意見に対する怒りを友人に吐き出したり、といったことだ。(注138)

また、オスロ大学の研究者らが行った研究では、オンライン上で怒りを吐き出している人々は、自分の考えを肯定する情報だけを求める傾向が強いことがわかった。(注139) X（ツイッター）上でたくさんの野次馬が特定の話題に関して嵐のようにポスト（ツイート）をするうち、怒りは徳の高い行為とみなされ、暴言同然の発言が正当化されるようになってしまった。

イギリスを拠点に活動する心理療法士であり、『The Psychodynamics of Social Networking』（未邦訳）を執筆した、英国スティルポイント・スペーシーズ（Stillpoint Spaces UK）の取締役であるアーロン・バリック博士は、怒りという感情の伝染は、SNSの普及によってますます広がっていると述べた。

365日24時間ニュースフィードやメディアにアクセスできるということは、我々は常に感情のトリガーに晒され続けうるということであり、スマートフォンを覗くたびに自分の価値観やアイデンティティが侮辱される可能性があるということだ。バリック博士はこのように述べている。「怒りというのは、心を非常に強く揺さぶる感情です。転がる雪玉がどんどん大きくなるように、人はニュースフィードで目にしたセンセーショナルな内容に興奮を覚えると、それが怒りなどの不快な感情であっても、その興奮からどんどん抜け出せなくなってしまう。こうして感情の伝染が起こるのです」(注140)

また、バリック博士は怒りを「露わにすること」と怒りに「対処すること」の重要な違いについても指摘している。現在SNS上で多く見られるような、ただ怒りを露わにするだけの行為は、生産性がなく何の変化ももたらさないうえに、場合によっては逆効果になるというのだ。

「例えばあなたが、いつも自分をからかってくる相手に腹を立てていたとしましょう。それを本人に直接伝えれば、相手はあなたに謝ることができ、からかうのをやめられます。しかし、仮にあなたが道端に駆け出して『からかってくる奴は大嫌いだ！』と叫び、そこに友達も加担して、『人をからかう奴は最低だ！』などあなたに続いて叫んだとしても、何も解決はしないわけです」(注141)

心理学者らは、ポジティブな変化を求める際には、「反対」の姿勢よりも「賛成」の姿勢を取ったほうがはるかに生産性が高いと認めている。何かに反対するというのは、賛成するときと比べて心身の疲労や負荷が大きく、なかなか持続しない。加えて、我々はほとんどの言動を無意識的に行っており、そうした無意識状態の思考はイメージ、印象、直感によって左右されるため、自分が「望まない」ものはうまく処理できないようになっている。

「反対姿勢」を取るときに使われる言葉や表現は、排他的で対立的で批判的だ。これに対し、「賛成姿勢」を取るときに使われる表現は、互いの共通点を見つけることを促してくれる。賛成姿勢の表現は、自分たちがひどく嫌うものへの怒りではなく、ポジティブなものを求める気持ちに根差しているからこそ、変化を起こそうというモチベーションもより長く持続するのだ。(注142)

激しい怒りについて、またそこに含まれる不満についてより詳しく理解するには、ハーバード・ケネディスクールでパブリック・リーダーシップ教授を務める、『Love Your Enemies: How decent people can save America from the culture of contempt』(未邦訳)の著者、アーサー・ブルックス氏の話に耳を傾ける価値がある。彼は自身のベストセラーのなかで、つい先ほど述べた、我々の怒りに対する飽くなき欲求に関してこのように述べている。

我々の多くは今も、選ばれた一部の役人や学者、芸能人、いくつかのメディアがもたらすニュースという、概念上の覚醒剤を衝動的に消費しています。何百万人もの人が、特にSNSにおいて、他人を侮辱するサイクルに参加することで、自らこうした習慣に浸っています。我々は国民同士で生産的かつ本質的な議論をしたいと望みつつ、一方では誰かを罵りたいという飽くなき欲求を抱えているのです。(注143)

では、従業員の声を促しつつ、彼らが不満を言う権利をかざして破壊的な暴動を起こさないようにするには、どうすればよいのだろう?

その答えは「スキル」にある。ただ大声で抗議するのは簡単だ。プラカードを掲げたりSNSに投稿したりして、自分と同じ怒りを持つ人々を奮い立たせるだけでいい。皆、ただ「反対だ」と声を上げれば、誰かがどうにかしてくれると考えている。

これに対し、特に賛否両論ある問題に対して「説得力のある」声を上げ、意義ある変化をもたらすには、巧みな技術が必要とされる。事実に基づく理由づけによって、説得力のある議論を行うことも求められる。節度を守りつつ自分の怒りを伝えるには、感情的知性も必要となる。また、自分と相反する考えに対し、それがどれほど突飛なものに思えても、何かしら正当な言い分や事実が含まれているはずだ、と考える共感力も必要となる（この点については第9章でより詳しく述べる）。

さらに、あなた自身も責任とリスクを負って、問題解決に向けて共に取り組む意思を示し、そのための実践的な方法を示すことも必要となる。

スキルのある声が磨かれていないときに起こること

Cultivate Spirited Voices and Welcoming Minds

例を1つ紹介しよう。橋やダム、発電所の建設といった大規模な公共事業を手がける、世界的なエンジニアリング企業の話だ。

同社にはヴァネッサ氏という広報部の事業部長がおり、彼女の直属の上司は最高執行責任者であるダーク氏だった。ヴァネッサ氏はこれまで何年間も、ダーク氏をはじめとする経営陣に対し、事業を行う地域における地元住民との関わり方を再考すべきだと訴えていた。同社は前々からずっと企業として控えめな姿勢を貫いており、謙虚さという名目のもと、あまり世間の注目を浴びないようにしていた。住民とのコミュニケーションは少なくとも、慈善事業に惜しみなく協力していれば、地域への貢献としては十分であると考えていたのだ。しかしヴァネッサ氏の苛立ちは強まる一方だった。

彼女はダーク氏ら経営陣に、ほかの会社がどのように地域に貢献し、会社の評判や地域住民からの信用を向上させているかを示そうと、記事やニュースで紹介された事例をいくつも送りつけた。地元のイベントに協賛してはどうかという提案も何度か行った。しかしその提案は却下されるばかりで、ついに彼女は自分の落胆ぶりを経営陣の前で露わにした。

するとダーク氏は、ヴァネッサ氏が「与えられてもいない権力を行使しようとしている」と注意し、彼女を「経営チームの前で庇うのがどんどん難しくなっている」と伝えた。

のちに私がダーク氏から聞いた話では、経営陣はもはやヴァネッサ氏の声に何の反応も示さなくなっており、ただ彼女が「個人的な価値観を組織に押し付けようとしている」と憤慨していた。経営陣は、ヴァネッサ氏が「課題」を提起して会社を変えようとするのは、彼女が信仰の深い家庭出身であり、善を為さねばという思いがあるからだろうと考えていた。

しかし彼女の本当の動機は、よりパーパスドリブンな会社をつくること、この会社には建設プロジェクト以上に誇るべきものがたくさんあると示すことだった。一方ダーク氏ら経営陣は、こうしたヴァネッサ氏の行動を厳しい批判と受け取り、市民の声を代弁して「あなたたちの仕事は不十分だ」と訴えようとしているのだと解釈した。

ヴァネッサ氏から送られてくるいくつもの記事は、彼らにとっては自分たちの力不足を突きつけるものに思えた。ヴァネッサ氏はヴァネッサ氏で、社内のほかの女性が感じていたのと同じように、提案が却下されたのは女性である自分への当てつけだと捉えた。経営陣の男性らが、「ボーイズクラブ（男性中心社会）」が自信に満ちた女性によって脅かされることを恐れて、自分の意見を却下したのだろうと考えたのだ。

私がダーク氏から連絡を受けたのはこの頃だった。ヴァネッサ氏が退職を余儀なくされる前に、最後の手段として彼女にコーチングを行ってほしい、と。

経営陣やヴァネッサ氏本人と話をしたところ、彼らは互いに凝り固まったバイアスを抱いていた。加えて、ヴァネッサ氏のアイデアは戦略として非常に優れていたにもかかわらず、その伝え方があまりに悪かった。経営陣も経営陣で、彼女の提案に対して反射的に否定するばかりで、心を開いて耳を傾けることができていなかった。ダーク氏もヴァネッサ氏の味方兼仲介役としてうまく立ち回れておらず、どうすれば経営陣の賛同を勝ち取れるかといったアドバイスも与えていなかった。さらに、同社には優れた側面も多くあった一方で、ジェンダーバイアスも確かに存在していたのである。

とはいえ、決してここで万策尽きたわけではない。ヴァネッサ氏は入念に構成されたワークセッションを通じて、自分の考えを伝える際、明確な理由や根拠を提示できるようになった。また、経営陣に対してはからずも厳しい批判をしてしまったことを謝罪し、どうすれば自分のアイデアが会社の戦略推進につながるかを考え、自分が提案した取り組みを実施する際には、自分が責任を持って先頭に立つと宣言した。

さらに経営陣も、ヴァネッサ氏に対する強い先入観を取り払い、客観的に彼女の意見に耳を傾けられるようになった。

こうしてストーリーは幸せな結末を迎えたが、一歩間違えれば大惨事になるところだった。組織では日々、現状を変えようとする貴重なアイデアが、うまく伝えられないまま、あるいは耳を傾けられないままに失われている。そうするとアイデアの持ち主である従業員は、自分が軽視されたと感じてしまう。

もしヴァネッサ氏が最初からもっとうまく自分のアイデアを伝え、上司らの考えを変えられていれば、彼女と経営陣のあいだの不必要な仲たがいは避けられていたかもしれないのだ。

あなたならどうする？

もしあなたがヴァネッサ氏のコーチだったとしたら、彼女にどのようなアドバイスを与えただろうか？　またダーク氏や経営陣のコーチだったとしたら、彼らにどのようなアドバイスを与えただろうか？　こうすればよかったのに、と思う点はあっただろうか？

伝えるスキル、受け入れるマインド

多くの人が、言いづらいことをうまく伝えようとして失敗し、頭を抱えている。こうした状況では、「伝えづらいことを伝えるスキル」の重要性がより一層際立つようになった。

バージニア大学ダーデン経営大学院で教授を務め、『Choosing Courage: The everyday guide to being brave at work』（未邦訳）の著者でもあるジェームズ・ディタート氏は、職場における勇気について、また、従業員が自分の声を活用し、権力に真実を語ることができる環境について、長い時間をかけて調査を行った。

私は彼にインタビューを行い、彼の提唱する「有能な勇者」の概念や、困難な問題に対して効果的に声を上げるために必要な心構えについて伺った。最初に彼が述べたのは、「勇気とは一握りの特別なヒーローにだけ与えられたものである」という神話的な考えを打破しなくてはならないということだった。

「私を悩ませたものの1つは、『勇気や誠実さといった美徳は、限られた状況で、限られた人にだけ求められるものだ』という誤った認識です。どの哲学や宗教や思想を見ても、そんなことは言われていないはずなのですが」。ディタート氏が行った日常生活のなかの「勇者」に関する研究によると、彼らの成功には2つの重要な前提条件が見られたという。（注144）ディタート氏はこう説明する。「まず、彼らは、すでに、有能で頼りがいがあり、信用できる人物だと認識されていました。また、『優しい、感情的知性が高い、判断力が優れている、会社のことを心から考えている』というよい評判もありました。つまり彼らは、カジノチップを稼ぐように信頼を稼いで、心理学者が言うところの『特異性信用状』（リーダーが集団のために行動することで獲得した信用。これにより、リーダーが従来と異なる提案を行っても周囲は『この人の言うことなら信頼できる』と考えるようになる）を得ていたのです。ですから彼らが上げる反対意見は許されるのです」

2つ目の前提条件は、「有能な勇者」は、自分が参加する闘いを賢明に選んでいるということだった。片っ端から無益な戦いをするのではなく、もっとも自信と確信を持って対峙できる問題だけを選んでいたのである。

この2つは非常に重要な前提条件だ。これらが満たされていなければ、「あなたの問題提起に対して、組織が突然耳を傾けるようになることはおそらくない」とディタート氏は述べる。ディタート氏いわく、研究結果のなかでもっとも驚きだったことの1つは、問題提起をしたあとのフォローアップがいかに重要かということだった。彼は以下のように語った。

「有能な勇者」を目指すにあたり、もっとも蔑ろにされがちなのが「フォローアップ」だと思います。その理由は至って明白です。覚悟を決めて困難な状況に立ち向かったあと、つまり誰かと対立したり、公の場で大変なプレゼンテーションを行ったりしたあとは、さっさと自分のオフィスに撤退して、傷をなめるか成功を祝うかしたいと思うものですから。誰もまたすぐに闘いの場に戻りたいなどとは思いません。

しかし多くの場合、そうして相手の前にもう一度姿を現し、フォローアップを行うことが何より大事だったりします。「自分の主張がうまく伝わった」と思っても、大抵は実際に変化を起こすために必要なコミットメントを相手と交わせていないことが多いからです。

もう1つ重要なフォローアップは、あなたのアイデアや観点に賛成していない人に対するものです。あなたの提案によって、立場が脅かされたり気分を害したりする人がいるかもしれません。その場合、勇気を持って本人に直接フォローアップをする必要があります。

「表情も浮かないし、あまり発言もしてませんでしたし、私の提案に乗り気じゃないように見えるのですが、少しお話しできませんか？」と声を掛けるのです。もちろん気は進まないかもしれませんが、その後順調な展開を迎えるためには、こうしたフォローアップが欠かせません。重要な変化をもたらす勇敢な行動は、勇気を振り絞った瞬間に生まれるものですが、そうした行動を継続できるかどうかは、特に1回目の挑戦がうまくいかなかった場合に――うまくいかない場合がほとんどですが――「ここで止めるわけにはいかない」と思えるかどうかにかかっています。

有能な勇者は、変化はたった1回の行動で起こせるものではなく、反復学習や継続学習が必要だと理解しているのです。

私の経験からもこのアドバイスには同意だ。ただ、私はこのアドバイスをさらに発展させたい。もし、組織の根強い問題に対してもっとも創造的なアイデアや革新的なソリューションをもたらす人々の力を解放したいのであれば、ディタート氏のアドバイスに以下のことを加えてみよう。

【相手の味方になる】

権力者は敵だ、馬鹿だ、と考えて話してはいけない。

彼らに対して厳しいことを言う必要があるときには、ポジティブな態度を保ち、自分は彼らの味方であると示そう。感情に身を任せて怒りをぶつけるのではなく、彼らの役割や状況における困難に寄り添いを示そう。声を上げる動機が、利己心や悪意、怒りになっていないかよく注意しよう。

【より大きな善が危ぶまれていることを伝える】

声を上げる際には、その問題を「彼ら」に限られたものと考えてはいけない。

より大きなミッションやバリューが危機に晒されていると考えるべきだ。彼らの行動によって起きる長期的な影響を指摘し、彼ら自身、あるいは組織のバリューにもっと合致した代替案を提示しよう。彼らも自分の選択や行動が広範な影響を及ぼすことがわかれば、過度に自己防衛に走ったり抵抗を示したりする可能性が低くなる。

【説教をしない】

あなたの考えはあなたが普段から口にしている信条に基づくべきだが、声を上げる際には、そうした価値観を相手に押しつけてはいけない。自分の倫理観が相手よりも優れているように思わせたり、相手に「批判された」と感じさせたりしてしまうと、相手はそこで心を閉ざしてしまう。

【結果を恐れない】

厳しいことを伝える際には、無理やりアドバイスに従わせようとしてはいけない。あなたの役割は相手に新たな選択肢を与えることであって、最終的な決定権は相手にあるのだ。その点を明確にしつつ、手助けは惜しまないことも伝えよう。

また、こうした話し合いの際には、自分がどんなリスクを負っているか理解しておかなくてはならない。話し合いがうまくいかなかった場合に、その代償を支払うことも厭わない姿勢が大切だ。私も日々、リーダーたちに厳しいこと、動揺させることを言わなくてはならない場面がある。自己防衛心から苛立ちを露わにする人もいれば、自分の意図と実際の行動がどれほどかけ離れていたかを指摘されて、ひどくショックを受ける人もいる。仕事柄、私はどうしてもリーダーの心の奥深くにある問題を刺激する存在となってしまう。

だからこそ、どんな反応が来てもいいように心構えをしておかなくてはならない。彼らに怒りを向けられたとしても、私個人への攻撃や批判だと過剰に受け止めず、そうした怒りの感情を活かして彼らがよりよいリーダーになれるよう手助けしなくてはならないのだ。

どうすれば単刀直入さと寄り添いを同時に示せるのかと尋ねられるたび、私はこう答えている。

「私にとってもっとも怖いのは、私が言ったことに対するリーダーの反応ではありません。一番怖いのは、本来避けられたはずの大問題に直面したとき、彼らに『こうなることがわかっていたのに何も言わなかったのか？』と言われることです」

同僚や部下の活気ある声を養うことをやめてはならない。彼らの声を促し、その声を待ち望んでいたと言わんばかりに、ウェルカムマインドで受け止めよう。

私はどの顧客にもこのような至ってシンプルな判断基準を伝えている——週に何度かあなたの執務室にやってきて、耳が痛いことを伝えてくれる部下がいないのであれば、あなたのリーダーシップはまるっきり駄目だということです、と。

鍵となる教訓

――第7章のまとめ

□ 従業員が話し合いの場で、自分の考え、気持ち、声を表現できるようなガバナンス体制を構築したいのであれば、まずは彼らが気軽かつ積極的にフィードバックや急進的なアイデアを交換でき、組織内のヒエラルキーや部門間の壁を越えて懸念点を共有できる環境を整えなくてはならない。

□ 従業員がどの程度声を上げられるかは、彼らの帰属意識と結びついている。そのため、彼らが自分の考えを口にするにあたって、報復を恐れる必要はないこと、彼らが声を上げることは無駄ではないことを、リーダーが伝えなくてはならない。

□ 活気ある声を育てるために重要な2つの要素とは、「安全性」と「スキル」である。

□ リーダーは部下が全面的に声を表明できる体制づくりに努めなくてはならない。組織は従業員の心理的安全性を確保するとともに、高いパフォーマンス水準を維持しなくてはならない。

□チームで普段から困難な問題について話し合えるようにするには、そのための安全な環境をつくるだけでは不十分だ。期待事項を明確にし、それを促すプロセスや言動によって強化しなくてはならない。そのためのステップは3つある。

(1) すべての声を共有する必要性、すべての声に耳を傾ける必要性を明確にする。

(2) 総当たり戦方式の対話を促し、互いに対してあらかじめ用意しておいた意見を交わし、必要に応じてその後の改善に向けたコミットメントを取り付ける。

(3) 日々の話し合いで、全員で問題解決に取り組み、自己防衛や無視のリスクを下げる。

□リーダーは部下や同僚の声を促すという義務を果たさなくてはならない。これには、単に彼らを話し合いの場に招き入れるだけでなく、彼らが「自分の声は歓迎されている」と思える環境づくりも含まれる。

□今日、「声」と「アクティビズム」の境界線は曖昧になっている。活気ある声を促すためには、従業員の声を大切にすることと、そうした声を活用するために必要なスキルのバランスを取らなくてはならない。従業員アクティビズムが見られたときには、従業員が自分たちの声を伝えるほかの手段がないと感じているかもしれない。

☐ 心理学者によれば、「反対姿勢」を取るときに使われる言葉は排他的、対立的、批判的である一方、「賛成姿勢」を取るときに使われる表現は、互いの共通点を見つけることを促し、変化を起こそうというモチベーションの燃料となる。

☐ ジェームズ・ディタート氏によれば、「有能な勇者」に不可欠な2つの力とは、権力者に懸念点を指摘する際は自制心を保つこと、その後のフォローアップを行うことである。加えて、権力に対して真実を語る際には、リーダーの味方になること、より大きな善が危ぶまれていると伝えること、説教をしないこと、特定の結果を求める気持ちを手放すことが大切だ。

☐ あなたには、自分自身が活気ある声を上げつつ、オープンな心と頭で同僚や部下の声も促して歓迎する力、つまり、皆が意見を言いやすい環境をつくる力がある。

4

グループ間の一体感

Unity Between Groups

Stitching Organizational Seams

第 8 章

シームレスな組織をつくる

意識すべきこと

異なる部署の相手との
関係性を強化するには?

人とのつながりに関する脳の働き

Stitching Organizational Seams

脳が社会的機能を持つ器官であるということは以前から知られている。神経科学者たちは過去何年にもわたって、ポジティブな社会的交流、あるいはその欠落が、脳にどのような影響を与えるかを研究してきた。人が他者とのつながりを必要としていることは誰しも知っているはずだ。にもかかわらず、なぜかそうした必要性の逆をいくような組織づくりが続けられている。

心理学者であり、『21世紀の脳科学：人生を豊かにする3つの「脳力」』（講談社）の著者であるマシュー・リーバーマン氏は、脳に関する広範な研究を行うなかで、非社会的思考を司る神経回路と社会的思考を司る神経回路がまったく別の領域にあることを発見した。

非社会的思考の回路がオンになると、社会的思考の回路がオフになるというように、この2つは「シーソー関係にある神経」なのだという。彼は以下のように述べている。

何かしらの非社会的思考を行ったあとは、ほぼ反射的かつ瞬間的に、社会的思考を司る回路が再び働き始める。なぜ脳はこのようなつくりになっているのだろう？

この反射的な切り替えによって我々は、その次の瞬間から、他者の行動の裏側にある思考にフォーカスする準備ができる。人間の脳は進化の過程で、頭を使っていないあいだは、何かあればすぐ社会的思考で外界を判断できるような待機状態にしておくのがよいと結論づけたのだ。人間がどれほど社会的な生き物であるのかはこれでわかるだろう。（注145）

加えてリーバーマン氏によると、他者の考えや姿に魅了される、あるいはときに執着してしまう人間の性質は、他者に影響されたいという人間の生来的な欲求を示唆しているという。こうした欲求が不健全な承認欲求を生んでしまう場合もあるが、我々のアイデンティティは、自分で思うよりずっと強く他者の影響を受けているようだ。

信条や価値観といったものは、我々のアイデンティティの根幹であると思われがちだが、実はこれらは、知らず知らずのうちに我々の思考に忍び込んできていることが多い。

私の研究結果からは、個人の信条を司る神経基盤の大部分が、主に他者の信条から影響を受ける働きをしている脳の一部位と重なっていることがわかった。（注146）

人とのつながりを求める生来の欲求は、我々の「帰属」を求める強い意識にも見られる。集団のなかに新参者として入ったとき、我々の扁桃体は、知らない相手からの脅威や攻撃の危険性を察知するために強い警戒状態になる。「この人たちを信頼してもよいのだろうか？　私を傷つける相手だろうか、それとも大切にしてくれる相手だろうか？」と判断しようとしているのだ。

そして、笑顔を向けられたり、自分のことや自分の考えについてフレンドリーに尋ねられたり、アイデアを肯定してもらったりなどして帰属意識を感知した瞬間、我々の脳は脅威を感じる状態から、彼らに対する保護心を抱いた状態になる。「彼らは私にとって大切な存在だ、彼らとの関係を守りたい」という結論に至るのだ。(注147)

しかし、こうした脳の社会的な働きのうちもっとも興味深いのは、つながりが欠如している場合の処理方法ではないだろうか。実は、疎外感や孤独感を感じたときのネガティブな感情を司る脳の部位は、身体的な痛みを司る部分と同じなのである。人は誰かと一緒にいる幸せを求めて、文字通り心を痛めているのだ。こうした生来の社会的欲求が我々の脳に組み込まれていること、加えて1日の活動時間の大半を、出社であれ在宅であれ仕事に費やしていることを考えれば、職場こそこうした社会的欲求を満たす最適な場であるべきだと言える。人とのつながりや帰属意識といった、従業員の本能的欲求を満たすことで得られる成果は、決して取るに足らないものではない。ベターアップ（BetterUp）社がさまざまな業界の会社員1789人以上を対象に行った、職場での帰属意識に関する調査によると、以下のことがわかった。

- 職場における帰属意識によって、業務のパフォーマンスは推定56％改善し、離職率は50％低下し、従業員の病欠日数は75％減少する。
- 従業員が帰属意識を感じると、自分たちの会社を「働きがいのある会社」として推奨する傾向が1・67倍高くなる。
- 「日常における小さな除け者扱い（Micro-exclusion）」が一度でも起きると、チームプロジェクトにおける個人のパフォーマンスが即座に25％低下する。
- 帰属意識が高い従業員は、それほど高くない従業員と比較して、全体的な仕事のパフォーマンスレベルが56％高い。
- 従業員1万人の会社で、従業員全員の帰属意識が高まれば、生産性が飛躍的に向上し、年間利益が5200万ドル（約52億円）以上増加する。
- 自分に対して公平かつインクルーシブな言動を取ってくれる味方がチームに1人でもいれば、ほかのチームメンバーから仲間外れにされている状態でも、そうした社会的排除によるネガティブな影響が大幅に妨げられる。(注148)

帰属意識を求めるのは、人とつながりたいという本能的欲求を満たすためでもあるが、組織においてはさらに重要な意味合いを持つ。自分1人の人生や生活よりも大きなストーリーの一部になりたい、自分の存在価値を感じさせてくれるパーパスに貢献したい、という欲求の表れなのである。

一体感のある組織においては、組織のパーパスと個人のパーパスに鮮やかに命が吹き込まれるのだ。周囲と協力して、自分1人では成し遂げられない何かを成し遂げたとき、我々の達成感はさらに大きなものとなる。ひとたび帰属意識が確立されれば、人は無意識のうちに、そうした神聖な絆を裏切ることに抵抗を感じる。

また、真実を語ることが行動規範として守られるべきものになる。絆を持った相手に対して嘘をつけば、そうした帰属意識が失われ、忌避すべき孤独がもたらされるリスクがあるからだ。

先ほど述べたように、我々の脳はそうした経験を嫌う。

簡単に言えば、真実を語る際や公平さをもたらそうとした際など、言いづらいことを言うことが、帰属意識を得るため、一体感のある組織のなかで共通のパーパスに向けて努力するためには、払う価値のある代償となるのだ。

組織の分裂

Stitching Organizational Seams

組織において人とつながる力を失わせてしまうものの1つに、仕事のやり方が挙げられる。組織全体に帰属意識を持たせ、維持する重要性を理解するために、まずはその妨げとなる働きについて見ていこう。

お腹の中で育つ赤ちゃんの細胞が分裂していくように、組織においても業務はどんどん細分化され、特化した部門となっていく。これはベンチャー企業においてもっとも顕著だ。会社の急成長に伴い、業務分担はどんどんと加速していく。従業員の数が増えるにつれ、彼らの仕事も細分化されていくのだ。

しかし、成長が停滞してもなお、組織は成果を最大化するために絶えず業務分担の再構築を行っている。ほとんどの企業においては、営業、マーケティング、IT、財務など職能別にグループ分けがされているが、「西ヨーロッパ」「中部地域」など事業地域ごとのグループ分けをしている企業もあれば、「法人」「個人」といった顧客ごとのグループ分けをしている企業もある。これらのグループ分けを、縦軸に職能、横軸に事業地域や顧客、といった形で、碁盤のように組み合わせたのがマトリクス型組織だ。この構造においては、同じ人が職能別部門と事業地域・顧客別部門、両方のリーダーを務めることになる。比較的大きな複合企業においてはかなり一般的なものとなっているが、もし皆さんにマトリクス型組織で働いた経験があれば、その働きづらさはよくおわかりになるだろう。

マトリクス型組織で成果が上げづらい理由の1つは、そもそもの業務の性質にある。仕事の成果が似たようなものになっていた時代、つまり、標準化されたプロセスで同じように製品を作ったり、ルーティン的なサービスを提供したりすることが仕事の主流であった時代には、マトリクス型組織の型通りの構造によって効率的にスケールメリットが得られた。グループ間の連携に必要なのは完遂すべき一定のプロセスであり、同じ成果を繰り返し上げることが目標だった。

しかし昨今の仕事では、アイデアや分析能力、状況を見極める洞察力、競合他社の動きや隠された顧客のニーズを予測することなどが、以前よりもはるかに重要になっている。こうした知的創造活動を伴う仕事に求められるのは、立場も専門分野も違う人々が、定期的あるいは即時的に集まり、互いに協力してその時々の要件を達成し、終わったら解散して次のタスクに移る、という柔軟な働き方だ。

この流れを効果的に行うためには、各グループ間の境界線がまたぎやすいものであること、また、従業員間の連携が迅速かつシンプルに行われるものであることが必要となる。残念なことに、ほとんどの組織はマトリクス型構造を今日の仕事のニーズに適応させることができていない。ハイパフォーマンスな連携を達成するための日常的な要件が、それを妨げる従来的な構造やプロセスによって、適切に促進されていないのである。

こうした柔軟性に欠ける構造の問題点を解決しようと、スラック（Slack）やマイクロソフト・チームズ（Microsoft Teams）といった「連携」ツールを導入し、異なる部署間の従業員を結びつける接着剤として活用しようとする人も出てきた。これらのプラットフォームは、365日24時間、世界中のどこにいても、情報へのアクセス、アイデアやフィードバックの共有、プロジェクトの継続稼働を可能にする。

ただ、こうしたテクノロジーは数多くの利点もある一方、一体感を生むための主要な手段としてはあまり役立っていない。従来的な部門分けがあまりに一般的なものとして浸透しすぎているため、従業員も、彼らのロイヤルティ（忠誠心）も、まるで引力が働いているかのごとく、自分が所属するグループに後戻りしていってしまうのだ。私の顧客であったあるテクノロジー業界の中企業では、スラックで240以上ものチャンネルが使用されていた。案の定、従業員はかなり混乱しており、どのチャンネルがどの目的で使用されているのか誰も把握しておらず、果てにはどれが「正しい」チャンネルなのか口論する始末で、かえって連携が乱されてしまっていた。

部門間の隔たりをまたぐことが難しい従来的な組織の在り方と、現代の仕事に求められる俊敏かつ隔たりのない協力的な環境。この2つの対立は、多くの組織やその従業員にあらゆる被害をもたらしている。その理由はいくつか挙げられる。

「こちら側の真実」と「あちら側の真実」

まず、従業員は自分の部署に対するロイヤルティの深さにより、常にほかの部署よりも自分の部署のニーズを最優先してしまうため、部門間協力が爆発的に困難になっている。さらに、ほとんどの企業はそうした部門間の隔たりを解消する準備ができていない。

２０１６年にデロイトが行った調査によると、自分の会社は部門横断的なチームを構築する準備ができていると回答した役員はわずか21％、組織全体でどのような協力ネットワークが構築されているか把握していた役員はわずか12％だった。(注149) また、２０１７年に別の調査会社が行った従業員エンゲージメントに関する調査によると、別部門の従業員と効果的に連携できていると回答した従業員はわずか24％だった。(注150) こうした結果はただ従業員のフラストレーションを生むだけではない。カスタマーエクスペリエンス（顧客体験）にもネガティブな影響を及ぼすのだ。

２０１７年にイーコンサルタンシーがイギリスで行ったカスタマーエクスペリエンスに関する調査によると、各部門が異なる利益を追求している場合に、カスタマーエクスペリエンスに悪影響が及ぶと感じている従業員は40％だった。(注151) 従来のヒエラルキー、つまり縦割りの関係は、組織の在り方をあまりに長きにわたって支配してきた——ほとんどのバリューは横割りの関係から、つまり、部門間の隔たりを超えて生まれるものであるにもかかわらずだ。

不思議なことに、ほとんどのリーダーがこのことを内心では理解しているにもかかわらず、連携すべき従業員間の壁を壊せずにいる。ただ、少なくともヨーロッパにおいては、多くのマネージャーが部門の隔たりを超えて同僚の手助けをする、あるいは同僚と協力するという考えを尊重しているようだ。

2万4000人以上の会社員を対象に行われた、2019年の「ヨーロピアン・カンパニー・サーベイ（European Company Survey）」の調査結果によると、従業員のパフォーマンス評価にあたって、別部署の同僚を手助けしようという彼らの自主的な努力を評価することが「大切である」または「非常に大切である」と回答したマネージャーは93％にのぼった。(注152)

しかし、組織の断片化が進むと、各々のグループにとっての真実——何が正しいのか——もバラバラになってしまう。KPI（重要業績評価指標）のような競争力指標が関わるとなおさらだ。ある部門が効率性やコストに関する指標を高めようと頑張れば、新商品開発に関する指標にフォーカスしているライバル部門の怒りを買うこととなる。どちらの部門も成功するためには互いの力を必要としているにもかかわらずだ。KPIのような評価の場に埋め込まれた対立は、こうした衝突をただの人間関係以上の問題、つまり組織としての問題にしてしまう。2つの部門の協調性は失われ、「あなたたちが自分の仕事をちゃんとしないから、こちらがコミットメントを守れなくなるんですよ」といった、「こちら側の真実」と「あちら側の真実」の対立へと退化してしまう。

ここで私の調査から得られた、とりわけ驚くべき知見を紹介しよう。

部門間の協力体制が育っており、敵対意識のない関係性が築かれている場合、従業員が真実を語り、互いに対して公平に振る舞い、自分のチームの利益よりも全体の利益を優先する傾向が、なんと6倍も高くなるのだ。ただ、従業員やマネージャーがこうした事実に気づきながらも、「そんなことはどうでもよい」と考えている場合もある。組織自体がそうした風潮である場合には特にそうだ。私が調査のなかでインタビューを行ったうちの1人は、このように語った。

私たちの会社は指揮統制がかなり強く、別部署の協力相手のことなど気に掛ける暇がありません。業務計画やKPIの設定方法が部門間の隔たりをより深めています。私のチームは、自社のウェブサイトにどれだけのトラフィックを集められたかで評価されますが、別のチームは、そのトラフィックからどれだけの顧客を獲得できたかで評価されます。

この2つはまったく異なる評価指標なので、自分たちのチームがより高い評価を得ようとして、互いに共食い状態となってしまっています。互いにデータを共有して、一緒に成功に向けて取り組むこともできるのですが、あえてそうしないのです。本来は互いに必要な存在なのに、まるで敵同士のようになってしまっています。ひどい状況ですよね。

ではどうすれば、各々の部門という引力に引かれて競い合っている状態で、本当の協力関係を築けるのだろう？　また、自分たちの「部族」の定義を拡大して、他部門のパートナーも包括するにはどうすればよいのだろう？

シームレスな組織づくり

Stitching Organizational Seams

私の顧客であった世界的な冷凍食品メーカーでは、商業部門（商品の企画と販売を担う部署の集合体）と研究開発部のあいだに深刻な溝があり、互いの実際の業務についての深い誤解が生じていた。「商品の成功」の定義は両者でまったく食い違っており、互いに「相手のせいで自分たちの仕事が困難になっている」という誤解を抱いてひどく腹を立てていた。例えば、研究開発部は商業部門を「チャンスを無駄にするしか能のない人々」と考えており、反対に商業部門は研究開発部を「組織の時間と金を無駄遣いしている人々」と考えていた。

私は彼らの怒りと疑念に満ちた溝を埋めようと、あるプロセスを提案した。以下に紹介する一連の問いに対し、各グループのリーダー陣に活発な議論を行ってもらうというものだ。これらの問いは、部下の協力を促す新たなアプローチを必要としている人にも同じく役立つのではないかと思う（目を背けてはいけない、あなたもその1人であるはずだ）。

【連携して生み出しているバリューは何か？】

会社の競争力や他社との差別化は、複数の部門間での協力によってもっとも促進される。例えばイノベーションは、マーケティング部、データ分析部、研究開発部、製造部が力を合わせ、市場のニーズに合わせて新たな提案をするときに生まれる。優れたサービスは、営業部、カスタマーサービス部、業務部がシームレスに連携することで生まれる。こうしたバリューは一致団結してこそもたらされるのだ。

不思議なことに、自分たちがほかの部門と協力してどんなバリューを提供しているのかを理解できていない部門が多い。彼らは自分たちが担当している範囲しか目に入っていないのだ。敵対意識を持っている部門の従業員と集まって、互いに連携して生み出しているバリューは何かを話し合うことによって、部門間の分断が組織全体にとってどんな危機をもたらしているのか、共通の認識を持つことができる。

先ほど紹介した私の顧客企業の例で言えば、商業部門と研究開発部は、今では互いに対する考えを改めて協力できるようになった。互いの専門知識を合わせてこそ、商品をより早く市場に提供できるということに気づいたからだ。このスピード感に必要だったのは、研究開発部が製造部に商品仕様を提示する際に、相手に対する敬意と節度を持つこと、そして商業部門がこれまで作ったことのない新商品をより柔軟に受け入れることだった。マーケティング部と研究開発部のあいだでは、彼らが共にもたらすバリューは顧客重視のイノベーションだという認識に至った。

こうして共に貢献している戦略項目が何なのかを特定できたことで、何を最優先すべきかといった争いは少なくなった。実現しないかもしれないビジネスチャンスを前にしたとき、それを必要な投資と考えるか、コストを抑えることを優先するかといった対立意見が生じた場合にも、健全かつ適度な緊張関係を保てるようになったのだ。

【バリューの提供にあたって必要な能力は何か？】

連携して生み出しているバリューを理解し、関係性を強化することができたら、次はそのバリューを提供するための最適な方法にフォーカスしよう。

この質問で導き出されたバリューの提供にはどんな能力が必要か、別部署の協力相手と共に4つか5つほど挙げてみるとよい。例えばそれは市場データの分析結果を商品の開発や販売に活かす力かもしれない。あるいはプロジェクトの開発段階における技術的な問題を解決する力や、迅速かつ正確に知見を共有することかもしれない。

こうした対話においては、各部門の取り組みを一元化するにあたって不足している能力やプロセスを誠実に評価することが求められる。ひとりひとりが相手のパフォーマンスについて誠実なフィードバックを与え、自分の現在の能力レベルを——その能力が欠けている、あるいは不足している場合も――真摯に認めなくてはならないのだ。先ほどの顧客の例で言えば、商業部門や研究開発部といったすべての関連部署が集まる定例会議が行われておらず、プロジェクトの問題を話し合うための重要な商業的情報――食品規制、包装、製造、マーケティングなど――が共有されていなかった。その結果、適切な意思決定者への情報伝達に遅れが生じたり、正しく伝達されなかったりすることが多くあったのだ。

そこで、これらの部門が一堂に会して問題の特定や解決について話し合う月次フォーラムを設けた結果、それまでよりもはるかに誠実な対話が促された。どのピースが欠けているのかを認識したことで、部門間の溝を埋めるための双方向のコミットメントが生まれたのである。

【対立を解消し、信頼を維持しつつ意思決定を行うには?】

連携がうまく取れなかった場合に、どこで話がこじれて対立につながってしまっているのか、という点について話し合うのは簡単なことではない。しかしその話し合いは、争いが生じてしまった場合のベストな解決策をあらかじめ「リハーサル」しておくよい機会でもある。

先ほど導き出されたバリューを提供するには、どのような意思決定が必要不可欠なのか、また、最終的な意思決定権はどの部署にあるのか、別部署の協力相手と共に話し合う必要がある。

また、部門間でこれまでずっと問題となっていたこと、依然として残っている不信感などがあれば、それらについても正直に認めよう。これは「自分の部族を守る」という意識を「帰属意識」

へと変えるためには――それにより警戒心を解き、自分と相手は一緒に成功を目指す仲間だと感じられるようになるためには――特に欠かせない。互いに対する信頼を損ねているバイアスを解消できるよう、懸念点についてはどんなものでも口にしよう。互いに対する信頼を損ねている……これまで知らなかった互いの仕事の難しさや、互いが必要としているものについて知ることで、互いに対する共感もより一層深くなる。こうした話し合いにおいては、「そんな仕事までやらなきゃいけなかったなんて知りませんでした！　そりゃあ私たちがあんな要求をしたら腹が立ちますよね」といったセリフを聞くことも珍しくない。

互いをより一層尊敬し、互いの成功により一層コミットすることで、皆の声のトーンや表情には明らかな変化が見られるだろう。

【一緒に成功するために、互いに対して求めるものは？】

話し合いの最後には、互いに対する詳細な「サービス品質保証契約」を締結しよう。つまり、どの程度の情報共有スピードや品質水準を求めるか、決定事項や修正事項は何日前までに通知される必要があるか、ルーティンワークをどのように調整するかといった交渉だ。また、その後のフォローアップ項目についてもここで決めておくとよい。例えば、データやシステムへのアクセスを可能にしてほしい、このミーティングには参加させてほしい、といったことだ。ここで掲げられるコミットメントは明確なものでなくてはならない。また、それらのコミットメントを掲げる人々には、各々の部署を代表してコミットメントを掲げる権限が与えられていなくてはならない。この品質保証契約には、パフォーマンス評価基準や部門間の関係評価基準も含めるべきだ。そのうえで最初の半年間は、少なくとも月に1回ミーティングを行って進捗を評価しよう。このプロセスを通じて、各々の改善点、よかった点、互いにとって役に立てた点、協力関係をさらに発展させるための方法を学ぶことで、帰属意識を深めることができる。(注153) ただし、部署間の溝を埋めるには、信頼感あるシームレスな連携体制を構築するだけではいけない。それぞれの多様な仕事内容から共通のストーリーを導き出すには、共通のパーパスに向けて共に努力するだけではいけない。

この2つはどちらも欠かせない要素ではあるが、それだけではいけないのだ。組織が完全にバラバラの状態になってしまっており、一致団結しようとすると各部門の力が損なわれてしまうような場合、リーダーは勇気と信念を持って、この分裂状態から再び一体感のある状態を取り戻さなくてはならない。

興味深いことに、ラテン語のintegritas（全体性、一体性）に由来する「インテグリティ（integrity）」という単語は、現在では「誠実、高潔」といった意味で使用されている。これは偶然ではない――誠実さの核にあるのは「一体性を取り戻す」ことだからだ。

互いの共通点、共通利益は何か？

勇気と信念を持ち、分断された人々のあいだに一体感を取り戻したリーダーの代表的な例が、スナック食品メーカーとして成功を収めているカインド（KIND）社の創業者である、メキシコ出身のユダヤ人ダニエル・ルベツキー氏だ。しかし、彼がどのようにして今の人生を歩むようになったのかはあまり知られていない。ルベツキー氏の父は第二次世界大戦中、南ドイツのダッハウにあったナチスの強制収容所に収容されていた。当時の経験を息子に語ったとき、ルベツキー氏の父は、かろうじて命拾いした2つの瞬間について力説した。

1つ目は、初めてナチスが彼のリトアニアの家に侵入してきたときのこと。兵士たちは建物内のユダヤ人を全員殺害するよう命令されていたが、ルベツキー氏の父のもとに来た役人はこう言った。「あなたの命は奪わない。いつも私に手を貸し、いつも私の手を握ってくれた人だから……あなたは私にウォッカの小瓶をくれた。私をちゃんと1人の人間として扱ってくれた。あなたには死んでほしくない。あなたは良い人だから」(注154)。2つ目は、ルベツキー氏の父が餓死寸前だったときのこと。1人のドイツ軍兵士が腐りかけのジャガイモを彼に投げてよこした――彼を助けることで、罰として銃殺される可能性もあったにもかかわらずだ。

ルベツキー氏の父はこうした経験から、相手がどんな悪人や取るに足らない人間であっても、

1人の人間として扱い、優しさを示すことが、人としてあるべき姿だと考えるようになった。そうした人生を変える教訓を父から教えられたことが、その後のダニエル・ルベツキー氏の人生を形作ることとなった。

彼が最初に立ち上げたのは、1994年にマーケティング・コンサルティング・流通企業として始まったイスラエル・パレスチナ間の合弁企業、ピースワークス（PeaceWorks）だった。最初に行った事業は、彼がテルアビブで働いていた頃に味わった、自然乾燥させたトマトを使用したペーストの製造と流通だった。もとの製造業者はすでに廃業していたが、ルベツキー氏は自分のビジネスの知識と投資するための資本があれば、このビジネスを復活させることができると信じていた。彼は著書『Do the KIND Thing: Think boundlessly, work purposefully, live passionately』（未邦訳）のなかで、もとのトマトペースト会社の創業者であったヨエル氏とビジネスパートナーとなった当初のことを以下のように振り返っている。

私はヨエルにエジプトのガラス瓶メーカーを紹介した。もともと使っていたポルトガルの業者よりかなり安い価格で販売していた業者だ。また、2人で一緒に、イタリアの販売業者よりもはるかに安いトルコの自然乾燥トマト販売業者を探した。オリーブ、オリーブオイル、バジルは、ヨルダン川西岸地区にあるオウジャなどの小さな村に住むパレスチナ人農家から、あるいはイスラエルのウム・アル・ファーム近くのバカ・アル・ガルビヤという村に住むパレスチナ人から仕入れた。そのなかにはアブドラ・ガネム氏という、常に陽気なおじいちゃん的存在の人もいた。地理的にも近く、価格もより安いところから原材料や瓶を調達できることとなり、ビジネス再建にチャレンジしよう、となったのだ。

ルベツキー氏は大学で書いた論文で、泥沼化している紛争にさいなまれているそれぞれの国の市民が、経済的な利害が一致した場合にはより永続的な平和に対してコミットするようになる、と述べた。

対立するグループからそれぞれ人を集めてベンチャー企業を運営することで、彼らが互いに争わない理由が、ひいては互いを憎まない理由が生まれた。彼らが互いとの協力や取引を通じて得られるメリットは主に3つある。個人レベルでは、相手も自分と同じ人間なのだという気づきを得て、文化的なステレオタイプをなくすことができる。ビジネスレベルでは、互いが互いに経済的利益をもたらしていることから、関係が維持・強化されるという特権を得ることができる。さらに地域レベルにおいては、ビジネスが成功することで、そのビジネスに携わるすべての地域の人が利益を享受することができる。(注155)

ルベツキー氏は、自分の取り組みによって何が達成でき、何が達成できないのかについて、決して甘い考えを持つことはなかった。自然乾燥トマトペーストの小瓶1つで、何十年も続いた地理的・政治的な対立や、何世代にもわたる憎しみの歴史に決着をつけることができるなどとは考えていなかった。彼にとってこれはスタートだったのだ。

「私の小さな努力はいつも、長きにわたって戦争状態にあった2つの文化間に協力・連携を構築し、平和な関係、互いにとって利益のある関係をもたらすことが目的だった。私の架けた小さな橋が、いつか未来で架かるより大きな橋の礎になればと思ったのだ」(注156)

あなたのコミュニティや組織における部門間の敵対意識が、イスラエルとパレスチナの紛争ほど深刻な事態に発展することはないだろうが、ルベツキー氏のシンプルながらも重要な理論はぜひ心に留めておくべきだ――互いの共通点や共通の利益を見つけることで、深い協力関係が生まれ、敵意や憎しみは徐々に消えていくのだと。

この理論をあなたの組織に適用するとどうなるか、次の項目で紹介しよう。

計画的な協力

Stitching Organizational Seams

組織全体を構造的にも文化的にも一体化するには、大変な苦労と継続的な努力が必要となる。チームワーク促進キャンペーンや、ダイバーシティ&インクルージョン関連のワークショップといったものは、一時的に意識を高めてはくれても、永続的な変化につながることはめったにない。

ここで、手本となる模範的な企業の例を2つ紹介しよう。

あらゆる業界のなかでもとりわけ多様性に欠けるのが、特にジェンダーの観点で言えば、建設業界である。スウェーデンに拠点を置く世界的な建設会社、スカンスカは、こうした状況を劇的に変え、よりインクルーシブで協力的な社内文化をつくり出そうと踏み出した。

初めに、グループ全体における組織文化の責任者にピア・フック氏を任命した。彼女に与えられた使命のなかで特に重要だったものが、「人を大切にし（安全性を重視し）」、「共に成長する」

文化づくりだ。後者の定義には、「従業員がオープンかつ公平であり、互いへの信頼と尊敬を示すことができる、インクルーシブな文化を育てる」という内容も含まれている。(注157) フック氏は、これらのバリューが互いに深く関連しており、安全性向上のためにはダイバーシティ（多様性）が重要になると考えている。彼女は以下のように語る。

> ダイバーシティ&インクルージョンの取り組みによって、従業員の担当地域や担当業務が違っても、あるいは彼らが組織内のどの地位にいても、組織全体で思いやりのある文化が強化され、安全性が向上します。スカンスカにとって何よりも大切なのは安全性です。職場で従業員が傷つくことはあってはなりません。ダイバーシティ&インクルージョン、特に従来の男性的な在り方に異議を唱える、ジェンダー面でよりインクルーシブな文化を促進することで、「ゼロ災害」という安全目標が達成できると考えています。(注158)

スカンスカのリーダー陣は、経営トップをはじめとして、こうした理論を実践して理想の組織文化をつくり上げるため、経営陣向けの研修プログラムに参加している。このプログラムにおいては、リーダーが自分たちが学んだことを持ち帰り、実際の仕事に活かすことが強いられるような、「現実味のある」企画が提供されている。具体的には、実際のビジネス上の課題解決に向けた6カ月間のプロジェクトに組織全体で力を合わせて取り組むというものだ。フック氏は以下のように述べている。

クロスカルチャー・チームを組み、時差や職歴の違いもある他部署のメンバーと働くのは、相当難しいものです。こうした状況をスムーズにし、学習を促進するために、参加者はチームの働き方について、またチーム全体でインクルージョンを促進して高いパフォーマンスを発揮する方法について、継続的な振り返りや話し合いを通じてサポートされています。(注159)

参加者は1年間にわたる国際的な課題に取り組む場合もあるという。これは「自分は周りとは違う」という感覚がどのようなものか、実際に経験してもらうためのものだ。フック氏はこのように述べている。

この取り組みによって、別部署からの学びや、クロスカルチャーな学びと人脈を得ることが促進されるだけでなく、参加者自身がマイノリティとなって、「自分は周りと違う」と感じる、コンフォートゾーン外の状況を体験することができます。これはその後の参加者の文化的感受性や、誰かを除け者にするような言動に気づく能力を高める重要な体験だと考えています。加えて、自分とは違う存在に対する共感力も養われます。(注160)

同社のこうした取り組みによる成果は数字に表れている。同社が2019年に出した年次レポートによると、[注161]現在は取締役会の43%が女性であり、従業員の84%が互いを公平に扱い、思いやっていると感じており、86%が同社にはハラスメントやいじめがないと感じているという。組織構造の面でも地理・人種の面でも、互いの違いに橋渡しをすることが、一体感のある組織づくりには欠かせない。スカンスカはそうしたコミットメントを実現しているのだ。

先ほど第5章で、バーモント州の酪農業協同組合を成功と称賛に導いた、キャボット・クリーマリー（Cabot Creamery）のCEO、エド・タウンリー氏の話を紹介した。繰り返しになるが、彼がCEOに就任した当初、同社はかなり分裂した状態にあった。酪農家はビジネスとしての酪農業をほとんど理解しておらず、ビジネスを営む側の人間は自分たちそれぞれの業務のことばかりを考えて、酪農家の生活を理解する必要性をほとんど感じていなかった。

タウンリー氏は、数多くの重要なビジネスパートナー間の分断を縮められていなければ、組織文化を変えて会社を成長させることはできなかっただろうと考えている。そしてこれを達成するために、彼はパートナーらに嫌がられる言動も恐れず、互いに対する視野を広げさせたのだ。

タウンリー氏に行ったインタビューのなかで彼は、どのようにして分断されたグループ間に共感と理解を持たせるための「生の経験」の機会をつくり出したのか、数々のストーリーを語ってくれた。彼が紹介した、シームレスな組織づくりとはどのようなものかがビビッドにわかる具体例を5つ、以下に紹介しよう。タウンリー氏もほかの優れたリーダーたちと同様に、まずはトップから改革を始めた。

【取締役会と現場をつなぐ】

キャボット社の取締役会は、同社のビジネスにおける多くの複雑な問題をより深く理解するため、月次ミーティングが行われる日の午後を「新たな学び」の時間に充てることとした。タウンリー氏は、種々の問題についてただ取締役らにプレゼンテーションをさせるよりも、ビジネスの実態をその目で見てもらうほうが大事だと考えたのだ。その方法として、取締役らと共に同社の工場を訪れ、会社の実情を間近で目にし、従業員と個人的な話をすることも多くあった。タウンリー氏はこう語る。

「設備の写真を見せたり、報告書を読ませたりして済ますこともできたかもしれませんが、私は彼らにその目で実情を見てほしかったのです。だから工場まで連れていきました。それも、どこもかしこも清掃が行き届いたような、その場しのぎの重役向けの工場見学ではありません。ボイラも見に行きます。錆びついたパイプも、設備がどれほど溶接修理して使われているのかも目にします。我々取締役会はこうした方法で、設備交換の資本が必要か、製造キャパシティ拡大の資本が必要かといった、会社の資金需要を本当に理解することができています」

【酪農家と販売者をつなぐ】

牛乳の生産者である酪農家と、彼らの牛乳を使ったチーズを販売する小売店の橋渡しをするため、タウンリー氏は酪農家たちをバスに乗せてニューヨークまで行かせ、キャボット社のチーズを販売しているスーパーで1日過ごさせた。初めのうち、スーパーのオーナーらは酪農家を店に連れてきて意味があるのかと疑念を抱いていた。しかし酪農家と話した顧客は喜び、このイニシアティブは好評を博した。酪農家たちは「私たちのチーズをご購入くださりありがとうございます」と書かれた看板を持って店の外に立っていた。タウンリー氏はこう話す。

「あるときはその日の午後だけで、1週間分のチーズの売上を達成したこともありました。彼らがこうした機会を得て、自分の経験をお客様に話したからです。彼らの話を聞いたお客様からは、『もうここのチーズしか買わないわ。牧場はここから300キロ以上も離れてるのね。ニューヨーク人にとっては憧れの田舎だわ』といった言葉が聞けました」

【上司と部下をつなぐ】

第5章で紹介した通り、タウンリー氏はCEOに就任してすぐ、横領が発覚した役員数人を退任させるという苦しいタスクを課せられた。不運にもこの行動は、特にリーダーと部下のあいだで、不安感と不信感という副作用をもたらしてしまった。そこでタウンリー氏は、自分たちのやり方を押し付けるような、指揮命令型のリーダーシップを変えなくてはならないと考えた。リーダーは現場監督と、現場監督は現場の労働者と、地位や部署やシフトの垣根を越えて、互いに話し合えるような文化をつくらなくてはと考えたのだ。タウンリー氏はこう述べる。

「今では現場監督者がシフトマネージャーに、定期的に問題解決方法のアドバイスを仰ぐようになりました。現場監督者たちは、『あなたはどうすればいいと思いますか？』というシンプルな質問に大きな力があることや、一番知識や経験がある人にそう尋ねれば、いくつものアイデアが得られることを知ったのです。また、あるシフトで優れたアイデアが出たら、別のシフトでもそのアイデアが必ず実践されるようにしました。私の目的は、皆に1つの大きなチームの一員として、自分にも権限が与えられていると感じてもらうことでした。例えば、ある部の部長が私のもとにやってきて、明らかに彼の権限内である意思決定に関して承認を求めたときには、『部のトップはあなたです。ほかの人の承認を求める必要はありませんよ』と伝えました」

意思決定が行われる階層レベルを下げ、組織内の皆が問題解決に携われるようにしたことで、キャボット社は効率性の改善だけでなく、よりクリエイティブな問題解決策や、従業員エンゲージメントの向上といった成果を得ることができた。

【チーズ職人とマーケットをつなぐ】

会社が成長し、かつてないほどの量のチーズを生産しなくてはならなくなったことで、同社の製造能力にはきわめて大きな負担がかかった。こうして会社の成長に伴うさまざまな困難が引き起こされた。タウンリー氏ら経営陣は、品質が低下し始めていることに気づいた。また、同社は以前ほど頻繁にコンペで受賞できなくなっており、品質試験に適合しない製品も出始めていた。こうした状況に対処するため、タウンリー氏らは3つの工場から、それぞれの責任者であるチーズ職人を招集した。

各工場における製造プロセスには、タウンリー氏いわく「決して望ましいとは言えないほどの差異」が見られた。というのも各工場のマネジメント陣は、以前からずっと自分たちの製造方法に関して他工場からの「干渉を受ける」ことを嫌っており、そのためそれぞれが異なる設備や製造方法を使って、個々のやり方を発展させてきていたのだ。そうした分散的なやり方は、彼らにとってはよいやり方でも、どう考えても持続可能なものではなかった。

タウンリー氏は問題に対処するための最終手段として、チーズ製造業界においては異端な行動に出た――外部のチーズ専門家を呼んで、自社の3人の職人たちに話をさせたのだ。「彼らを侮辱するような行為であることはわかっていましたが、それでもやらざるを得ませんでした」とタウンリー氏は語る。彼はチーズ職人たちにこう伝えた。

「ウィスコンシン大学から専門家を呼びます。皆さんは完全に侮辱されたと感じるでしょう。しかし、同じチェダーチーズを作っているはずなのに、3つの工場それぞれで品質に差が出ている事実に対して、我々は真剣に対処しなくてはなりません。すべての工場に必要な一貫性が得られていないからには、3人で協力してその原因を突き止めてもらわなくてはなりません」

この出来事について語る際、タウンリー氏は苦笑しながらこう付け加えた。「この取り組みがうまくいったのは、職人たちが、外部の人間にとやかく指示されるよりは3人で協力したほうがよい、と考えたからですね」。ただ結果的には、職人たちは外部専門家からそれぞれの工場がどうすればよいかアイデアをもらい、定期的に連携するようになった。さらに製造部門全体の責任者も、それぞれの工場を個々に訪れるのではなく、職人3人を全員集めて定期的なミーティングを行うようになった。その翌年、創業100周年を迎えたキャボット社は、かつてないほど多くの賞を受賞することができた。

【営業部とマーケティング部をつなぐ】

同社の製品群が増えるにつれ、マーケティング部はバター、発酵乳製品、チーズなど、製品カテゴリーごとにより洗練された市場パフォーマンス分析データを入手できるようになった。彼らは営業部がこうした新たな知見を活かして、同社の顧客ベースやプロダクトミックス（製品や製品ラインの組み合わせ)、販売経路などを最適化できるのでは、と考えた。しかし、具体的にどのように情報を活用すればよいのかが全然わからなかった。

「マーケティング部でデータ収集・分析を担当していたグループは、あらゆるアイデアに活用できるようデータを取ってはいましたが、そのデータを営業部に丸投げするだけでした。ただ投げてよこされたデータを見て、営業部の人間がその活用方法を理解できたか、そもそもデータの内容に注意を払ったかどうかすら怪しいです」とタウンリー氏は言う。

ちょうどこの頃、データ分析担当グループの責任者がタウンリー氏のもとに来て、「製品戦略グループ」を作ってはどうかと持ち掛けてきた。多数の製品群を持つ成熟した消費財メーカーの多くがやっているように、製品や製品カテゴリーごとに損益管理を行い、各グループに担当品目の責任者として事業部長を置くというものだ。これは当時のキャボット社の業務形態からは大きくかけ離れていた。そこで洞察力に満ちたタウンリー氏は、「準備に5年ほど必要だ。今それほどの大きな改革を行えば、きっと失敗する」と返答した。

成熟企業にとって、データ分析などの機能を導入することは多くの面でリスクがある。その理由として大きいのが、何かしらの面で競合他社に遅れを取っているという事実を突きつけられることで、それを脅威に感じ、反射的に変化を拒んでしまうからだ。

そうした事態を避けるために、タウンリー氏は小さな変化から始めることにした。1つの製品カテゴリー(バター)に絞って、そこから取り組みを始めたのだ。そうして同社は、まずバター事業の担当として戦略リーダーを1人任命した。初めのうち、バターの製造者と営業担当者はこの新たなリーダーに耳を傾けたがらなかった。そこでタウンリー氏があいだに入り、もし彼らのあいだで揉め事があれば自分が介入すると伝えた。そうすることで、彼らが互いに協力することを望んでいるという意思を示したのだ。それから新たなリーダーは、何日もバター製造ラインで製造者と隣り合わせで働き、彼らに対する理解を深め、自分が学んだことを共有した。タウンリー氏は「重要なのは相手を知ることです。そうして信頼が築かれるのです」と述べる。

「トータルで18カ月かかりましたが、データを活用し、顧客の動向に関する正確な予測や知見を得て、需要と供給をより効率的に管理したことで、その次の年にはバターの売上を200万ドル（約2億円）増やすことができました。こうした結果を得て、この取り組みをほかの製品カテゴリーにも適用する運びになりました」とタウンリー氏は述べる。

彼のリーダーシップは、キャボット社が掲げる「協力」というバリューを体現したものであり、彼が――そしてキャボット社が――そのバリューを守り続けたことで、同社は業績を大きく伸ばすことができた。同社のコアバリューには以下が含まれている。

「成功は、特定のグループの利益追求ではなく、共通の善を追求することによってもたらされる。皆が協力すれば、偉大なことを成し遂げることができる」（注162）

あなたならどうする？
もしあなたがタウンリー氏のもとで働いていたとして、彼の取り組みに賛同できない点はあっただろうか？　あるいはもしタウンリー氏のコーチだったら、どのようなアドバイスを与えただろうか？　こうすればよかったのに、と思う点はあっただろうか？

分断の溝をまずひとつ埋める

私は2014年にエリック・ハンセン氏と共著で出版した『Rising to Power: The Journey of Exceptional Executives』（未邦訳）(注163)のなかで、我々が10年という長期にわたって調査した、もっとも成功している経営者の要素に関するデータを発表した。

そのなかでわかった特に重要な要素は、リーダーの「対応力の幅」である。彼らはこの能力によって、もともとバラバラだった組織を1つにまとめ上げ、競争力のある組織へと一致団結させているのだ。エド・タウンリー氏のストーリーは、まさにこの「対応力」が発揮された素晴らしい手本である。もしあなたがエド・タウンリー氏やダニエル・ルベツキー氏のような、組織全体をまとめ上げて大きな力を発揮させられるリーダーになりたいのであれば、勇気を持って自分の信念を貫くことと、そのような組織づくりを実現するための堅固なプロセスが必要である。

ここでもまた、完璧さを求めるよりも少しずつ改善することが重要だ。我々の統計モデルからは、部署間の連携が25%改善すると――つまり従業員が組織内の垣根を越えて協力できる効果的な取り組みが行われていると――誠実な言動を取る傾向が17%高くなることがわかっている。

皆さんもこの章を読みながら、自分の属する組織におけるさまざまな分断が頭に浮かんだのではないかと思う。ほとんどの人がそうした分断にすぐ思い当たるはずだ。彼らを一致団結させ、より大きなストーリーへと導こう。

まずは1つの分断をピックアップして、早速その溝を埋め始めてみよう。

鍵となる教訓
――第8章のまとめ

□ 文化、人生経験、信念体系の異なる人々でも、彼らの業務や関係が一致団結によってこそ真価を発揮すると感じられれば、彼らは組織内の分断を超えてひとつになれる。

□ 組織が成長するにつれ、業務は「細分化」され、組織の分断と派閥が生まれてしまう。リーダーは既存のグループ分けが適切であるかを継続的に再評価し、シームレスな連携・協力体制が取られるようにしなくてはならない。

□ ハイパフォーマンスな連携を重視する今日のビジネス風潮においては、リーダーが現在の組織のニーズに合わせて柔軟なグループ分けを行い、従業員同士が力を合わせられるように連携体制を活用することが欠かせない。

□ 部署間連携が強い組織においては、従業員が真実を語り、互いに対して公平に振る舞い、自分のチームの利益よりも全体の利益を優先する傾向が6倍も高くなる。

□種々の研究結果から、人間は帰属を求める生き物であることがわかっている。また、神経科学によれば、我々の脳は人とのつながりという因子に基づく働きをしている。

組織においては、自分個人よりも大きな存在に帰属しているという意識がモチベーションを高める。さらに、同盟意識によって互いとの関係の基礎に公平性を敷くことができる。

□帰属意識が生まれると、皆の共通目標達成にとって、また互いにとって、ひとりひとりが等しく重要な存在であると感じられるようになる。

□あなたのチームと、協力関係にある別部署の溝を埋めるためには、以下の質問について一緒に考えてみるとよい。

(1) 連携して生み出しているバリューは何か？
(2) バリューの提供にあたって必要な能力は何か？
(3) 対立を解消し、信頼を維持しつつ意思決定を行うには？
(4) 一緒に成功するために、互いに対して求めるものは？

Turn "They's" Into "We's"

第9章

「彼ら」を「私たち」へ変える

意識すべきこと

受け入れがたい違いを持つ相手と、
より深いつながりを築くには?

本能的な部族意識と向き合う

Turn "They's" Into "We's"

アメリカ国内で見られる厳しい党派心や、イギリスのブレグジット（ＥＵ離脱）といった政治的分断をきっかけに、社会心理学者や研究者のあいだでは部族主義という概念が広く議論されるようになった。狩猟採集社会から進化した人類は、安全と生存のために、同じ部族に属する人々と強く同調する性質があるのだという。残念なことに、年々増加しているように思える戦争や部族間の紛争においては、この性質が特に強く見られる。

ただ厄介なのは、神経科学や遺伝学においては、こうした部族主義が人間に生まれつき備わっていると示す証拠は見つかっていないということだ。代わりに人間に備わっているのは、第７〜８章で見てきたように、帰属を求める本能、そしてひとたび手にした帰属意識を守ろうとする強い意識である。前の章でも紹介した通り、帰属意識を持たせることや守ることで得られるメリットはたくさんある。

ただ、こうした部族的な絆の強さは、その絆がもたらす心地よさばかりを求める性質というネガティブな副産物を伴う。自分の幸福や部族に対する忠誠心を守るために、自分たちの部族にとって都合のよい事実や信条に対しては、その真偽を疑うことをやめてしまうのだ。そうなると、部族の考えにそぐわない意見やそれを裏付ける証拠を「誤った」または「不快な」ものとして受け入れなくなり、さらには強い怒りを覚えてしまうことも多い。

こうした現象が実際にどのように起きているかは、フェイクニュースがどれほど簡単に拡散されているかを考えるとわかるだろう。部族にとって大事な相手や尊敬するリーダーが言うことは、なんであれ疑う理由がない――特にそれが「敵」とみなす相手の悪口である場合には。

例えば2016年には、銃を持ったノースカロライナ州の男が、ワシントンD.C.にあるピザ屋に押し入るという事件が起きた。そのピザ屋の地下室で（実際には地下室は存在しなかったが）性的人身売買を行う犯罪組織が活動しているという噂を信じ、自ら調べようとしていたのだ。「ピザゲート」と呼ばれるこの陰謀論は、陰謀論を展開するネット上の右翼たちによって広められたものである。彼らはある民主党官僚のハッキングされたメールに、ピザトッピングになぞらえた人身売買に関する暗号が含まれているとして、民主党上級関係者がこの犯罪組織に関与していると主張していた。(注164)

こうした噂話はひとたび誤りだと証明されれば、「まったく馬鹿げた話だ、そんなもっともらしい噂を立てて世間を楽しませた人は大したものだ」と受け流される。しかし噂が公式に否定されるまでは、多くの人が心の中で「もしかして本当なのでは……？」と思っていたのではないだろうか。

これこそが部族主義の仕組みである。

もしあなたがピザゲートを広めた右翼の陰謀論者と同様に、もともと民主党のエリートたちを「ひどく嫌っていた」とすれば、自分と同じ側の人間の主張は、どれほど突飛なものでも疑おうという考えに至らないのだ――特に、そうした噂が事実であることを証明するかのような、陰謀論の内容に沿った不快な事件が実際に起きている場合には。例えばピザゲート事件に関しては、児童買春の罪で有罪判決を受けた大富豪のジェフリー・エプスタイン氏(注165)が、未成年の子どもを著名人らに引き渡していたと言われている（彼は政治家を含め、多くの著名人と交流があった）。となれば、トッピングを指定してピザを注文するというメッセージが、こうした下劣な人々の邪悪な楽しみを示す秘密の暗号だと言えない理由はないだろう。

人は誰しも、特に帰属欲求が脅かされたときには、自分の部族を信じたいという衝動から逃れることができない。部族的な帰属欲求や、部族で尊重されている信条を何の疑いもなく受け入れてしまう理由の根源には、確証バイアスとして知られる認知バイアスがある。

認知バイアスとは、脳が外界を把握する際に行う「ショートカット」のことである。この仕組みによって脳は、大量の情報を取り入れた際、処理の負担を減らしてエネルギーを温存しようとするのだ。

認知バイアスにはさまざまな種類がある。なかでも特に有名な確証バイアスは、我々のなかにすでに存在する考えや信条と矛盾する情報を排除し、代わりに、自分たちのなかであらかじめ決まっている結論を支持するデータを探す働きを持つ。(注166) そのときは絶対に正しいと結論づけていたことが、あとになって間違いだったとわかった経験はないだろうか。例えば、普段から目に余るほど利己的で腹立たしいと思っていた同僚が、上司から価値のある仕事を任されているのを見て、上司に対する不安を覚えたとする。同僚の勝ち誇った顔があなたの不安をさらに煽る。「どうして自分はこの仕事を与えてもらえなかったのだろう?」という考えが何度も頭のなかを巡る。そしてこう結論づける。「これは私の仕事に対する上司の評価が下がっているということだ。前回の評価面談のときに、もっと難しいプロジェクトに挑戦すべきだと言われたことを考えればなおさらだ」と。何日もそのことを考え続け、リンクトインで転職先を探してしまうことさえあるかもしれない。しかしあとになって、なにも上司は、自ら同僚に仕事を与えたわけではなかったのだと知る——同僚が上司のもとに行って頼んだのだ、自分もそうすることができたのだと。

あるいはこんなこともあるかもしれない。あなたが参加したミーティングで、ほかの部署の人がプレゼンを行っている。その人はこれまでのプレゼンで、何度も分析結果にミスをしており、あなたはそれを指摘していた。今回もミスがあるだろうと思い込んでいるあなたは、プレゼン開始早々に粗探しを始める。そしてひとつもミスが見つからないとなると、隠すのがうまくなったな、と考える。しかしミーティングが終わって本人に呼び止められたあなたは、「これまでのプレゼンでたくさん有益なフィードバックをくれてありがとう」と感謝される。そこで初めてあなたは、彼がこれまでのあなたのフィードバックのおかげで、もっと入念にプレゼン準備をしなくてはならないと思うようになり、そのぶん今回は頑張ったのだということを知る。

確証バイアスは無意識のうちに働くことが多く、そのため我々はそうしたバイアスが存在していることにすら気づかない。それがますますこうした認知的な死角を危険なものにするのである。ほかの部族の人々、つまり他人である「彼ら」という存在に対する偏見は、本能的なものである。それゆえ、我々は自分たちが誰を、あるいは何を拒絶しているのか、さらには「なぜ拒絶しているのか」すら把握できていない。しかしひとたび自分が反対側の立場に立たされ、「他者」として誰かのバイアスに晒されたときには、自分が除け者にされている意識がきわめて強くなる。

もちろん、それを好む人はいない。

「他者化」されること

Turn "They's" Into "We's"

「他者化」とは、特定の人やグループを、自分と本質的に異なる他人として扱うことを指す。このプロセスにおいては、自分との違いを持つ相手に過剰に反応し、非難し、その人やグループを避けることが正当化される。残念なことにこの他者化というプロセスは、特にインターネットやSNSといった技術の進歩によって、いとも簡単に行われるようになっている（この点についてはのちほどより詳しく紹介する）。

僭越ながら私の意見を述べさせていただくと、他者化は21世紀においてもっとも厄介な問題のひとつであると思う。国家間、地域間、民族間、部署間、家族間の争いの根源は、それぞれのグループが持つ違いにあると言っても過言ではない。国家間の武力紛争もギャング間の敵対も、リソースを巡る社内の部署間の対立もきょうだい喧嘩もそうだ。

「他者化」によって相手を非難することで、我々の世界には分断が生じている。こうした状況において、人は自分と異なる相手を他者化するための根拠を求めて、山のような「データ」を早く集めようと必死になる。その結果、我々の確証バイアスは非常に有害なものとなるのだ。

その有害さがもっとも際立つのは、自分が「他者化」されるときにほかならない。

何年も前のことだが、私のコンサルティング会社は、世界的なパーソナルケア商品メーカーとの大きな競争契約の「ファイナリスト」3社に残り、私は会社を代表して最終面接に臨んでいた。この契約を主導していたガブリエラ氏という女性は、フランス人でありながら、アメリカ支社内の重要部門のリーダーを任されていた。

我々にとって潜在的な顧客である彼女は、どのコンサルティング会社と契約するかの最終決定権を持っていた。面接が始まるまで、私はほかの2人のファイナリストと同じロビーで待機していた。そのときに知ったのは、その2人がどちらも女性であるということだった。面接の順番は私が最後だった。

私はガブリエラ氏が最初の候補者を見送る際、温かい別れの言葉を送り、今後のプロセスについて繰り返し伝え、それから丁寧に次の候補者を出迎えるのを見ていた。面接時間は45分から60分だとあらかじめ伝えられていた。うち20分から25分は、同社が抱えている課題にどのように対応し、手助けできるかについてプレゼンするための時間で、そのあとガブリエラ氏をはじめとする彼女のチームと話をすることになっていた。だが、2人目の候補者が面接を終えてガブリエラ氏と共に談笑しながら会議室から出てきたときには、すでに90分以上が経っていた。2人はにこやかに別れの挨拶を交わし、このときもガブリエラ氏は、また連絡すると候補者に伝えていた。

私の番になったそのとき。まるで突然その場が凍えきったかのように、ガブリエラ氏は険しい表情で無愛想にこちらを振り返り、「こちらへ」という一言で私を会議室に案内した。温かい挨拶の言葉も、長時間待たせたことへのお詫びもなかった。どのコンサルタントでも同じだと思うが、私は彼女の態度に対する怒りで頭が真っ白になり、状況を必死に理解しようとした。

もうどのコンサルタントを選ぶか決めたのか？ 体裁上私にプレゼンをさせて、結局落とすつもりなのか？ これまでの選考過程で、何か彼女の気分を害することをしてしまったのだろうか？ ちょうど今家族から何か大変な連絡が来たとか、上司から腹の立つメールが来たとか？ 私はなぜこのような態度を取られたのか知りたい気持ちと、契約獲得に対する諦めの気持ちを、同時に胸の内に抱えていた。

私は会議室に入り、形式的に自己紹介をして、面接官であるチームメンバーたちと握手を交わした。それからパソコンを開いてプレゼン画面を出し、こちらは準備万端ですというサインを見せた。ガブリエラ氏は、どうぞ始めて、と頷いた。

しかしいざ私がプレゼンを始めると、彼女は携帯電話を手に何かを読み始めた。彼女に無視され続けるにつれ、私は苛立ちを募らせていった。一旦プレゼンを中断して待つべきなのか？ だがそうすれば彼女に恥をかかせるかもしれない。このまま続けたほうがよいのだろうか？ 私は重い気持ちでプレゼンを続けた。

私は質の高いコンサルティングで顧客との良好な関係を築くために、「まず手を差し伸べろ、契約はあとだ」という信条を掲げていた。そのため、私はたった4枚しかないプレゼンスライドの最後の1枚で、彼らにたくさん質問して、彼らが抱える課題に私と一緒に取り組んでもらおうとしていた。私はいつも、自分が雇われようと雇われなかろうと、まずは私たちのコンサルティングが持つ本当の価値を提供したいと思っている。契約を結んでくれるかもしれない顧客には、私たちと一緒に働くのがどんなものか、その価値を少しでも味わってほしいのだ。

ガブリエラ氏以外のメンバーは、注意深く熱意を持って私に耳を傾け、大量にメモを取り、どれだけ私のプレゼンテーションが有益であったかを伝えてくれた。しかし彼らも面接中ずっと、ガブリエラ氏の態度や仕草にちらちらと目を向けては、却下のサインが出るのではないかと気にしていた。当のガブリエラ氏は終始無言だった。

それから面接は私に対する質疑応答の時間に移った。

ガブリエラ氏以外のメンバーは、「我々と似たような課題を抱えた組織と働いた経験があるか」「そのときうまくいったか」といった基本的な質問をしてきた。そこにガブリエラ氏が割り込んできた。苛立ちを露わにしたようなトーンで、「で、あなたはどうして、自分がこの仕事に適任だと思うんですか？　あなたを雇うべき理由って何でしょう？」と尋ねた。

契約を検討中の顧客がこういった質問をすることは珍しくない。そのため、質問の内容自体には特に驚かなかった。私が意表を突かれたのは、彼女のその「言い草」のほうだった。

ここでの答えが命運を分けることはわかっていた。冷遇、あるいは無礼と言ってもよい彼女の態度に圧倒され、選考プロセス全体に疑念を感じた私は、自己防衛的な反応を取り始めていた。彼女の人間性を早くも決めつけ、こんなひどい顧客と一緒に働けるわけがないと考え始めていた。私は彼女に「他者化」されたことで普段と違う自分になり、内心では彼女に一矢報いてやりたい気持ちになっていたのだ。そして、胸を張ってこの場を去るためには、思っていることを正直に伝えようと考えた。


「ガブリエラさん、正直に言わせていただいてよいでしょうか。あなたの態度を見る限り、あなたはすでに、私を雇うべきではないと決めているのでは？　何を言えばあなたの気持ちが変わるのか、私にはわからないのですが」

ガブリエラ氏は怒りを露わにし、声を詰まらせた。ほかのチームメンバーは明らかに動揺していたものの、完全に予想外というわけでもなさそうだった。

「すみません、いま何と？」と彼女は言った。

「不躾な物言いをして申し訳ありません。しかし、これからコンサルティング契約を結ぶ可能性のあるお客様と適切な関係を築くには、率直さが関係の基礎にないといけないと思うのです」。私はできる限り丁寧な言い方で返した。

「最初の2人の候補者の方には、とても温かくフレンドリーに接していたように思います。それをこうも突然態度を変えられると——無関心としか思えない態度を取られると——その態度の違いを気に留めずにいるのは難しいものです。プレゼン中もほとんどずっと携帯を見ておられましたし、笑顔も質問もいただけませんでした。急に態度が変わったのには、もっともな理由がいくつもあるのかもしれませんが、どうにも私は、自分があなたにとって一番の候補であるとは思えないのです。もし私が何か気分を害するようなことをしたのであれば深くお詫びします。ただ、あなたや御社にとって私が一番の適任者である理由を答えろという質問については、真摯に回答させていただく前に、まずは今お伝えした私の考えが正しいのかどうかをお聞かせいただけませんか」

ガブリエラ氏は15秒ほど黙りこくった——人生でもっとも長く感じた15秒だった。険しい表情で手を揉み、首を真っ赤にする彼女の姿を私は見ていた。そして彼女は、2人にしてほしいとほかのチームメンバーを退席させた。

私はただ、汗がシャツまでしみ出していないことを祈るばかりだった。

「いいでしょう。私も正直に言います。ほかの2人の候補者はヨーロッパ出身の女性でした。

あなたの会社からも、女性の上級職員が面接に来てくれることを望んでいました。これまでの私の経験では、アメリカ人、かつ男性のコンサルタントは、全員不誠実な営業マンとしか思えなかったからです。彼らはできもしない約束をして私たちを罠にかけるだけで、実際に仕事をするのは若手社員でした。皆、契約を締結するためにこちらが聞きたい言葉を口にすることしか考えておらず、私たちのためにバリューを提供しようなどとは考えていなかったのです。

そういうわけで、あなたに対してもそうした偏見がありました。申し訳ありません。ただ、あなたがプレゼンのなかで、自分はそういうコンサルタントとは違うと示そうとしていたこと、自分の会社がどれだけ有益であるかを見せようとしていたことは、私の疑念を強めるだけでした。正直に言えば、あなたのプレゼンはこちらの気持ちを操作しようとしているように思えましたし、うわべだけで信用できなさそうな感じがしたのです」

やっぱりそうか。私のことを知りもしないくせに、私を貶して雑に扱ったんだな。

彼女にとって私は「絵に描いたような典型的アメリカ人営業マン」で、彼女は面接が始まってもいないうちから私のことを決めつけていたんだな。私はそう思った。本当のことが知れてある意味では安心したが、自分はそんな人間じゃないのに、そう思われて中傷されたことには心が痛んだ。誰かに拒絶され、偏見を持たれた過去の経験が、ベストアルバムのように集約されて頭のなかを流れた。私は彼女の傲慢さや、勝手な先入観を一刀両断して反撃してやりたい気持ちになっていたし、実際ほとんど口から出かけていた。あとに引けなくなってもいい、思う存分言ってやろう、そう思っていたのだ。

それでも、どこか彼女に同情する部分もあった。彼女の言動からは、この重要なプロジェクトに対する不安が伝わってきた。もしかしたら、自分にはそのリーダーを任されるほどの力量がないと感じていたのかもしれない。明らかに彼女を恐れているチームメンバーたちを退席させたことからも、彼女の支配的立場がなんらかの形で脅かされたのだろうということはわかった。自身のバイアスを告白してくれたことで、彼女がこれまでの人生で、権威ある立場の男性につらい思いをさせられた経験があるのだろうということもわかった。結局、彼女の態度の少なくとも一部は、私自身とは無関係の理由によるものだった。

怒りに満ちた気持ちと、コンサルタントとして顧客に寄り添いたい気持ちが、私の中でデッドヒートを繰り広げていた。

そこで私が取った反応は、彼女にとっても私自身にとっても予想外だった。

なんと私は突然笑い出したのだ。それも少しニヤニヤしたなんてもんじゃない――腹を抱えて爆笑したのである。彼女は正直に本心を語ってくれた。ただ彼女の分析はまったくもって見当違いだった。そのちぐはぐさが、私にとってはおかしく思えたのだ。

気を取り直そうとする私を見て、彼女は不信感のあまり口をあんぐり開け、眉をしかめた。私は彼女に、私を責める正当な理由はいくらでもあるかもしれないが、もしあなたが思う私と実際の私がどれほど大きく違うか知れば、あなたもきっと笑うだろう、と伝えた。

「私にもいろんな面がありますが、私が唯一絶対にしないことがあるとすれば、ただ顧客の望み通りのことを言うことです」と。そしてこう続けた。私も私の会社も、これまで顧客と長きにわたる関係を築いてきたことを大変誇りに思っている。それができたのは、私たちが彼らの成功のために全力を尽くしているからであり、本当のことを言ってくれる人が彼らの周りにいないとき、私たちが言ってあげるからだ、と。私たちのやり方が合わない顧客もいる、とも伝えた。そのうえで彼女にこうアドバイスした。

あなたが取り組んでいるプロジェクトには、政治的なリスクがたくさんある（これは彼女自身が言っていたことだ）。だからこそ、ただ居心地がいいからとか、あなたから見て「真面目」だからとか、そういった理由だけでパートナーを選ぶべきではない。

プロジェクトが軌道を外れたときに、「この人なら本当のことを言ってくれる」と思えるようなコンサルタントを選ぶべきだ。あなたはチームメンバーに対して明らかに威圧的な態度を取っているが、そうした威圧が効かない相手を選ぶべきだ。そして何より、ただ自分と似通っているだけの相手ではなく、あなたが役員として成長する手助けをしてくれる相手を選ぶべきだ、と。

私が話し終えたときには、彼女の表情は少し和らぎ、面接を終えて私が去るときも、先ほどよりも丁寧な態度で見送ってくれた。私は心から彼女のプロジェクトの成功を祈った。

彼女から「また連絡します」というセリフはなく、彼女に会うのはこれが最後だろうと思った。

ただ私は、これで自分が掲げる「まず手を差し伸べろ、契約はあとだ」という信条を貫けたはずだ、と思いながらその場を去った――このような形で「手を差し伸べる」ことになるとは到底思ってもいなかったが。だが少なくとも、本当の私と働くのがどんなものか、それが彼女が求めていたものではなかったにしろ、知ってもらうことはできたはずだ。

しかし驚くことに、彼女は私を選んだ。

面接の2週間後に電話がかかってきて、契約締結をオファーされたのだ。プロジェクトが始動したばかりの頃に彼女と話したとき、彼女は私が言ったことをチームメンバーにも共有したと伝えてくれた。チームメンバーからは、彼女が私たちと働きづらく感じることもときにはあるかもしれないが、それでも私たちの会社がパートナーとして最適である、と伝えられたと言っていた。

その理由は、私と彼女の関係性こそ、まさにこのプロジェクトが従業員にもたらしたい変化の手本となるからだった。そのプロジェクトは、「意見の違いを歓迎する文化づくり」だったのだ。

あなたならどうする?

もしあなたが私の立場だったら、どのように行動しただろうか?　ガブリエラ氏のような人を前にしたとき、あなたはどのような反応をすることが多いだろうか?　こうすればよかったのに、と私にアドバイスしたい点はあっただろうか?

「確証バイアス」と「他者化」の悪循環

確かに、他者化がこのようなポジティブな結末に終わることは決して多くない。悲しいことに、互いに対する誤った認識を抱えたまま、真実や良好な関係を得られず仲たがいしてしまうことがほとんどだ。

誰しも人生のどこかで「他者化」される側の思いを味わったことがあると思う。幼少期に公園でいじめられたりひどくからかわれたり、思春期に身体やホルモンの変化で何年もつらい思いをしたり、社会人になったばかりの頃に、これから社会のなかで自分が歩む道を模索したり——人生のどの時期においても、我々の繊細な自意識は、誰かに冷たく除け者扱いされるという嫌な現実に晒される。

こうした経験から我々は、自分と異なる存在に対して、つらく当たるようになるか優しくできるようになるかのどちらかだ。残念なことに、脳のデフォルト設定は前者となっている。確証バイアスの厳しい一面として、我々の脳はひとたび誰かを「他者化」すると、それを正当化するデータを必死に探すようになる。

例えば組織や生活のなかで、あなたと緊張関係にある人のことを考えてみよう。あなたは自分の他者化を正当化するために、「彼ら」に何かしらのレッテルを貼っていないだろうか？ 自分の正しさを強化するために、なんらかのデータを集めてはいないか？　彼らはあなたをどのような人間だと思っているだろうか？　非協力的な同僚、自己中な友達、要求の多い仕事仲間、余計な世話ばかり焼く上司、失礼な隣人、思いやりのない姉、過激なリベラル派、傲慢な保守派、怠惰な息子、汚職に満ちたリーダー。

あなたが誰かに対してそう思っているのであれば、そう決めつける理由となっている――疑いもなく自分が「正しい」と思う原因になっている――数多くの根拠を進んで見直さなければ、関係性を変えられる可能性を放棄して、「彼ら」を非難し続けることになる。

自分が持つデータには限られた一部の真実しか含まれていなかったとしても、そのデータを疑うことをしなければ、あるいはそれに反するデータを積極的に探そうとしなければ、組織やコミュニティ、家族内の分断が解消されることはない。

ガブリエラ氏は、彼女が考える私の姿が正しいと確信していた。彼女は私に関する限られたデータを収集して、自身の確証バイアスが長年かけて溜め込んできた膨大な量のデータの一部として取り込み、それらすべての情報を活用して、私のことを何が何でも契約を締結しようとしている操作的で利己的なコンサルタントだと決めつけたのだ。

これは彼女に限ったことではなく、誰しもが行っていることだ。皆、自分の集めた情報や結論が「正しい」と確信している一方で、いざ自分が非難される側になると、憤慨して抗議する。

我々の確証バイアスは「他者化」されることでより一層強まり、そのバイアスによって我々も相手を「他者化」して遠ざけるようになってしまう。こうして他者化の悪循環が生まれるのだ。

我々には、「あちら側」の人間に対する不信感を抱くことをやめ、共感を示すという選択肢もあるのだ。もちろん、彼らに対して、十分に正当な理由で不満を募らせていた場合には、こうした選択肢を取るのが難しい場合も多い。それでも決してその選択肢がなくなるわけではない。

もし勇気を出してそうした選択ができたなら、あなたにとって「彼ら」という存在は「私たち」という存在になり、驚くような結果がもたらされるだろう。

「声」を分断に変えるか、対話につなげるか

Turn "They's" Into "We's"

ここで、アキシャル・エンターテイメント（Axial Entertainment）に所属する、過去に2度エミー賞にノミネートされたテレビ番組のエグゼクティブ・プロデューサー、リアズ・パテル氏の話を紹介しよう。彼はパキスタンからの移民でムスリム、さらにゲイだ。2016年から2020年にかけて、私は彼の人生を追って記事を書くために、何度か彼にインタビューを行った。そのなかで学んだのは、互いの違いという境界線を越えることの本当の意味だ。

彼は他者化される側の人間として人生を送ってきた。にもかかわらず彼は、思想、政治、人種などの分断を超えて人々につながりを持たせるという点に関して、もっとも思いやりと知見がある権威的な存在の1人となっている。パテル氏はこう語った。

「私が完全に帰属できるグループというのはありませんでした。ムスリム社会ではゲイとして

見られ、アメリカ社会ではムスリムあるいは移民として見られ、パキスタン社会ではアメリカ人として見られ、ゲイ社会のなかでさえもマイノリティとして見られました。どこに行っても、私はマジョリティにはなれません。私はいつも『あちら側』の人間でした。大人になるなかで、私は自分のすべての側面を、目立たないようにしよう、隠そう、言い訳しよう、説明しよう、と意識してきました(注167)」

パテル氏は幼い頃にパキスタンからアメリカへ移住してきた。1970年代、移民政策はとりわけ友好的ではなく、イギリスで研修を積んだ外科医である彼の父親は、アメリカでなかなか職を見つけられなかった。研修医でい続けることを選べば仕事もあったが、家族を養うためにはそれではいけなかった。パテル一家は、最初にウェストバージニア州の貧しい田舎に引っ越し、それからメリーランド州に移り住んだ。有能な医師が不足している地域で、職を得やすかったのだ。

幼少の頃、彼のほかの人との違いは、周囲からの（厳しい）注目を浴びた。当時のつらい経験を思い出し、彼は次のように語った。

父の稼ぎに少し余裕が出るようになって、3人の子育てで忙しい母の負担を軽くしようと、家政婦を雇うことになりました。その家政婦には、私と同い年くらいのマイキーという息子がいました。息子を連れてきて一緒に遊ばせてもいいか、と家政婦が尋ねたので、母は「もちろん、ぜひ連れておいでなさい！」と返しました。そういうわけでマイキーは私にとって初めての友達になりました。以前、父の患者が、命を救ってくれたお礼にと十字架をくれたので、その出来事を忘れないように、うちの壁にはその十字架がつるしてありました。だから家政婦は当然のように、私たちのことをカトリック教徒だと思っていました。しかし2年が経ち、私たちがムスリムであると知った彼女は、すぐに辞表を出して、母に向かってこう言いました。「この家にはもう来れません」。それ以降、マイキーに会うことは二度とありませんでした。

彼はまた、9歳、つまり小学3年生の頃にあった出来事についても話してくれた。彼は自身が通っていたカトリック系の学校で、給食の牛乳係——食堂まで牛乳を取りにいって教室まで運ぶ係——になった。

ある日、食堂内の大きな冷蔵室に牛乳を取りにいったときのこと。2年生と5年生の子がやってきて、彼を壁に押しやり、軽蔑的な声で彼を「イラン人」と呼んだ。そしてそのまま冷蔵室の扉を閉め、彼を中に閉じ込めたのだ。「とてもショックでした。『君たちは僕のことを知らないのに。僕はイラン人ですらないのに。そっち側の国じゃないのに』。そう思ったことを覚えています」。そう語る彼の声は震えていた。「あのときのことは、今でも昨日のことのように鮮明に思い出せます」

それから話は、ムスリム家庭においてゲイでいることの影響に移った。

「東パキスタン出身の家庭に生まれたゲイというだけでなく、私はきょうだいで唯一の男子で、上の2人は両方姉、いとこも9人全員が女でした。ですから私には結婚して子どもを育てるという責任がありましたが、当時の法律では同性婚は認められていませんでした。私が本来の自分をさらけ出せる場所はどこにもありませんでした」

こうした「あちら側」の人間としての人生は、大人になっても続いた。アメリカ同時多発テロ事件が起きたとき、彼はニューヨークに住んでいた。事件後の経験について彼は次のように語る。

当時、私はダウンタウンに住んでいました。私は家の屋根にのぼって、ツインタワーが落ちる光景を見ていました。あの灰も煙も匂いもまだ覚えています。おぞましい光景でした。私と友人数人は、何をすべきかわかりませんでしたが、父が医師だったこともあり、「負傷者がいるなら献血しに行くべきだろう」という考えに至りました。

それで、通りを下ってすぐのところにセント・ビンセント病院があったので、そこに行って献血の列に並びました。9月12日の朝のことでした。

なんとなく、私の周りの人の空気が変わった気がしました。最初はただの思い込みだろうと思いました。でも、列に並んでいた人が私の前にやってきて、面と向かって「お前の家族を殺してやりたい」と言ってきたのです。その場にいたほかの人も一緒になって、同じようなことを言いました。真っ昼間のニューヨークで、自分の家からほんの少し歩いたところで、こんなにも露骨な憎悪をぶつけられたことはありませんでした。友達がその場から私を連れ出して、それからの数週間は、どこに行くにも交代で私の隣を歩いてくれました。

友達といつも行っている近所のバーに行ったときには、知り合いのバーテンダーが私のところに来てこう言いました。「こんなことを言うのは心苦しいが、ほかの客から苦情が来ている。申し訳ないが帰ってもらえないだろうか」

彼の立場は理解できましたから、私はその場を去りました。

これらはパテル氏に「他者化」されることの意味を強く知らしめた人生経験のほんの一部にすぎない。しかし、こうした経験をしたほとんどの人が心を閉ざし、人を遠ざけ、外界をシャットアウトするようになる一方で、パテル氏はこうした分断において橋渡しをすると決意した。

ひどく扱われることもありましたが、どうしてひどく扱われないといけないのかはわかりませんでした。私がゲイだから？　ムスリムだから？　移民だから？　パキスタン人だから？　そしてこう自問するようになったのです。

「人と違う人間なんているのか？　私は彼らにどう思われているのだろう？　私と彼らの違いはいったい何なのだろう？　事件が起きれば、文化が変われば、私と彼らのあいだの壁はどう変わるのだろう？」　それが私の人生でした。

私は決断しなくてはなりませんでした。「彼らに腹を立てるのか？　それとも、彼らと私のあいだの溝を乗り越え、彼らが思う私とは違う、本当の私の姿を知ってもらうのか?」
そうやって人生を過ごしてきました。

勇気ある行動から導かれた気づき

2016年の大統領選挙直前、パテル氏は自分が目にしている情報が、自分の政治観にそぐうものばかりになっていることに気づいた。彼の政治観に反するようなコンテンツは、彼のSNSのフィードにまったく流れていなかったのだ。

こうしたエコーチェンバー(SNS等で自分と近しい価値観を持つ相手とのみ交流が行われる場)に違和感を覚えた彼は、政治に関する多種多様な意見が聞ける視聴者参加型のニュースラジオ番組を聞くようになった。そこでは自分と違う考えを持つ人々の悩みや苦しみ、疑問を、彼らの生の声で聞くことができた。ある番組では、アラスカ州の田舎に住む漁師の窮状や、彼らが直面している経済的な課題が紹介されていた。彼はこう考えた。

「自分と違う意見は、そうした意見を自分から見聞きしようとしなければ、一生知ることができないのでは?」と。そういうわけで、彼は自分にとっての「あちら側」の人の声を知ろうと決めた。夫と7カ月の娘と共に、飛行機でアラスカ州ケチカンに向かい、自分とは違う世界を見ている人々に会ってみることにしたのだ。彼は選挙の前に行くことにこだわっていた。

選挙が近づくにつれて一層激しさを見せていた、互いに対するレッテル貼りや敵意に満ちた悪口を越えて、彼らを理解しようとしたのだ。パテル氏はこう話す。

「あれほどの憎しみを互いにぶつけ合っていることがショックだったのです。当時の私は、トランプ氏に投票する保守派の人に会ったことはありませんでした。進歩派の人々がトランプ氏に投票する人々にひどい暴言を吐いているのはおかしなことに思えました。『皆が皆、悪人なわけがない。移民嫌いやレイシスト、ホモフォビアばかりなわけがない。僕の見てきた世界はそんなところじゃない。悪人しかいない町なんて見たことがない。僕は何かを見落としている』。そう思ったのです」

パテル氏一家はケチカンに着いたあと、地元のダイナーで朝食をとった。

そのダイナーでは、ウェイトレス、地元の漁師、地方選挙の候補者と話す機会があった。パテル氏は彼らの生活やアラスカの苦しい状況について尋ね、さまざまなことを知った。漁業が直面している課題、林業の民営化、アラスカ州の住民は毎年石油基金からの配当金を得る「権利」を持っていること、クリントン政権やオバマ政権の政策によってさまざまな苦労が課されていることなどだ。パテル氏は彼らに際どい質問もした。

「私を見て、ムスリムだ、過激派かテロリストだろう、と思われているでしょう。違いますか？」

といった質問などだ。喜ばしいことに、彼がインタビューした相手は皆、好意的で、質問にも前向きに答えてくれ、受容的だった。アラスカを去るときの彼には、自分の人生で出会うことのなかった人々に対する、これまでとはまったく違う理解と思いやりが生まれていた。

「もし私が彼らの立場だったら、私もトランプ氏に投票していたでしょう」と彼は語る。

この経験はパテル氏の人生を変えた。アラスカから戻った彼はすぐ、保守系テレビ局であるブレイズ・ティービー（BlazeTV）でパーソナリティを務めるグレン・ベック氏と友人になった。

2人は共にトーク番組を始め、互いの違いを越えた関係性を見せた。賛否両論が激しい銃規制問題について、全米ライフル協会からも、銃撃によって子どもを亡くした母親たちによる非営利団体からもゲストを招き、生の討論を行ったこともあった。パテル氏は、根本的に相容れない考えを持つ人同士のあいだに、ある法則性があることに気づき始めた。

彼らは互いの意見をより深く知るにつれ、よりオープンになり、相手や「その人の考え」を、反射的に拒絶しようとする衝動を和らげていったのだ。必ずしも相手の意見に同意したわけではなかったが、それでも、これまでは敵対していた相手の考えに理解を示すようになった――つまり、尊重し、受け入れるようになったのだ。

2018年、パテル氏はサウジアラビアを訪れ、現在は同国の駐米大使を務める王族の1人、リーマ王女と直接一緒に仕事をすることとなった。

彼はサウジアラビアに滞在中、同国の1千万人の女性向けに、テレビ番組やワークショップ、自己啓発教材を制作した。彼の仕事は、これから新たなチャンス、キャリア、夢を追いかけようとしているサウジアラビアの女性たちが、1人の平等な市民として、自身のアイデンティティや自己意識を育てられるように手助けすることに注力していた。ゲイのムスリムである彼が、法律で同性愛を禁じている国を訪れることは、決してリスクが小さいとは言えなかった。

現在パテル氏は、YouTubeで「フォー・チェアーズ（Four Chairs）」という動画シリーズを公開している。各エピソードでは、賛否両論の激しい問題について根本的に異なる考えを持つ3人が集まり、パテル氏を進行役としてディスカッションを行う。多くの場合、彼らはこのディスカッションで初めて自分と対立する意見に晒される。ゴールは全員を同じ意見に「合意」させることではない。これまでは見つからないと思っていた互いの共通点を見つけ、根本的に異なる考えを持った相手であっても、人として共通する部分があると知ってもらうことだ。

これまで彼が扱ったトピックには、人種間の不平等、警官による暴行、デモ、人種差別的モニュメントの撤廃などがある。また、出演したゲストには、黒人、警官、社会的・政治的活動家、銃を撃った経験がある人と撃たれた経験がある人、などがいる。

パテル氏はこうした対話において、「4つ目の椅子」、つまり司会者（仲裁者）を務める。彼いわく、ゲストの人数を奇数にすることで、話し合いの余地がない完全に二極化した対立関係という誤った構図を生まずに済むのだそうだ。3人いれば、「白か黒か」という極端な考え方から離れ、微妙な「グレーゾーン」が生まれるのだという。

こうした対話において、参加者は「椅子を移って」、つまり自分以外の人の立場になって、彼らの目線で世界を見ることができるようになる。

「4つ目の椅子」に座るパテル氏は、中立的な立場で、それぞれの参加者に共感を示す司会者を務める。対話の初めには、まずゲスト全員の共通点――幼少期の思い出、好きな映画や食べ物など――を探ってアイスブレーキングを行い、互いに同じ人間なのだという認識を確立する。そうすることで、その後の対話のなかで安全に互いの違いについて話し合うことができるようになるのだ。

2020年10月、ありがたいことに私もゲストの1人として「フォー・チェアーズ（Four Chairs）」に出演させていただいた。そのときのエピソードのタイトルは「選挙に際して冷静さを保つ方法（How not to lose your mind during the election）」というものだった。議論の焦点は選挙の政治的な面ではなく、むしろそれによって引き起こされている二極化についてであった。

私以外の参加者は、キャピトル・ヒル（米国国会議事堂がある小さな丘）在住の黒人の政治コミュニケーションコンサルタントと、白人の女性小児科医だった。我々はデマ、政治的競争力、候補者のモチベーションなどについて、互いに異なる意見を交わした（共通の意見に出会うこともあった）。

パテル氏は、人々を二極化に導く、物議を醸すような話題があれば、自らその中心に飛び込んだ。彼は幼い頃に「他者化」されたつらい経験によって、人それぞれ違いがあっても、その違いを越えて彼らをひとつにしたいと強く望むようになったのだ。

こうした違いの多くは、不適切・不十分な情報によって認識されたり伝達されたりしているにすぎない。人が自分と異なる観点に対してはからずも無知になってしまうのは、彼らが消費しているコンテンツのせいであることが多い。そしてほとんどの人は、そうしたコンテンツが「ランダムに流れてきているものではない」ことにも気づいていないのである。

あなたならどうする？

パテル氏のように、あなたにも誰かから「他者化」された経験はあるだろうか？ あるいは反対に、誰かを（意識的であれ無意識的であれ）「他者化」してしまったことはあるだろうか？ パテル氏の姿勢に見習いたい点はあっただろうか？

パテル氏は飛行機でテキサスからワシントンD.C.に向かったときのことも話してくれた。彼はテキサスの空港でもワシントンD.C.に着いたあともニュース番組を観ていたという。

「それぞれの土地で、まったく異なる偏向報道がされていたことに衝撃を受けました。そのとき私は、互いに異なる考えを持つ人同士が対話することがいかに重要なことなのか気づきました。そうした対話の場なしには、自分の知らないことは一生知らないままになってしまうからです。自分の知っていることがすべてと考え続けるようになってしまうのです。私も、自分のエコーチェンバーがどれほど他者の声を遮断しているのか、自分から進んでそのエコーチェンバーを破壊するまではまったく理解していませんでした」

パテル氏の洞察にはハッとさせられる。我々の多くは、自分たちが集めてきた情報のシステムが、どれほど我々の分断や「他者化」を加速しているのか気づいていないだろう。

しかしひとたびそのことに気づけば、それがいかに大きな問題なのかわかるはずだ。なぜなら、我々の「他者化」は、気づかぬうちに外部の手助けによって加速されているかもしれないからだ。

技術による他者化

Turn "They's" Into "We's"

2020年に公開された『監視資本主義　デジタル社会がもたらす光と影』というネットフリックスのドキュメンタリー映画がある。これは現在のSNSがどのような場になっているのか、そして我々のほとんどが見落としてきたSNSの悪影響について、優れた考察を示している。映画のなかで暴かれているのは、SNS運営会社が洗練された技術的アルゴリズムを使い、我々のオンライン上のほぼすべての活動を監視したうえで、トラッキングによって我々のエンゲージメントを高めるような情報──つまり、我々が支持・共有している意見を助長するような情報──を与えているということだ。

好みの靴や欲しい運動器具の広告がサジェストされるというのは、親切にも思えるかもしれない。しかし、こうしたプラットフォームを利用して国家全体の政治的安定が揺るがされているとなれば、青少年の精神衛生が脅かされているとなれば、人々がいとも簡単に過激派組織へ誘惑されているとなれば(注168)、我々は1歩引いて、どの情報を消費するか、どの意見を信じるか、あるいは自分と違う相手をどのように判断するかについて、主体性を取り戻さなくてはならない。

SNSエンジニアリングの力を示す、ハッとする統計結果をひとつ紹介しよう。

2018年のフェイスブック社の社内レポートによれば、過激派グループのフェイスブックに参加した人の64%は、アルゴリズムによってそのグループが表示されたことが参加のきっかけだったという(注169)。

このドキュメンタリー映画のなかでインタビューを受けていた1人に、センター・フォー・ヒューメイン・テクノロジー(Center for Humane Technology)の共同創業者兼専務取締役であり、元グーグルの倫理的デザイナーであるトリスタン・ハリス氏がいる。彼が我々全員に訴えかけているのは、こうしたアルゴリズムを野放しにし、適切な規制や公共政策を導入しなければ、どんな影響がもたらされるのかを1歩引いて考えてみるべきだということだ。彼は2019年にも『ニューヨーク・タイムズ』紙で同じような意見を主張していた。オンラインテクノロジーに関してもっとも広く議論されている問題、つまりプライバシーの問題を解決できたとしても、より根深い問題は残り続けるということだ。

なかでも問題なのは、「いいね」やハートの絵文字、自分の考えを肯定してくれるコメントに依存して、承認欲求や自尊心を満たそうとすることである。これにより、我々は市民間の対話よりも、怒りや攻撃によってより満足感を得るようになってしまうのだ。そして、ネット上のいじめ、鬱や不安症など、社会が繊細な若者に与える害はとりわけ深刻なものとなる。ハリス氏はこのように主張する。

「コンテンツに基づきおすすめをサジェストするアルゴリズムは、これからも我々を過激派の意見や陰謀論といった出口のない穴に陥れ続けるでしょう。我々が時間を費やす価値があるものを決めるにあたって、生身の編集者に報酬を払うよりも、自動でおすすめをサジェストする機能のほうが安いですから。……今日のSNSは、こうした方法で20億人もの人の脳に影響を与え、世界史を書き換える力を持っています。SNSによって解放された力は、これからの選挙や、さらには事実とフィクションを見分ける能力にまで影響を及ぼし、社会の分断をより深めていくでしょう(注170)」

ハリス氏が鳴らす警鐘は、我々が皆心に留めておくべきものである。SNS――皮肉なことに、もともとは世界中の人々によりつながりをもたらすために生み出されたものである――には利点も多くある一方、我々が目を背けてきた暗い面もいくつもある。

そこには我々がすでに持っている考えを肯定する、センセーショナルな、かつしばしば嘘の情報があふれている。こうした情報がひとり歩きし、絶えず我々に与えられることで、国、コミュニティ、友情、家族の分断が生じている。SNSは、自分と違う意見（よりひどい場合には、自分と異なる外見や信仰）を持つ相手に対する怒りに火をつけ、対話を激しい論争へとすり替え、社会の枠組みを徐々にもつれさせている。加えてこのテクノロジーにおいては、反社会的な言動によって名を馳せることができるようになっている――今日のインターネット社会においては、こうした名声は何よりも価値があるものと言えるだろう。

『アトランティック』誌の2019年の記事のなかで、ジョナサン・ハイト氏（本書のまえがきを書いてくれた人であり、『監視資本主義　デジタル社会がもたらす光と影』でインタビューを受けた1人でもある）と、テクノロジーの倫理に関する専門家であるトビアス・ローズ＝ストックウェル氏は、こうしたシステムがもたらす「インセンティブ」について警告している。

「もし内輪で怒りを口にしてばかりいると、友人からは面倒な人だと思われるでしょう。しかしこうした怒りが聴衆を獲得すれば、異なる結果がもたらされます――怒りによってあなたのステータスが向上するのです[注17]」

2人はピュー研究所が2017年に公表した調査結果についても触れている。フェイスブックにおいて、怒りや反対意見を露わにした投稿は、それ以外の類の投稿と比較して、約2倍のエン

ゲージメントとリポストを獲得したというものだ。(注172)

言い換えれば、我々の帰属意識はオンライン上の他人によって養われ、あるいはハイジャックされ、その結果我々は、現実世界の人間関係を放棄して、自分と同じ考えを持っていると思わしき人々との偽のつながりを求めるようになっている。部族の境界線を無限に広げていくことで——自分と同じ考えを持つ人、自分と同じ怒りを抱える人、自分の投稿にいいねやリポスト、コメントをしてくれる人、これらすべてを自分の部族に含め、それ以外の人を敵とみなすことで——我々の部族的本能は一層激しくなっている。

SNSによって、我々の「他者化」はロケットベルトを着けられたように飛躍的な高まりを見せているのだ。もし我々が、どの相手と人間関係を築くのか、なぜその人と関係を築くのかに関し、主体性を取り戻したいのであれば、こうした影響を受けていることを正直に認める必要がある。予想外に思えるかもしれないが、ときに自分とは異なる考え方をする相手とのつながりを持つほうが、よりずっと健全かつ礼儀正しい人間関係を築くことができるのだ。

そしてこれこそ、「彼ら」という存在を「私たち」の一部へと変える方法なのである。

組織における誠実さ、あるいはリーダーとしての誠実さを養うために必要なものについて、本書はこれで終わりとなる。

ここまで紹介した数多くの模範的なリーダーや組織の例が、あなたをインスパイアし、誠実さを養うことの価値を理解してもらえていれば幸いだ。

最後にひとつお伝えしておきたいことがある。

本書の初めに述べたように、誠実さは筋肉と同じで、鍛え上げることでこそ育つ能力だ。誠実さを養うには、筋肉と同じように、いたわることや栄養を与えること、そして不足している部分があるときには特に、強く保つために努力し続けることが欠かせない。

あなたは今、誠実さを養うための旅路を歩み始めている。その歩みを続けていくために必要なものを、最後のエピローグで紹介させていただこう。

鍵となる教訓

——第9章のまとめ

□ 神経科学や遺伝学の観点では、部族主義が人間に生まれつき備わっているとは示唆されていないものの、人間が帰属意識を求める生き物であることは証明されている。そのため人間は、部族的な絆の強さがもたらす心地よさを生来的に求める性質がある。

□ 我々は自身が持つ確証バイアスに気づいていないことが多い。それにより、特に自分と異なる存在とみなす相手に対する認知的な死角がますます危険なものになっている。

□ 「他者化」とは、特定の人やグループを、自分と本質的に異なる他人として扱うことを指す。誰しも人生のどこかで「他者化」される側の思いを味わったことがある。そのため、我々の脳はデフォルトで警戒心を抱くようになっている。

□ 「他者化」されたと感じたときには、自己防衛心を働かせたり相手を否定したりする前に、まずは相手に対する共感を持ち、自分が相手にどう受け取られているかを理解するよう努めることが大切だ。

□ 我々は勇気を出して、「あちら側」の人間とみなす相手に対する不信感を捨て、共感を示す必要がある。

□ リアズ・パテル氏は幼い頃に「他者化」されて苦しんだ経験から、人々が互いの違いを越えて1つになれるよう橋渡しをしたいと強く望むようになった。彼らの違いの多くは、不適切・不十分な情報によって認識されたり伝達されたりしているにすぎない。

□ 我々の「他者化」は、SNS（フェイスブック、インスタグラム、X）などのテクノロジーによって助長されている。アルゴリズムによって、バイアスや誤った考えを助長するような情報がフィードに流され、国家間やグループ間の分断がより激しくなっているのである。

□ 堅固な人間関係を保つためには、自分と異なる相手ともつながりを持たなくてはならない。自分と真逆の相手との関わりのなかで自分を顧みることで、最高の自分を引き出すことができる。

エピローグ

誠実になるために

私はニューヨーク近郊でカトリック教徒として育った。この経験は、間違いなく今の私にたくさんのポジティブな影響をもたらした。なかでも一番は、私の人生の基礎をなす価値観や信条を学べたことである（僅差で2位は、日曜日のミサのあとに食べたパン屋さんの焼きたてベーグルやコーヒーケーキの思い出だ）。現在の私はもうカトリックの慣習を実践してはいないが、それでもカトリック教徒として学んだ信条は私の人生の礎であり続けている。人生の形成期にコミュニティや奉仕、高潔さの大切さを学べたことをありがたく思う。

ただ、カトリックとして幼少期を過ごしたことによる副作用もあった。その1つは、カトリックの皆さんならわかると思うが、神学に関する独特で曖昧な言い回しを理解することだった。例えば私の近所では、カトリックの子どもたちの多くが、「7つ以上の嘘をつくと地獄に落ちる」というのは1日に7つなのか、それとも1週間なのか、とよく議論していた。あるいは「禁句」を使うことについて、どの言葉は「日常的な罪」として許され、どの言葉は永遠に許されない「致命的な」罪とされるのか、といった議論もあった（永遠に許されないのであれば、告解などまったく意味がないということになり皮肉な矛盾を生じるが……それについては置いておこう）。私のように公立学校に行き、週に1回しかキリスト教の教理に関する授業を受けなかった子どもたちは、カトリック学校に行っている子どもたちに比べて劣っている気持ちになることも多かった。成長するにつれ、私はこうした微妙な線引きを、自分自身の生活に当てはめて判断しようとするようになった。気をつけるべき嘘、禁句、悪行はどれで、神様が気に留めないのはどれか、といったことだ。神様の目の前には、対処すべきもっと大きな問題が山のようにあるだろうし、小さな罪まで全部気に留める暇などないだろうと考えたのだ。

このようにして生まれた私独自の信条のなかでも、特に強かったのが「慈善的であれ、気前よくあれ」というものだ。しかしこれもまた、完全に言葉通りというわけではなかった。例えば、昼食を持ってきていない子に買ってあげるためなら、あるいは通りの角にある店でキャンディーを買っていじめっ子の機嫌を取り、自分の身を守るためなら、朝学校に行く前に母の財布からお金を盗むのは許されるのではないか？　友達の誕生日パーティーで恥ずかしい思いをしないように、父の財布から盗った5ドル（約500円）を使ってもう少しよいプレゼントを買い、友達に「素敵な誕生日を過ごしてほしい」という気持ちを示すのは、果たして悪いことなのだろうか？　浅はかな私は、お金を盗っていることを両親に気づかれていないと思っていたし、疑いをかけられたときでも、私が頑なに否定すれば親はその言葉を信じてくれたものだと思っていた。

私が自分の人生を振り返り、こうしたロビン・フッド的な倫理観が生まれたきっかけに気づいたのは、もうすっかり大人になってからのことだった。事の始まりはおそらく、母が地元の銀行で何年もマネージャーを務めていたことだ。どの銀行も口座を開設してくれた顧客にギフトを与えており、預金額が大きければ大きいほど、もらえるギフトも高額なものになった。自動缶切りやブレンダー、スーツケースのセット、大型のオーブントースターなど、あらゆる商品が銀行の窓を埋め尽くし、口座開設する顧客を誘い込んだ。不思議なことにちょうどその頃、私の家の地下室にあった倉庫には、母が働く銀行で配られているギフトと気味が悪いほど似通った最先端の家電がどんどんと増えていった。この奇妙な現象は、私の母が親しくしていたほかの銀行員の家の地下室やガレージでも発生しているようだった。このことについて母に尋ねると、「銀行員はお客さんにあげるギフトの『サンプル』を試せる特権があるのよ」とのことだった。あるときには、地下室にしまってある商品があまりに多くなっていたので（それらの「在庫」を厳密に管理するのは私の責任だった）、キッチン家電店を開けるのではないかとまで考えたが、金銭面の管理をする権限は私には与えられていなかった。在庫が減ってくると私は母に報告しなければならなかった――「母さん、Mr. Coffee（ミスター・コーヒー）のコーヒーメーカーがあと1つしかないよ！」といった具合だ。

私が何より疑問に思っていたのは、それらの商品をうちの家族が使うことはほとんどなかったことだ。だが、誰かの入籍、誕生日、結婚式、記念日といったお祝いや、あるいはただ「日頃の感謝」を伝える場面があると、母は全力で祝った。ブレンダーだけでなく、一緒にコーヒーメーカーや４人用のCorelle（コレール）の食器セットまでプレゼントしたのだ。もしあなたが当時うちに遊びに来て、ハンドミキサーや髭剃り機が壊れたばかりだと言えば、すぐに私が倉庫に走って替えの商品を取ってくることになっただろう！　我々一家やその周囲においては、この倫理観はうまく機能していた。「誰かのため」なら、どんな手段も正当化されたのだ。私自身も、少なくとも神様だけは、きっとこうした私たちの善意を称えてくれるはずだと考えていた。

しかしある日、こうした私の人生観を根底から覆す出来事が起きた。

私が子どもの頃、祖母も一緒に暮らしていた。祖母は観葉植物が好きだった。家のリビングには「植物用カート」が置いてあって、祖母が母の日や誕生日、イースターなど、１年を通してもらった観葉植物がたくさん飾ってあった。孫である私たちも、娘である私の叔母たちも、皆自分が一番素晴らしい観葉植物をプレゼントしようと競い合ったものだった。あるときにはリビングの観葉植物が増えすぎて、伐採が必要なジャングルのようになっていたこともあった。花屋さんで売っている鉢植えの植物にはいろいろな飾りがついていた――鉢に刺さった棒の先についている、小さなくま、「ハッピー・イースター」の文字飾り、大きな蝶などが、植物の緑の隙間から顔を覗かせていた。そんなある日、私は母と祖母に呼ばれて祖母の部屋に行った。２人の表情は険しかった。

「どこへやったのよ?」そう厳しい声で問い詰められた。しかし、私には何の話かさっぱりわからなかった。母と祖母はこう説明した。カートの観葉植物の飾りがどれもこれも全部なくなっている、私が盗んだことはわかっていると。「盗ってないよ」と答えたが、何を言っても信じてもらえなかった。それから何カ月ものあいだ、祖母は毎日私に冷たく、ひどく当たった。母は「盗ったことを認めればいいだけよ、そうすればおばあちゃんも許してくれるわ」と何度も訴えてきた。私はあっけにとられるばかりだった。そもそも、私がいったい何のために観葉植物の飾りを欲しがるというのか？　祖母はなぜそこまで腹を立てているのか？　なくなったのは家宝にしていたダイヤモンドのブローチでもなんでもない、ただのプラスチックの飾りだというのに！　どうしてそこまで騒ぎ立てる必要があるのだろう？　私はひどく皮肉な状況に置かれていると思った。決して身に覚えのない盗みを責め立てられた挙句、私がやったと決めつけられ、その罰を受けていたのだ。これは、今まで取るに足らないと考えて行ってきたたくさんの「罪」の報いなのか？　そんなことを思いながら、3カ月以上も祖母の冷たい態度に耐え続けた。祖母といつも見ていたテレビを一緒に見ることも、今日はどんな一日だったかと尋ねられることも、いつも放課後家に帰ると待っていた、スライスしたニンジンを浮かべた水もなくなった。これまでずっと私を育ててくれた女性との絆は、高価なものでもなんでもない、ただの観葉植物の飾りが原因で崩れた。飾りがなくなったことは私とは何の関係もないのに、だ。こんなことが本当に、この世界における「公正」と言えるのか？　私はこれまで人を欺いてきた報いをついに受けたのか？

結局のところ、その答えは「イエス」だった。飾りがなくなってから3カ月半後、祖母がキッチンに私を呼んで、そっと電話を手渡してきた。電話の相手は叔母のベティだった。叔母はばつが悪そうに、飾りを取ったのは自分だ、こないだ家に行ったときにそうした、と告白した。植物の水はけが悪くなると思った、飾りはそのまま捨てた、あまり深く考えていなかったし、祖母にもちゃんと伝えていなかった、とのことだった。叔母は私に謝ってくれた。私は安心し、これで自分の無実が証明されたと思った。そしてすぐこう考えた。これまで私の気持ちをいたぶったことについて、祖母はどうやって埋め合わせをするつもりだろう？「どうすれば私の反省と後悔の気持ちを伝えられる？」と祖母が言ってきたら、何かよいものをねだってもいいんじゃないか？謝られても許さず冷たい態度を取って、私と同じ気持ちを味わわせてやろうか？そんなことまで思ったが、やっぱり祖母と一緒に時間を過ごせないのは寂しい、と思い直した。しかし祖母はこう言ってのけた。「飾りを盗って誰かにあげたんだと思ってたわ。あなたは人に物をあげるのが好きだから。私は飾りがなくなったことより、あなたが盗ったと認めないことに腹を立てていたのよ」。そういうことか――私は自分の偽善の報いを受けたのだな。そう思った。私が独自に生み出した善悪の概念は、ここで報いを受けることとなったのだ。

この経験から私は教訓を得た――誠実さを伴わない寛大さは、寛大さとは言えないと。

誰しも人生のどこかで、「何が正しくて何が悪いのか」という、自分の善悪観を形成する決定的な瞬間を経験している。そして大人になるにつれ、どうすれば高潔な人間になれるのかを試行錯誤するなかで、我々の倫理指針は洗練される。一言で言えば、誠実さとは学ぶものなのだ。

あなたにとって、「誠実さ」の概念を形成することとなった子ども時代の経験は何だろう？あなたの手本となる存在は？　あなたの道徳規範に大きな影響を与えた出来事は？　厳しい教訓を得ることとなった倫理面での失敗は？　当然、これらの経験は人によってもコミュニティによってもまったく異なる。しかし我々すべてに共通して言えることは、容赦なく変わり続けるこの世界において誠実でい続けるためには、失敗からも成功からも学びを得続けなくてはならないということだ。

幸い、誠実さは筋肉と同じで鍛えることができるものである。ただし、そのための努力も不可欠だ。

誠実さについての教育

高潔さに重きを置く組織として、ニューヨーク州ウェストポイントにあるアメリカ陸軍士官学校（通称ウェストポイント）の右に出る組織はほとんどないだろう。高潔さは、ウェストポイントに入学したばかりの士官候補生の訓練において基本的な要素とされている。士官候補生たちは以下のシンプルかつ明確な倫理規定を教え込まれ、いつ何時もそれに沿って行動することを求められる。「士官候補生は、嘘をついてはならない、ごまかしてはならない、盗みを働いてはならない。また、そのような行為をする人間を容認してはならない」。この倫理規定に沿って行動できているかを確認するために、士官候補生たちは何かしらの行動を取る前に、以下の3つの「目安」について自問するよう言われている。

・この行為は、誰かを騙すもの、あるいは誰かが騙されることを許すものではないか?
・この行為は、自分が本来与えられていない特権や利益を得るためのものではないか? あるいはほかの誰かに、彼らが本来得られないはずの特権や利益を与えるためのものではないか?
・自分がこの行為をされる側の人間だったとしたら、この行為によってもたらされる結果に、納得あるいは満足するだろうか?

これらの質問は、間違いなく我々の目を覚まさせてくれるものである。

私は2020年の初めに、バーナード・バンクス氏にインタビューを行った。アメリカ陸軍士官学校の行動科学・リーダーシップ学部の元学部長であり、本書の執筆時点では、ノースウェスタン大学ケロッグ経営大学院リーダーシップ開発・インクルージョン研究科の副学長を務めている人物だ。私はバンクス氏に、特にこれから誕生する将来のリーダーに対し、誠実さを教えることの重要性について語ってもらった。

バンクス氏にとってもウェストポイントにとっても、すべての始まりには信頼がなくてはならないという。彼は以下のように述べた。

ウェストポイントの仕事はリーダーを育てることです。そして、リーダーシップの基礎には信頼がなくてはなりません。ひとたび信用のない人間だと思われてしまえば、あなたの影響力は損なわれてしまうからです。ウェストポイントに入学する士官候補生たちは、我々が厳選した一流の男女ではありますが、彼らがこれまでの人生で一度も不正行為や不誠実な行動をしたことがないと考えるほど、我々もうぶではありません。ラトガーズ大学の学者が4500人以上の高校生を対象に行った研究結果によれば、74%がテストでカンニングをしたことがあり、58%が剽窃を行ったことがあり、95%が何かしらの不正行為をしたことがあると認めています。(注173)ですから、もし高潔なリーダーを育てたいのであれば、ほとんどの場合、まずは彼らがこれまでの人生で行ってきた不誠実な経験を打ち消さなくてはなりません。そのために我々は「規範下での時間」を設けています。倫理規定を守りながら過ごす時間が長ければ長いほど、またそうすることで得られるポジティブな影響を知れば知るほど、そうした誠実な行動が維持される可能性が高まるためです。新入生は上級生に比べて、堕落してしまう傾向が高いですから。筋肉と同じで――トレーニングを繰り返すほど鍛え上げられるというわけです。

バンクス氏は、どの生涯学習についても言えるように、誠実さの実践にも「試行錯誤による学び」が必要だと考えている。失敗をただ失敗として終わらせるのではなく、新たなスキルを得るための、現在進行形の反復的なプロセスだと捉えなくてはならないということだ。そうすることでいずれ、言葉と行動の釣り合いが取れるようになる。そうすると周りの人も、あなたが自分で言う通りの人間であることを理解し、信頼してくれるようになるのだ。バンクス氏はこう語る。「もし『言葉と行動』の割合を1：1にしたいのであれば、相応の努力をしなくてはなりません。しかしそれを実現できたとき、あなたは立派な人として認められるようになります。言葉と行動のバランスが崩れ、一貫性が失われてしまうと、あなたは途端にその辺の人と同じ、大したことのない人間となってしまいます。そのときのあなたは、学びを得ようとする努力もやめてしまっているでしょう」

バンクス氏は、「このような理想に向けて努力している」という言葉と、実際に取っている行動のあいだのギャップと向き合うには、厳格なコミットメントが必要であることも認めている。こうしたギャップを埋めるために、リーダーは理想の自分と実際の自分がどれほど一致しているかを常に精査し続ける必要があるのだそうだ。彼はこのように自問することを推奨している。「生活や組織のなかで、理想と違う自分の姿に甘んじてはいないか？　理想が揺らいでしまっても、言い訳をして正当化してしまってはいないか？　理想と現実のギャップを埋めることは、自分にとってどの程度重要だろうか？　そうしたギャップを放置することで起きる問題に、誠実に向き合えているだろうか？」
誠実になる方法を学び続けたいのであれば、これらは必ず自問しなくてはならない重要な問いだと言える。

自分の不誠実さから学べること

上記のバンクス氏の発言からはっきりと読み取れるのは、「誠実になる方法を学ぶ最初のステップは、自分の不誠実さに向き合うことである」ということだ。

人はなぜ不誠実な行動を取ってしまうのだろう？　皆それぞれに言い分があるはずだ。実のところ、なぜ人が間違った行動——嘘、ずる、隠し事など——をしてしまうのか、またどれくらいの頻度でそのような行動を取っているのかを調べた研究結果はたくさんある。嘘をつくことに関して調査を行った心理学者のほとんどが、人が嘘をつく主な理由は以下のようなものであるとしている。

・相手に嫌な思いをさせないため（「そのワンピース、本当によく似合ってる！」など）
・お世辞または礼儀として（「この魚すごく美味しいよ、料理上手だね」など）
・自分の行為によって恥をかかないため（「なんだこのにおい、俺じゃないぞ！」など）
・誰かを庇うため（「〇〇ちゃん？　私と一晩中一緒にいたよ」など）

また、以下のような少々利己的な理由による場合もある。

・失敗を隠す、あるいは小さく見せるため（「どうしてこんなめちゃくちゃな報告書になってしまったのかわかりませんが、最後に作成を担当していたのはボブです」など）
・自分の姿を偽るため（「そのプロジェクト、ぜひ任せていただきたいです――この類の仕事はこれまで何度も経験していますから」など）
・がっかりさせたくない相手の尊厳を保つため（「あなたの詩はいつも素敵ですね――私、本当にファンなんです」など）
・不当に手にした報酬を隠すため（「私があの家を相続することになるなんて、思ってもいなかったわ！」など）

マサチューセッツ大学の研究者らが行った不誠実さに関する研究によると、我々は皆、1日に平均で1～2回嘘をつくのだという。(注174) また、嘘の内容、嘘をつく動機や状況、嘘の大きさについて、それぞれの種類や割合をパーセンテージで示した研究もあるが、どれも多種多様であった。ただ、こうした数多くの研究のどれを見ても言えることは、人は皆ときどき嘘をつくということだ。では、なぜ嘘をつくのだろう？

ほとんどの心理学者がこのように認めている。不誠実あるいは不公正な言動の大半は、利己心によるものではない――自己防衛心によるものだと。言い換えれば、ほとんどの人は基本的には誠実で公平な言動を取っている。嘘をつく、あるいはほかの誰かよりも自分のニーズを優先する必要性を感じるときというのは、避けるべきなんらかの脅威や影響を察知したときなのだ。この事実に気づくことができれば、そうした脅威の正体を見極め、より誠実に対応できるようになる。コミュニティとしてこれが実践できれば、より誠実な組織を生み出すことができる。

上司、同僚、部下、顧客、友人などに対して、嘘をついた、捏造や隠蔽を行った、不公平な言動を取った、あるいは身勝手に振る舞った直近のことを振り返ってみよう。一歩引いて、なぜそうしてしまったのかを考えよう。

そのときのあなたは、上司から軽視されている、あるいは不当な扱いを受けていると感じていたのかもしれない。自分のミスについて、過剰なまでに厳しい叱責を受けることを恐れていたのかもしれない。「失敗から学ぶべし」という会社のスローガンは、ひいきされている一部の人にだけ適用されるもので、自分には適用されない、と思っていたのかもしれない。同僚に手柄を盗まれることを恐れるがゆえに、重要な詳細をプレゼン内容から省いたのかもしれない。友達の気分を害さないように、本来なら止めたであろう選択肢を許してしまったのかもしれない。あるいは顧客に対して、ネガティブなフィードバックを与えれば関係性が悪くなるのでは（そのうえ給料にも影響が及ぶのでは）と恐れて、遠回しな言い方をしてしまったのかもしれない。

あなたが嘘をついたり、不正を働いたりしてしまった理由の裏には、何かしらの欲求不満があったはずだ。あなたはこうした行動を取ることで、その欲求——もっと尊敬されたい、安全性を感じられないリーダーから自分を守りたい、孤立を避けたい、もっと深い目的意識を持ちたい、など——が満たされるかもしれないと感じたのだ。しかしそうした行動から得られるのは、あなたが不当に扱った、あるいは誤った導き方をした相手からの、受けるに値しない、ほんの一瞬の敬意にすぎない。その一瞬が過ぎれば、おそらくあなたはもっと虚しい気持ちになるだろう。自分の姿を偽り、はりぼての敬意を得ようとしたことを、恥ずかしいとさえ思うかもしれない。そして、そうした気持ちをなだめるために、そもそもそういった行動を取る羽目になった理由を進んで正当化しようとするのだ。「あんなの不公平だ」、「彼らが〇〇にふさわしいというのであれば、私だってふさわしいはずだ」、「どうして私がやらなきゃいけないのか」。これらはどれも、不誠実な行動を正当化する際に使われる自己防衛として一般的なものである。こうした自身を正当化するプロセスは、始まりから終わりまで、ほんの数秒しかかからないこともある。

また、以下についても自問してみよう。これらは先ほどの質問よりさらに厳しい内容だが、等しく重要なものでもある。不誠実な言動を取ることを選んでしまった状況について考えたとき、その状況の何が、そうしたあなたの選択を許容可能なものにしたのだろう？　あるいは促しすらしたのだろうか？　その選択を誰にも何にも止められなかったのはなぜか、また、その選択によ る深刻な影響がなかったのはなぜか？　あなたの組織ではなぜそれが問題ない選択とされたのだろう？　もっと誠実な人や組織になるためには、まずはそもそもそうした不誠実な行動をそそのかしている状況を特定する必要がある。

このエピローグの初めのほうで述べたように、私は幼い頃に、寛大でいるのはよいことだと学んだ。それと同時に、寛大でいれば、その寛大さが不誠実な行動によってもたらされたものだとしても、いい思いができるとも知った。私は何年も何年もかけて、友人や愛する家族、優れたセラピストたちの手を借りて、そうした考えを持つようになった要因を探り、捨て去ろうとしている。現在の私は、誰かに何かを与えて自分の寛大さを示そうとする際、その動機をよく考える必要性があると思えるようになった。私はあらゆる面において、本当に恵まれた人生を送ってきた。そのため、感謝の気持ちから寛大さを示そうとしているときには、純粋な気持ちで「寛大さ」というバリューを体現しようとしていると感じられる。私が学んだのは、本当の寛大さとは謙虚なものであるということだ。与えるものより、受け取るもののほうがずっと大きいのである。何より重要なのは、私が人に提供できるもっとも寛大なギフトとは、プレゼントではない、私自身の存在《プレゼンス》――その人が最高の自分になれるよう手助けし、そのために時間を費やすこと――であるということだ。もしも罪悪感や義務感、プライドや見返りを求める気持ちなどから誰かに何かを与えようとしているのであれば、私は一度立ち止まる必要がある。その寛大さは私のバリューに沿ったものではなく、妥協したものだからだ。

この教訓を得るまでには長い年月がかかった。それでもまだマスターするには程遠い。本書のために行った研究から私自身が学んだことを、あえて1つだけ挙げるとすれば、「本当の自分について知ろうとしなければ、本当の自分になることはできない」ということだ。誠実になる方法を学ぶには、まずはシンプルながらも非常に難しいタスクに取り組まなくてはならない――自分自身に極力嘘をつかないということだ。

不誠実さによる過ちを挽回する

もしバーナード・バンクス氏の言う通りであれば、つまり、誠実さを学ぶには必ず「試行錯誤」を多く伴うのであれば、我々はここまでのあいだに、不誠実な行動をいくつも積み重ねてきているはずだ。大きな不誠実もあるかもしれない。小さな不誠実ならもっとたくさんあるだろう。そのうちいくつかについては、今もうっすらと罪や恥の意識が尾を引いているかもしれない。また、これまで頑なに隠し続けてきたそのような不誠実が、いつかばれるかもしれないという恐れを抱き続けているかもしれない。あなたの犯した過ちがどのようなものであれ、本当に危険なのは、そうした誠実さを学ぶための「試行錯誤」が、いつしか試行錯誤という目的から離れ、日常的な言動になってしまうことだ。それによって、不誠実な行動を取っても大した影響はない、という学びだけを得てしまうと、許容できる言動の範囲がどんどん広がっていき、ひとつひとつの妥協が積み重なって、新たな悪習慣が定着してしまう。

第1章で、脳には生来誠実さという機能が備わっていること、しかし我々の脳は電子機器と違って「初期化」の機能がないことを述べた。とはいえこれは、不誠実な習慣を取り消すことができないという意味ではない。どんなに無害と思える不誠実さであっても――履歴書を書くとき、上司に自分の功績を伝えるとき、会議があって遅くまで残業になったと配偶者に伝えるとき、職場でみんなに嫌われている人を無視するとき、経費報告書を作成するとき、自分とは「違う」近所の人に接するとき、など――、それが習慣づいてしまっているのであれば、かつ、そうした行為を問題ないと思いたいがゆえに正当化してしまっているのであれば、そうした正当化の理由を見つめ直すことを強く勧める。一度足を止め、自分が正しいと信じ込んでいる、よく練られた言い訳を問い直せば、はるかに意義ある救済の形が待ち受けているだろう。

まさにそれを表す力強い事例がある。

リチャード・ビストロング氏は、軍事・保安システムを海外に販売する大手軍需企業で営業部の役員を務めていたが、ある販売取引で仲介者に「通行料」つまり賄賂を渡すという重罪を犯した。彼は汚職を企んだ罪で、海外腐敗行為防止法違反となり有罪判決を受けた。最大懲役5年となる違反である。しかし彼はＦＢＩと司法省に協力したことで、懲役15カ月で済んだのだった。

今日、ビストロング氏は世界中を周って、政府、私企業、企業倫理担当役員と共に働き、汚職行為を防止する方法、初期の段階で検知する方法、はっきりと反対意思を示す方法について、コンサルティングや研修を行っている。彼がこれまでに蓄積してきた豊富な知識、そして失敗の痛みは、今ではより経験の少ない多くの専門家たちのために役立っている。なかには彼のおかげで、彼が耐え忍んだような、自らの行為による苦難を免れた人もいる。2017年、私はビストロング氏にインタビューを行い、彼がこれまでの人生で誠実さについて学んできたことを語ってもらった。

彼によれば、軍需産業は特に汚職が多いのだという。国際市場で防衛製品を販売する際、大きな取引については、バイヤーと販売者を結びつける「仲介者」があいだに入ることが多い。彼はこう語った。

私は早くから、仲介者が「通行料の支払い」「みんなの幸せのため」「面倒を見る」といった表現を使い、ウインクしながら頷くその仕草が、何を意味するのか知ることとなりました。世界中いろんな地域を周りましたが、これはどこでも行われているスタンダードな慣習のように思えました。だから私も、大衆の1人として罪を犯している気持ちで、自分が捕まるとは思っていなかったのです。しかしそれは間違いでした。私の倫理観は鈍ってしまっていました。誰かを傷づけているとも思わず、自分の行動が思わぬ結果を招くことも考えていませんでした。さらに言えば、ある意味これは人助けだ——薄給の役人のためにちょっとした手当をあげているのだ——とさえ自分に言い聞かせていました。私は国家の安全のため、重要かつ高品質な防衛製品を優れた価格で市場に提供している、とも考えていました。しかしこれらはただ自分の気分をよくするための嘘でした。この行動が招いた影響は、実際のところかなり大きなものでした。こうした防衛製品を売りつけることで、その国の国民にとっては、ガバナンス、経済成長、人権、自由が奪われることとなってしまったのです。私が社会、会社、家族に与えた影響は、正直自分が想定していたよりもはるかに深刻でした。私は心身の健康も、自由も、魂の一部も失ってしまいました。

ビストロング氏は、自分がこのような一線を越えることになるとは想像もしていなかった。誰だってそうであるはずだ。問題は、我々は自分が一線を越えそうになったとき、自分以上に不誠実な言動を取っている誰かと自分を比べて、自分の立場を守ろうとする傾向にあることである。「少なくとも○○ほどはひどくないよな」というその一言こそ、すべての滑りやすい下り坂の入口なのだ。そして、一番危険なのは、自分にはそのような坂を滑り落ちる危険などないと思っているときだ。上記のような正当化は、スピード違反をするときと非常によく似ている。制限速度が時速55マイル（約89キロメートル）であることはわかっていても、前を走る車が65マイル（約105キロメートル）出していれば、自分も60マイル（約97キロメートル）くらいで走っていいと思ってしまう。前の車が75マイル（約121キロメートル）だったら、65マイル（約105キロメートル）出してもいいと思ってしまう。そうこうするうちに70マイル（約113キロメートル）で走っていると、ここは時速制限55マイル（約89キロメートル）だ、と突然スピード違反の切符を切られる。

あなたは腹を立ててこう返す。「なんで私なんですか？　前の人なんて80マイル（約129キロメートル）で走ってましたよね？」この例からわかるように、ただほかの誰かがもっとひどいことをしているからというだけで、自分は何もおかしいことはしていないと、自分自身を騙してしまうのは非常に危険である。

ビストロング氏はこう話す。「問題は、不誠実な行動を取るか否かという議論が、ほとんどの場合自分の頭のなかでしか繰り広げられないことです。それが一番危険な状態です。一線を越えるかどうか、という考えが頭に浮かんでしまった時点で、愛する誰かに電話をかけましょう。配偶者でも親でもかまいません。自分が信頼する相手に、あなたの迷いについて明かしましょう。そうすればまったく違う結果がもたらされるはずです」

自分が行ってきた不誠実な過ちを何もかもさらけ出して、同じような過ちを犯した人々の改心のためのプラットフォームにすればよい、と言っているわけではない。ただ、あなたのバリューのうち、手を抜いてしまっているものをひとつピックアップして、習慣的に誠実さを実践できるよう改善すれば、どんな力がもたらされるかを考えてみてほしい。そうした行動によって、あなた自身の人生だけでなく、あなたの部下や愛する人の人生においても、挽回できるものがないか考えてみよう。あなたの不誠実な習慣は、ビストロング氏が行った重罪ほどにはならないかもしれないが、彼が誤った道に踏み込み、のちにそれらを挽回したということこの例からは、我々皆が教訓を得ることができる。

本書を通して見てきた、素晴らしい手本となる人々の例、そしてそれらのストーリーがどのように贖罪や挽回の道へとつながったかを考えてみよう。ロブ・ビロット氏はデュポンのC８による汚染被害者に正義をもたらす英雄として闘った。エド・タウンリー氏は勇気ある行動によって、キャボット・クリーマリーをより一体感と活気のある酪農業協同組合へと変えた。ユベール・ジョリー氏はベストバイをパーパスドリブンな組織へと変えた。ジンジャー・グラハム氏はガイダントを真実を語る組織へと変えた。パタゴニアは有害なコットンの問題に、真っ向から果敢に取り組んだ。メロニー氏はサプライチェーンや物流の改善を主導しつつ、仲間のために希望を保ち続けた。リアズ・パテル氏は人々のあいだの大きな溝を埋め、皆を１つにするための勇気ある行動を取った。

もちろん、本書で紹介したリーダーはほかにもたくさんいる。どのストーリーも、１人の平凡な人間が、あるいはそうした平凡な人間から成るコミュニティが、共通のニーズやチャンスのために力を合わせ、より優れたものを求め、最後まで諦めずに――自分自身にも周囲にも――変化をもたらそうと決意したことから始まった。変化の大きさは関係ない。大きかろうが小さかろうが、そうした改革の物語はどれも、真実（正しいことを言う）、公正（正しいことをする）、目的（困難な状況でも正しい動機に基づいて正しい言動を取る）に根差しているのだ。

もしあなたが、自分もそんな「平凡な」人間の１人になると決意したなら？　家族のためであれ、たった数人のチームのためであれ、部署のためであれ、会社のためであれ、さらには国のためであれ……誠実さを持って人を導き、人生を送ることで、贖罪や挽回につなげることができると心から信じられたなら?

それができたら、あとはそれを実行するかしないかを決めるだけだ。

今後の物語:誠実な人生を送る

誠実であるとはどういうことか。それを学ぶためのインスパイアリングな旅路を、本書を通じて皆さんと共に歩めていれば大変うれしく思う。本書で紹介したたくさんの女性や男性のストーリーは、あなた自身のストーリーを新たな観点から見つめ直すきっかけとなったはずだ。自分のリーダーシップ、組織、人生を振り返って、誠実さを実践するより多くの方法を知ってもらえていれば幸いだ。どんなに小さなものであれ、新たな行動を取り入れよう、あるいはこれまでの行動を変えようと思ってもらえたのなら、私とあなたが本書で共に過ごした時間には価値があったと言えるはずだ。あなたにもそう思っていただけると信じている。

今日の世界では、誠実さがますます強く求められるようになっている。組織では、真実を語り、公正に振る舞い、目的を持って部下を導くリーダーが切に望まれている。本書を読んだあなたが、そのようなリーダーとなって組織内の不誠実や分断と向き合い、より誠実な世界をつくってくれることを願う。世界全体を変えることはできなくとも、あなたの世界は変えることはできるはずだ。誠実さが当たり前のものではなく、特別なときにしか示されないような世界が、自分の子どもたちの代まで続くと思うと恐ろしい。私は、そうした流れを簡単に変えられると思うほど夢見がちな人間ではないが、皆で力を合わせれば不可能なことではない、と前向きに考えてもいる。あなたも世界も、これほど強く誠実さが求められていることを知らないままではいけない。そしてそのことから自ら目を背けるのはもっといけない。そうすると自分の価値を下げてしまうことになる。

最後に、もう少しあなたの想像力をかき立てる話を紹介させていただこう。

私は将来の展望を描こうとしているリーダーの手助けをする際、何年も前に編み出した今後の物語というアクティビティに取り組んでもらっている。まずは物語の大枠をつくるために、簡単なシチュエーションをいくつか彼らに提供する。それらのシチュエーションを基に、今後3〜5年のあいだで彼らに起こることを物語にしてもらうのだ。主人公は彼ら自身で、どんな新たなパフォーマンスやスキルを得たいか、どんな重要な影響をもたらしたいかを考えてもらう。用意されるシチュエーションはさまざまで、重要な聴衆の前で大規模な講演を行う、新たなテクノロジーを開発する、仕事上の大問題を解決する、個人的な障壁を乗り越える、などがある。私の顧客らが描いたストーリーからは、彼らがどんな状況において自分の力を最大限に発揮できるのか、驚くようなパターンが明らかとなった。例えばある経営者は、どうにもならないような逆境でこそ自分の力を最大限に発揮できることがわかった――彼が描いたストーリーはどれも、耐えがたいほど困難な問題に直面した際の成功談をイメージしていたのだ。また別の人は、部下の背中を押して革新的なアイデアを試させるときに、もっともリーダーとしての幸せを感じていることがわかった――彼女が描いたストーリーはどれも画期的な取り組みに関するものだったからだ。こうした物語によって、しばしば心の奥底に隠されていた、忘れられていた、あるいは決して口にされることがなかった願望や大志が掘り起こされる。そしてそれらは、リーダーがより生き生きと、そして勇敢に、人生の新たな章に乗り出す際の礎となる。

そこで、最後にあなたにも、「今後の物語」を書いて、より一層誠実な人生を思い描いてほしい。準備はいいだろうか。以下にシチュエーションを設定する（「○○」という箇所には、自分の名前を入れよう）。

あなたの知り合い2人がたまたまバスで隣同士になり、会話を始める。どちらもあなたの知り合いではあるが、互いに面識はない。数分ほど会話したところで、2人はあなたという共通の知人がいることを知る。あなたと久しく会っていない片方の人物は、愛情たっぷりにこう話す。「びっくりしました！　もうしばらく○○さんには会ってませんが、あんなに影響を受けた相手はいません。誠実さという点で、あれほど模範的な人はこれまで見たことがありませんし、今に至るまでずっと印象に残っています。誠実な人間であるというのがどういうことか、○○さんから学ばせてもらえたことに感謝しています」。それを聞いたもう片方の人物は興味津々にこう返す。「へえ！　○○さんからそんなにも大きな影響を受けたんですね。今もそのときの気持ちが続いてるなんて。どんなことがあったのか、もっと詳しく教えてください！」

ではここで、あなたの誠実さがこの人物にどのような影響を与えたのか、その物語をつくってみよう。想像力を存分に働かせてほしい――うまい表現を使おうとしたり、推敲して整えたりする必要はない。ただ思いつくままに書いてみよう。よいストーリーにするためには、状況を詳細まで生き生きと描こう。リアルで鮮明な登場人物や場面を設定しよう。ハラハラする場面や争いの場面を含めるのもよい。語る価値のある物語にしよう。

物語が出来上がったら、どこか忘れない場所に置いておき、時折読み返そう。自分自身の心を掴むようなストーリーが書けたなら、その物語の価値はただ語ることにとどまらない。

その物語には、その通りに生きる価値があるのだ。

これこそが誠実になる道を学ぶ方法である。どうすればより誠実な自分になれるのか、じっくりと考え、理想を描く。自分に足りない部分を見つめ直す。真似したい相手の行動をよく観察する。日々、少しずつ自分に求めるレベルを高くしていく。そして、そのレベルに達した自分の姿、そこからかつてないほど広がる周囲への影響を思い描く。

あなたの人生は、誰かに真似されるだけの価値があるだろうか？

あなたがもっとも尊敬する人々が、あなたについて考えたとき、彼らがすぐに思い浮かべるあなたの特徴には「誠実さ」が含まれているだろうか？

より真実、公正、目的に根差した生き方をすれば、これまで掴めなかった夢にも手が届くようになるだろうか？

本当の自分についてもっとよく知り、本当の自分になることができれば、より喜びと満足感に満ちた人生を送ることができるようになるだろうか？

より多くの愛や希望、より深い信念に出会い、ほかの誰かにも与えられるようになるだろうか？

自分自身の誠実（または不誠実）な行いについて、よりじっくりと見つめ直せば、発掘されていなかった自身の善良さや才能の泉を見つけることができるのか？　そしてそれらを活かして、ほかの誰かが善心や才能を見つけられるように手助けするポテンシャルを発揮できるのか？

これらの質問に対する答えはどれも、響き渡るほどの「イエス」である――私はそう信じている。あなたにもぜひそう信じてほしい。何より、これらの質問に対して「イエス」と答えられる特権が得られるということこそ、真実、公正、目的に根差した人生を求めて努力し、もがき、そうした人生の力を信じるべき理由になるからだ。

そのために本当に必要なものは、もう皆さんもおわかりだろう……。

誠実でいることだ。

あなたが大切にするたくさんのもののために、どうか、今やるべきことをやろう。

謝辞

めいっぱいの大大大感謝

本を書いていて、一番好きなのが謝辞のページだ。

長い山登りのあとで眼前に広がる山岳地帯を見渡すように、自分がどれだけ長い道のりを歩んできたのか、どれだけ多くの人がこの旅路に付き添ってくれたのかを、振り返って知ることができるからだ。

たくさんの人々の力添えなくしては、本の出版は実現しない。この場を借りて多くの人に心の底から感謝させていただきたい。（本を出版するほかの方々と同じように、私も誰か載せ忘れている人がいないかとびくびくしている。もし抜けている方がいたら申し訳ない！）

まずはこの15年間、光栄にも話を聞かせてくれた本当にたくさんの方々。あなたがたの人を導く勇気に敬意を表す。そして、自分の弱さをさらけ出し、改善の余地がある点について正直に語ってくれたことに感謝する。

苦労の末に手に入れた知見や貴重な体験を共有してくれた、素晴らしいソートリーダーや経営陣の方々。あなたがたの寛大さのおかげで、この本はより実りあるものとなった。

ティファニー・ジャナ博士、ライアン・ハニーマン氏、ヴィンセント・スタンリー氏、ロブ・ビロット氏、マイケル・サンデル氏、エイミー・エドモンドソン氏、サンイン・シアン氏、ティファニー・アーチャー氏、キム・スコット氏、ダン・アリエリー氏、エド・タウンリー氏、キャスリーン・ホーガン氏、クリス・キャンベル氏、リアズ・パテル氏、ダニエル・カーネマン氏、バーナード・バンクス氏、リチャード・ビストロング氏、ジェームズ・ディタート氏、ユベール・ジョリー氏、ジョン・ロスリング氏、ロベルト・〝ニュース〟・スミス氏とマラカイ・〝スパンク〟・ジェンキンス氏、ニック・スキナー氏、マリン・オールソップ氏、フロリベール・カジングフ氏、マイケル・ジャーヴェイス博士、アーサー・ブルックス氏

そして本書を飾るストーリーや研究結果、観点を提供してくれた、そのほか多くのリーダーや刺激的な方々。皆さんのおかげで、どれほど私の、ひいてはこの本の読者の世界が広がったことだろうか。

ジョナサン・ハイト氏

このプロジェクトにまえがきという形で（それから、私が長年取り組んできた対話やインタビューにも）知恵と声を貸してくれてありがとう。あなたの寛大さ、献身的な姿勢、そして何より、仕事を通じてより健全で誠実な世界をつくろうとする不屈の努力に敬意を表す。エシカル・システムズ（Ethical Systems）やオープン・マインド（Open Mind）であなたと働き、人々の心や考えを変えていくことは、刺激的かつ貴重な経験だ。

本書の構想と出版にあたっては、世界でも一流のチームに協力もいただいた。

パワー・アナリティクス（Power Analytics）チーム

IBM社のワトソン人工知能技術活用における、皆さんの洗練された専門知識のおかげで、何千件ものインタビューから結論を導き出し、この本を書くことができた。あなたがたの才能に心から感謝する。

アダム・ローゼン氏

編集者としての素晴らしい能力やきわめて正確な手技で、この本のメッセージ、明瞭さ、全体の構成を、（ときには痛いほど）磨き上げてくれた。あなたには物事を見抜く才能がある（その才能を堪能するのに、ピノ・ノワールを1、2杯ほど嗜むこともあった）。

クリストフ・ザボ氏

あなたの映像技術に比肩しうる者はいない。夜遅くまで頑張って、その天才的な創造力で、素敵な本書の出版動画や『Moments of Truth（真実の瞬間）』シリーズを制作してくれてありがとう。おかげで我々もぐっと洗練されて見える！

——これまでで最高の研究助手にも出会った。

エリザベス・ボルシア氏とキミコ・デイヴィス氏

底の深いプールに飛び込み、世界中を探し回って根拠となるデータ、統計、物語、注釈、二次研究を発掘してくれたあなたがたの熱意は息をのむほどだ。プロジェクトへの情熱、私からの弾幕のような質問への迅速な対応、そしてそれらの情報をすべて、私が必要なときにはすぐに使えるように準備してくれた卓越した情報整理能力。どれもアメージングと呼ぶにふさわしい（ラドミラ・プラスローヴァ氏、紹介してくれてありがとう）！

ふたりがいなければ、私は今もまだ四苦八苦していただろう。

実践的かつ思慮深いフィードバックをくれた多くの読者の方々

おかげさまで、本書のメッセージや内容を磨き上げることができた。親切にも時間を割いてくれたこと、何にも代えがたいほどありがたく思う。

ジャロッド・シャペル氏

あなたは私がこのプロジェクトを引き受けるべきか葛藤していた最初の頃、友人として私に思いやりを示してくれた。この本に命を吹き込む方法についても、絶えず創造的なアイデアを提供してくれた。そして何より、この本で伝えているポイントを紹介する『Moments of Truth（モーメンツ・オブ・トゥルース）』シリーズで、カリール・スミス氏と共にホストを務めてくれた。

私1人では出てこなかったような観点、知見、話を教えてくれて、この本の誕生にたくさん貢献してくれて、ふたりともありがとう。あなたたちには、真実、公正、目的という天性の才能が備わっている。ふたりと一緒に働く機会に恵まれたことに感謝している。

コーガン・ページ（Kogan Page）の最高のチーム
オスカー・スピゴロン氏

あなたの素敵な表紙デザインには、私の望むすべてが反映されていて、本書を美しく貫禄のあるものにしてくれている。

ヘザー・ウッド氏、アーサー・トンプソン氏と制作チームの皆さん、マーティン・ヒル氏、コートニー・ドラミス氏をはじめとするマーケティングチームの皆さん

――あなたがたと力を合わせ、世界中で本書を知ってもらうためのクリエイティブな方法をめいっぱい見つけられたことを、本当に喜ばしく思う。

キャシー・スウィーニー氏

あなたに会ってすぐ、私は確信を抱いた。出会ったその瞬間からこう思った。私はこの編集者の力に身を委ねられる、この人は本物のソートパートナーとして、「一段優れた」大物だと。

あなたがこの本に対して（ときには私よりも）強い確信を抱いてくれたことが、この本を書くにあたって、そして自信を持って売り出すにあたっての着火剤となった。良きパートナーでいてくれたこと、今では友人でいてくれることに感謝する。

あなたのおかげで、出版業界に対する信頼を回復することができた！

多くの友人や同僚にも恵まれた。彼らの愛情やサポートは、この本を書くのにかかった、ときに暗く淀んだ数年において、とても大切な存在だった。

ナバレントの同僚

より誠実で健全な組織づくりを促進する意義について、私と共に確信を持ってくれてありがとう。そして、素晴らしい改革をもたらすために情熱を持ち、世界で一流の仕事をしてくれてありがとう。

レコグナイズド・エキスパート・コミュニティ（Recognized Expert Community）の友人（REXer《レクサー》）たち、MG100（マーシャル・ゴールドスミスが立ち上げた、優れたコーチを集めたコミュニティ）のコーチ仲間たち（あまりにメンバーが多く名前は挙げきれないが）

あなたがたの不滅のサポートと刺激的なエネルギーは宝だ。あなたがたの才能と不屈の精神に心を動かされながら、共に歩めることを、とても幸運に思う。オンライン上での数々のハグやハイタッチ、必要なときには活を入れてくれてありがとう。

ドリー・クラーク氏

あなたに出会ったのはもう何年も前になる。私がそんな幸運に恵まれるほどの徳を積んできたのかどうかはわからないが、とにかく感謝している。

あなたは私にとってもっとも大切な友人の1人だ。ときには私の専属コーチとして、私が嫌なことも忍んでやる手助けをしてくれた。賢人として、私のキャリアや声がこの世界でどんな価値を持つのか、私自身の理解を変えてくれた。思いやりあるメンターとして、私が泣き言を言いながら駄々をこねたときにははっきりと叱ってくれた。心優しい友人として、ここに至るまでの激動の日々に苦しむ私に愛情を注ぎ、ときには自分では気づけなかった大小の達成を祝ってくれた。

あなたがいなければ、この本が世に出ることはなかっただろう。あなたの言葉ひとつひとつに、あなたの聡明さが強く映し出されている。たくさんの愛と感謝を贈る。

この世とあの世にいるきょうだい

情熱的な愛情を注ぎ、絶えず支えてくれて、そしていつも「テキパキ動け」と活を入れてくれて、ありがとう。そして遠く離れた場所にいる、きょうだい以外のたくさんの家族や親戚へ。心から愛している。みんなのおかげで、私はより強くいられる。

愛する家族

バーブ、マシュー、ベッカ、君たちは私の生きがいだ。君たちがいることが、私の人生における最大の幸せだ。君たちから与えられる不滅の愛、君たちと人生の酸いも甘いも共に過ごせること、お腹がよじれるほどのたくさんの笑い。これらがあるから、私は日々、より誠実な人間になりたいと思える。

そして神様

——真実、公正、目的の神様へ。神様に与えていただいた、とどまることのない愛情と慈悲と恵みが、私に誠実さの意義をより追求したいと思わせる。誠実さこそ、私の持つすべてであり、私自身のすべてだ。

本文の注、参考文献を
下記よりダウンロードできます。

https://d21.co.jp/download/tobehonest.pdf

誠実な組織

信頼と推進力で満ちた場のつくり方

発行日　2023年10月20日　第1刷
　　　　2023年12月 1 日　第2刷

Author
ロン・カルッチ

Translator
弘瀬友稀（翻訳協力：トランネット）

Book Designer
三森健太（JUNGLE）

Publication
株式会社ディスカヴァー・トゥエンティワン
〒102-0093　東京都千代田区平河町2-16-1 平河町森タワー 11F
TEL 03-3237-8321（代表） 03-3237-8345（営業）　FAX 03-3237-8323
https://d21.co.jp/

Publisher
谷口奈緒美

Editor
千葉正幸　志摩麻衣

Distribution Company
飯田智樹　塩川和真　蛯原昇　古矢薫　山中麻吏
佐藤昌幸　青木翔平　小田木もも　工藤奈津子　松ノ下直輝
八木眸　鈴木雄大　藤井多穂子　伊藤香　鈴木洋子

Online Store & Rights Company
川島理　庄司知世　杉田彰子　阿知波淳平　王廳　大﨑双葉
近江花渚　仙田彩歌　滝口景太郎　田山礼真　宮田有利子　三輪真也
古川菜津子　中島美保　石橋佐知子　金野美穂　西村亜希子

Publishing Company
大山聡子　小田孝文　大竹朝子　藤田浩芳　三谷祐一　小関勝則
千葉正幸　磯部隆　伊東佑真　榎本明日香　大田原恵美　志摩麻衣
副島杏南　舘瑞恵　野村美空　橋本莉奈　原典宏　星野悠果
牧野類　村尾純司　元木優子　安永姫菜　小石亜季　高原未来子
浅野目七重　伊藤由美　蛯原華恵　林佳菜

Digital Innovation Company
大星多聞　森谷真一　中島俊平　馮東平　青木涼馬　宇賀神実
小野航平　佐藤サラ圭　佐藤淳基　津野主揮　中西花　西川なつか
野﨑竜海　野中保奈美　林秀樹　林秀規　廣内悠理　山田諭志
斎藤悠人　中澤泰宏　福田章平　井澤徳子　小山怜那　葛目美枝子
神日登美　千葉潤子　波塚みなみ　藤井かおり　町田加奈子

Headquarters
田中亜紀　井筒浩　井上竜之介　奥田千晶　久保裕子　福永友紀
池田望　齋藤朋子　俵敬子　宮下祥子　丸山香織

Proofreader
文字工房燦光

DTP
一企画

Printing
共同印刷株式会社

ISBN978-4-7993-2993-1　